소프트
설계의

소프트웨어 설계의 정석

변화하는 기술 환경에서도 흔들리지 않는 설계의 기본 원칙

초판 1쇄 발행 2024년 9월 2일

지은이 요시하라 쇼자부로 / **옮긴이** 이해영 / **펴낸이** 전태호
펴낸곳 한빛미디어(주) / **주소** 서울시 서대문구 연희로2길 62 한빛미디어(주) IT출판2부
전화 02-325-5544 / **팩스** 02-336-7124
등록 1999년 6월 24일 제25100-2017-000058호 / **ISBN** 979-11-6921-262-5 93000

총괄 송경석 / **책임편집** 홍성신 / **기획·편집** 이윤지
디자인 표지 이아란 내지 최연희 / **전산편집** 신정난
영업 김형진, 장경환, 조유미 / **마케팅** 박상용, 한종진, 이행은, 김선아, 고광일, 성화정, 김한솔 / **제작** 박성우, 김정우

이 책에 대한 의견이나 오탈자 및 잘못된 내용은 출판사 홈페이지나 아래 이메일로 알려주십시오.
파본은 구매처에서 교환하실 수 있습니다. 책값은 뒤표지에 표시되어 있습니다.

한빛미디어 홈페이지 www.hanbit.co.kr / **이메일 ask@hanbit.co.kr**

はじめての設計をやり抜くための本　第2版
(Hazimete no Sekkei wo Yarinuku Tame no Hon Second Edition : 5376-6)
© 2022 Shozaburo Yoshihara
Original Japanese edition published by SHOEISHA Co.,Ltd.
Korean translation rights arranged with SHOEISHA Co.,Ltd. through Botong Agency
Korean translation copyright © 2024 by Hanbit Media, Inc.

지금 하지 않으면 할 수 없는 일이 있습니다.
책으로 펴내고 싶은 아이디어나 원고를 메일(writer@hanbit.co.kr)로 보내주세요.
한빛미디어(주)는 여러분의 소중한 경험과 지식을 기다리고 있습니다.

요시하라 쇼자부로 지음

이해영 옮김

소프트웨어
설계의 정석

SE
SHOEISHA

B 한빛미디어
Hanbit Media, Inc.

지은이·옮긴이 소개

지은이 **요시하라 쇼자부로**

IT 아키텍트로서 수많은 중요 시스템을 재구축한 후 IT 컨설턴트로 독립했다. 대형 자동차 회사의 글로벌 기간시스템 재구축에 참여하는 등 엔터프라이즈 영역 시스템을 개발한 경험이 풍부하다. 이후에는 대형 출판사와 대형 물류 회사에 애자일 개발을 도입하는 등 애자일 개발도 실천하고 있다. 최근에는 여러 회사의 CTO와 임원을 역임하면서 비즈니스 혁신을 위한 개발자 조직 설립을 중심으로 활동하고 있으며, 2020년 (주)어퍼레일^{UPPERRAIL}을 설립했다. 정보경영혁신전문대학(iU대학) 객원교수이기도 하다.

옮긴이 **이해영** thengolee@gmail.com

항상 자극과 도전을 찾는 10년 차 게임 기획자이다. 크래프톤, 앤더스 인터랙티브를 거치면서 다양한 장르의 게임을 개발했고 동시에 다양한 직군의 사람들과 협업해왔다. 현재는 인디 게임 개발에 몰두 중이다.

'소프트웨어 설계란 무엇일까?'라는 질문으로 시작해 과정과 결론에 이르기까지, 가벼운 듯 하지만 설계의 전체적인 흐름을 간접적으로나마 깊게 느껴볼 수 있는 책입니다. 평소 설계 업무를 담당했던 고연차 개발자라면 이 책을 통해 소프트웨어 설계에 대한 다양한 관점과 사례들을 정리해볼 수 있습니다. 저연차 개발자라면 소프트웨어 설계를 하기에 앞서 과거의 내용과 현재의 흐름 그리고 앞으로 자신이 어떻게 설계를 접근해야 되는지에 대해 많은 고민을 해볼 수 있는 지침서 같은 역할을 할 것입니다. 이 책 한 권으로 소프트웨어 설계를 마스터할 수는 없겠지만 '정석'이라는 단어가 어울리는 책이라고 생각합니다. '설계'의 매력을 느껴보고 싶은 분에게 추천합니다.

김동진_한화정밀기계 PL

소프트웨어 설계의 가장 기초적인 부분부터 시작해 점점 실무에 접근하는 방식으로 전개되는 흐름이 매우 만족스러웠습니다. 개발 연차가 쌓이면서 늘 설계와 개발의 방향성에 관한 고민이 많았는데 이 책을 통해 설계에 대한 지식을 쌓을 수 있었습니다. 설계를 배우고 싶다면 이 책을 통해 한 걸음 더 나아가는 개발자가 될 것입니다.

김준성_웹 개발자

소프웨어 설계의 기본 개념부터 객체지향 설계, 디자인 패턴, 시스템 아키텍처까지 폭넓게 다루고 있어 초보 개발자부터 경험이 풍부한 개발자까지 모두에게 유용합니다. 워터폴 방법론에 중점을 두면서도 애자일 방법론을 함께 소개하기 때문에 두 접근 방식을 고르게 이해할 수 있습니다. 특히 워터폴 방법론의 단계별 접근을 상세히 설명하며, 대규모 프로젝트나 안정성이 중요한 도메인에서의 적용

가치를 강조합니다. 요구사항 분석부터 유지보수까지 각 단계의 중요성과 산출물에 대한 명확한 설명도 돋보입니다. 애자일 방법론도 간략히 소개함으로써 현대 소프트웨어 개발 트렌드를 반영하고 두 방법론의 장단점을 비교해 적절한 방법론을 선택하기 위한 통찰을 제공합니다.

이 책은 소프트웨어 설계의 기본을 탄탄히 다지고자 하는 개발자와 전통적인 개발 방식을 선호하는 실무자에게 유익하며 모든 개발자가 읽어야 할 필독서입니다.

박상길_ 소프트웨어 엔지니어

이 책은 대규모 시스템 개발의 복잡한 요구를 충족하기 위한 체계적인 설계 방법론을 소개합니다. 시스템 개발 전반에 대해 부분적인 기능 개발부터 대규모 시스템 설계에 이르기까지 구체적인 사례와 저자의 경험이 녹아 있습니다. 개발 경력을 쌓아가며 체계적인 설계를 배우고자 하는 개발자에게 많은 도움이 될 것입니다. 특히 이 책을 통해 체계적인 설계 방법론, 최신 기술과 프레임워크, 애자일 개발 적용 방법을 배울 수 있으며, 설계의 중요성을 인식하고 설계 능력을 키우는 데 필요한 지식과 기술을 습득할 수 있습니다. 많은 개발자가 이 책을 통해 설계의 중요성과 방법론을 이해하고 이를 실무에 적용하여 더 나은 시스템을 개발할 수 있을 것입니다. 개발자들에게 이 책이 소중한 지침서가 되기를 바라며, 진심을 담아 추천합니다.

신건식_ 펜타시큐리티

SI회사에서 오랜 기간 일하면서 많은 프로젝트를 경험했습니다. 프로젝트는 보통 분석-설계-구현-테스트 등의 순서로 진행되었으며 이 가운데 설계가 프로젝트에 많은 영향을 주곤 했습니다. 당시 설계를 주로 담당하던 아키텍트들이 매우 인상적이었습니다. 이 책은 소프트웨어 설계에 대한 이론부터 소스코드까지 다양한 방면의 내용을 담고 있어, 설계에 관심이 있거나 아키텍트 직무를 지향하는 분들에게 많은 도움이 될 것입니다.

이기하_오픈플랫폼 개발자 커뮤니티 리더

소프트웨어 개발 과정에서 분석, 설계, 개발의 명확한 개념을 파악하는 데는 상당한 시간이 필요합니다. 이 책은 '설계'에 초점을 맞춰 소프트웨어 개발 절차를 다루며 소프트웨어 개발의 본질을 이야기하고 있습니다. 소프트웨어를 만드는 것은 어디까지나 현실의 문제를 해결하기 위함입니다. 문제를 해결하기 위해 본질을 알아야 어떻게 소프트웨어를 만들지 설계할 수 있습니다. 이 책은 소프트웨어 설계의 본질을 다루고 있어서 소프트웨어 개발과 관련된 모든 분에게 '정석'이 될 것입니다.

이충헌_소프트웨어 아키텍트

분석과 설계 역량을 기르고 싶은 개발자, 특히 설계 영역에 처음 발을 들이는 개발자에게 많은 도움이 될 책입니다. 표현도 딱딱하고, 어렵고, 두껍기만 한 소프트웨어공학 책으로 공부하기보다는 저자가 컨설턴트로서 현장에서 직접 겪은 다양한 실전 경험을 바탕으로 설계 이론과 현실 적용 방안을 알기 쉽게 잘 설명하고 있는 이 책으로 공부하는 것이 좋습니다. 설계 업무를 처음 접하는 모든 분이 쉽게 접근할 수 있는 책이라고 생각되며 관심 있는 분들이 꼭 읽어보길 추천합니다.

전준규_농협정보시스템

건물을 지을 때 기초 공사가 가장 중요한 것처럼, 소프트웨어 설계나 언어 학습을 할 때에도 기초를 탄탄히 다지는 것이 중요합니다. 이 책은 소프트웨어 설계의 기초 지식을 자세하고 쉽게 설명해줍니다. 업무를 하다 보면 현재 방식이 맞는지 의문이 들 때가 있는데 그럴 때마다 이 책을 다시 꺼내 보게 될 것입니다. 주니어/시니어 개발자를 막론하고 설계, 분석, 개발에 대한 흔들림 없고 깊이 있는 지식을 쌓고 싶다면 이 책을 강력히 추천합니다.

조민수_코나아이 개발자

한때 소프트웨어를 개발한다며 근거 없는 자신감에 설계고 뭐고 다 생략하고 바로 키보드에 손을 올리고 코딩을 시작하던 시절이 있었습니다. 결국 제가 작성한 코드는 일명 스파게티 코드가 되어 저조차 알아볼 수 없을 만큼 엉망진창 누더기 코드가 되어버렸습니다. 어설픈 소프트웨어 설계 과정이 얼마나 치명적인 결과를 초래할 수 있는지를 느끼게 해준 소중한 경험이었습니다. 소프트웨어 개발 프로세스에서 사용자 요구사항 분석을 기반으로 한 소프트웨어 설계 과정은 전체적인 소프트웨어 품질을 좌우하는 가장 핵심적인 부분입니다. 충분한 시간을 투자해 많은 부분을 고민하고 따져봐야 하는 어렵지만 중요한 분야입니다. 이 책은 정석이라는 이름에 걸맞게 이러한 설계 과정을 더욱 체계적으로 수행할 수 있도록 도와주는 많은 방법을 담고 있습니다. 소프트웨어 개발에 능통하고 소프트웨어가 비즈니스 목표에 부합하도록 만들 수 있는 설계적 전문가를 소프트웨어 아키텍트라 부릅니다. 이 책은 여러분을 소프트웨어 아키텍트의 길로 안내해줄 것입니다.

최성욱_삼성전자 VD사업부 Security Lab

시스템 설계의 기초를 단계별로 다질 수 있는 내용으로 이루어져 있습니다. 기술이 발전됨에 따라 설계 방식은 지금과 다를 수 있지만 근간인 기본 원리는 변하지 않는다는 내용들로 구성되어 있습니다.

그뿐만 아니라 시스템을 설계하면서 고려해야 하는 요소와 개발 완료 이후, 서비스를 운영하면서 발생하는 유지보수까지의 모든 과정을 단계별로 설명해주고 있어 설계에 대한 지침서로도 추천할 만한 책입니다. 어렵지 않은 설명과 예시, 자료들로 구성되어 있어 설계에 첫발을 내딛는 분들이나 설계에 대해 어느 정도 이해하고 있지만 내실을 다지고 싶은 분에게 도움이 될 책입니다.

최인주_백엔드 개발자

이 책은 주니어부터 시니어 개발자 모두에게 유용한 내용을 담고 있습니다. 요즘 개발 프로젝트에서 습관적으로 채택하는 반복형 개발과 점진적 개발의 차이도 설명하고, 당연하지만 놓치기 쉬운 소프트웨어 설계의 본질을 다루고 있습니다. 실제 개발에 적용 가능한 단계별 설계 과정, 각 단계별 중요성, 산출물까지 명확하게 설명하고 있어 설계에 대한 이해도를 높이는 데 도움이 됩니다. SI 업무를 하는 개발자가 공감할 부분이 많을 것입니다. 반면 인하우스에서 자체 플랫폼이나 서비스를 개발하는 경우 개발팀이 독립적으로 처리하는 영역이 많아 이상적인 내용이라고 느껴질 수도 있습니다. 하지만 이 책은 자칫 올드하다고 느낄 수 있는 설계 방식과 애자일이라는 이름으로 별도의 문서화 없이 코드에만 담겨 있는 설계에 대한 중요한 인사이트를 주는 책이기 때문에 많은 분에게 추천합니다.

한경철_Technical Program Manager

『소프트웨어 설계의 정석』은 소프트웨어 개발에 꼭 필요한 설계 원칙과 방법론을 체계적으로 정리한 책으로, 시간이 지나도 변함없이 가치 있는 내용을 담고 있습니다. 설계의 기본 원칙부터 고급 개념까지 폭넓게 다루며 특히 기능 구현에 익숙한 개발자들이 더 나은 설계 역량을 기를 수 있도록 돕는 데 중점을 두고 있습니다.

유스케이스 분석과 개념 모델링은 이 책에서 강조하는 중요한 주제 가운데 하나입니다. 사용자 요구를 시스템 설계에 반영하는 과정을 상세히 설명합니다. 이는 사용자 중심의 설계를 가능하게 하며 애자일 개발 환경에서도 효과적으로 적용될 수 있습니다. 예를 들면 전자상거래 시스템의 유스케이스를 분석하고 개념 모델을 작성하는 과정은 시스템의 전반적인 구조를 이해하고 설계할 때 큰 도움이 됩니다. 이러한 기법들은 기능 구현에만 집중하지 않고 전체 시스템을 조망하며 설계하는 능력을 키우는 데 중요한 역할을 합니다.

또한 계층화된 아키텍처 설계에 대한 내용도 현대의 소프트웨어 개발 환경에서 유용합니다. 이 책은 시스템을 계층별로 나누어 관리하는 방법을 제시하며 시스템의 유연성과 확장성을 극대화할 수 있는 방안을 제공합니다. 계층화된 아키텍처는 마이크로서비스 아키텍처나 클라우드 기반 시스템에서도 널리 사용되는 접근 방식입니다. 이 책에서 다루는 설계 원칙은 이러한 최신 기술 트렌드에 맞춰 시스템을 설계하고 유지보수하는 데 매우 유익합니다. 명확한 비즈니스 로직 분리 역시 중요한 주제로 다룹니다. 이는 코드의 유지보수성을 높이고 가독성을 개선하기 위해 필수적인 요소입니다. 이 책은 비즈니스 로직을 별도의 계층으로 명확히 분리하고 이를 효과적으로 관리하는 방법을 제시합니다. 이러한 설계 방식은 클린 코드와 도메인 주도 설계(DDD)와 같은 현대 개발 패러다임에서도 핵심적인 역할을 하며 복잡한 비즈니스 로직을 더욱 쉽게 이해하고 관리할 수 있도록 돕습니다.

비록 이 책의 초판이 10년여 전에 쓰였지만 설계의 기본 원칙과 방법론은 기술이 발전해도 변하지 않는 본질적인 가치를 지니고 있습니다. 모듈화, 재사용성, 유연성 등의 설계 원칙은 오늘날에도 여전히 유효합니다. 이를 통해 개발자들은 변화하는 기술 환경 속에서도 안정적이고 지속 가능한 소프트웨어를 설계할 수 있을 것입니다. 빠르게 바뀌는 현대의 개발 환경에서 이러한 설계 원칙은 더욱 중요해지고 있습니다.

한마디로 『소프트웨어 설계의 정석』은 과거의 고전적인 지식과 현대의 실무 경험을 연결해주는 귀중한 가이드입니다. 초보자부터 숙련된 개발자까지 모두에게 설계에 대한 깊이 있는 이해를 제공하며 보다 나은 시스템을 구축할 수 있도록 돕습니다. 기술 트렌드에 흔들리지 않고 견고한 시스템을 설계할 수 있는 기반을 얻을 수 있습니다. 이 책은 유용한 지침서로서 앞으로의 소프트웨어 개발 여정에 든든한 동반자가 될 것입니다.

장회수

개발자들과 협업하면서 매번 느끼는 것은 '개발 환경은 항상 변하고 배울 것은 끊임 없이 늘어난다'는 점입니다. 물론 다른 업계도 마찬가지겠지만 개발 분야는 유독 심한 편인 것 같습니다. 하지만 이런 이야기가 화두에 오를 때마다 "그렇긴 한데… 맥락은 크게 변하지 않아서요"라고 무심하게 말하는 이들을 보고 의아할 때가 참 많았습니다. 이 책은 그런 의아함을 시원하게 관통하는 내용을 담고 있습니다.

목표 시스템을 만든다는 기조는 예부터 변하지 않았지만 그 적용 방법은 조금씩 발전되었습니다. 저자는 새로운 기술에 대한 시각을 제공하면서도, 그 바탕에는 개발에 앞서 어떻게 시스템을 구상하고 디자인해야 할지를 친절하게 가이드해줍니다.

특히 개발자가 현장에서 업무와 부딪혀 가며 체득하는 것을 미리 설명해주거나, 기본 개념, 현업 종사자들이 쉽게 놓치고 있는 것, 현실적인 조언까지 알기 쉽게 설명해줍니다. 시스템 설계뿐만 아니라 개발을 둘러싼 다양한 직군과의 커뮤니케이션 및 환경 관리까지도 말이죠.

책을 읽다 보면 '설계의 범위가 이렇게 넓구나'라며 놀랄 수 있습니다. 설계는 의도 부터 실제 구현까지 아우를 정도로 광범위하고, 조직에 따라 개발자와 기획자의 책임과 업무 범위가 모호할 때가 있습니다. 읽으며 고민에 빠질 수도 있지만 저자가 중요하게 여기는 것은 '시야를 넓히는 것'이라고 생각합니다.

이 책을 통해 설계 기술뿐만 아니라 설계 자체가 지닌 힘을 즐겁게 체득하길 진심으로 바랍니다.

이해영

들어가며

이 책의 초판[1]은 2008년에 출간되었고 개정하여 이번에 다시 출간하게 되었습니다. 초판을 집필한 이후 오랜 시간이 흘렀지만 크고 혁신적인 시스템을 만들어야 하는 요구는 늘어난 반면, 개발자가 시스템 개발 전반을 체계적으로 배우고 실천할 수 있는 기회는 점점 줄어들고 있습니다. 그런 의미에서 이 책의 필요성은 아이러니하게도 전보다 훨씬 더 높아졌습니다.

이 책의 대상 독자는 '시스템 개발에 종사하는 개발자'입니다. 커다란 시스템 개발에 참여하게 되어 일부 기능의 개발을 맡게 된 개발자나, 개발을 몇 년 경험하고 이제 설계를 체계적으로 배우고 싶은 개발자를 대상으로 하고 있습니다. 그 외에도 웹 디렉터나 마케팅 디렉터가 시스템 개발의 전체 흐름을 파악하기 위해 읽어도 좋습니다.

개정판을 준비하면서 예전 원고를 정리하다가 놀라운 사실을 알게 되었습니다. 사용하는 프레임워크와 도구는 달라졌지만, 요구사항 정의부터 설계까지 진행하는 방법론은 예나 지금이나 변함이 없다는 점입니다. 바로 이 변하지 않는 방법론에 관한 지식이 큰 시스템을 처음부터 개발하는 데 필요합니다. 물론 '대는 소를 겸한다'[2]는 일본 속담처럼 시스템 일부를 개발하는 데에도 방법론은 충분히 도움이 됩니다.

세월이 지나도 변하지 않는 방법론을 중심으로 그간 변화한 표준 프레임워크와 도구에 대한 설명을 새롭게 정리했습니다. 프레임워크는 엔터프라이즈 개발에서 많이 사용되는 스프링부트Spring Boot를 채택했습니다. 또한 RESTful과 GraphQL

---

1 한국에서는 출간된 적이 없습니다.

2 '큰 것은 작은 것을 대신할 수 있다'라는 뜻입니다.

을 이용한 API 설계에 대한 개요를 정리하고, 아키텍처 설명에 마이크로서비스 아키텍처(MSA)도 추가했습니다. 이 책을 읽다 보면 마이크로서비스가 기존의 컴포넌트나 객체 개념을 더욱 확장한 것임을 알 수 있습니다.

초판과 크게 달라진 점은 애자일 개발에 관한 내용입니다. 그동안 다양한 애자일 개발 사례가 생겨났지만 여전히 많은 분이 애자일 개발을 막연하게 생각하고 있을 것입니다. 이번에는 애자일 개발에 대한 저의 경험을 바탕으로 설명을 보충했습니다. 개별 요소 기술을 상세히 다루지는 않지만, 개발 흐름을 부담 없이 파악할 수 있도록 썼습니다.

앞으로 개발자는 큰 시스템 전체를 처음부터 개발할 수 있는 개발자와 큰 시스템의 일부 기능만 개발할 수 있는 개발자로 나뉘게 될 것입니다. 그 차이는 '설계를 할 수 있느냐 없느냐'입니다. 설계할 수 있는 능력을 갖추기 위해 특별한 재능이 필요한 것은 아닙니다. 지식과 기술을 조금씩 쌓아가면 됩니다. 유망한 개발자 여러분에게 이 책이 설계를 배울 수 있는 계기가 되기를 바랍니다.

요시하라 쇼자부로

목차

Part 1 입문 편

CHAPTER 1 첫 설계를 잘해내기 위해

Part 2 설계 편

CHAPTER 2 설계의 목적

CHAPTER **3** | 외부 설계 방법

Part 3 아키텍처 편

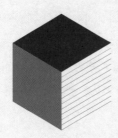

PART 1 입문 편

첫 설계를 잘해내기 위해

1장에서는 본론에 들어가기 전에 개발자로서의 보람과 커리어 패스 등에 대해 설명
합니다. 제목에 '설계'라는 한마디로 표현했지만 설계의 범위는 매우 넓으며 프로젝
트 관계자라면 설계를 할 줄 알아야 합니다. 또한 설계 역량은 설계자뿐만 아니라
프로그래머, 컨설턴트 등에게도 필요합니다. 우선 이 부분을 정리하는 것부터 시작
하겠습니다.

1.1 설계자로 가는 길

이 책은 설계의 기본을 다룹니다. 프로그래밍은 해봤지만 시스템 설계는 처음
이거나, 설계 경험은 있지만 그저 흉내만 내는 수준이어서 기초부터 다시 한번
공부하고 싶은 분들을 위해 썼습니다. 누구에게나 처음은 찾아옵니다. 업무로
설계를 맡게 되었다면 중간에 포기할 수는 없습니다. 이 책은 그런 분들이 설계
를 끝까지 해내는 데 도움이 될 것입니다.

요즘은 인터넷에 정보가 많아서 책을 사지 않아도 어느 정도 공부할 수 있습니
다. 인터넷으로 정보를 얻는 것은 빠르고 비용이 크게 들지 않는다는 장점이 있
습니다. 하지만 어떤 분야의 지식과 방법을 체계적이고 구체적으로 익히기 위
해서는 책을 찾는 것이 여전히 가치 있다고 생각합니다. 이 책은 설계 과정을
처음부터 끝까지 일관성 있게 설명합니다. 유스케이스^{use case} 모델링이나 데이터
베이스 설계를 다룬 책은 있지만, 일련의 흐름 속에서 설계 과정을 설명한 책은

많지 않습니다.

설계를 잘하기 위해서는 무엇이 필요할까 고민했습니다. 애초에 '설계'라는 단어의 의미와 작업의 범위는 굉장히 넓습니다. 이 책만으로 모든 설계 노하우를 설명하는 것은 불가능합니다. 설령 가능하다고 해도 설계를 처음 하는 사람을 끝까지 해낼 수 있게 만들기는 어려울 수 있습니다. 따라서 설계를 해내기 위해 최소한으로 필요한 것이 무엇일까를 생각했습니다. 저는 다음 세 가지가 필요하다고 생각합니다.

첫째, **'설계의 목적을 정확히 파악하는 것'**입니다. 설계를 처음 접하는 사람이 책을 읽는 것만으로는 설계의 목적을 실감하기 어려울 수 있습니다. 설계의 목적을 전혀 모른다면 설계라는 것을 형식적이고 기계적인 작업으로 생각하게 될 수도 있습니다. 목적도 모른 채 설계하거나 무작정 설계서를 작성하는 것은 낭비일 뿐만 아니라 개발 프로젝트를 실패로 이끌 수 있습니다.

둘째, **'설계에 필요한 최소한의 테크닉을 알아야 한다는 것'**입니다. 아무리 설계의 범위가 넓어도 핵심 포인트는 한정되어 있습니다. 이 책에서는 그 핵심을 잡기 위해 필요한 최소한의 테크닉을 설명합니다.

셋째, 주변 사람들과 **'제대로 된 의사소통을 하는 것'**입니다. 설계 역량을 향상시키는 데 중요한 것은 다른 사람을 위해서 설계한다는 관점을 갖는 것입니다. 보통은 설계서를 작성하는 사람과 프로그래밍하는 사람이 다릅니다. 올바르게 프로그래밍할 수 있도록 모호한 표현을 피하고, 불명확한 부분을 없애고, 주의해야 할 부분을 명확히 해야 합니다. 설계는 커뮤니케이션입니다.

이 책은 이와 같은 세 가지 내용을 중심으로 구성되어 있습니다. 또한 설계에 필요한 최소한의 지식으로 다음 네 가지를 중점적으로 다룹니다.

- 유스케이스 모델
- 개념 모델
- 데이터베이스 설계
- 아키텍처 설계

이 네 가지는 현재 개발자에게 필수적인 기술입니다. 객체지향과 UML^{Unified} Modeling Language (통합 모델링 언어)이 기본 기술이라면, 유스케이스 모델과 개념 모델, 데이터베이스 설계, 아키텍처 설계는 이를 활용한 실무적인 응용 기술이라고 할 수 있습니다. 실제로 설계를 하기 위해서는 기본 기술뿐만 아니라 응용 기술도 필요합니다.

객체지향이나 UML 입문자를 위한 책을 읽어본 분이 많으리라 생각합니다. 하지만 실제 현장에서 어떻게 활용해야 할지 모르는 분도 많을 것입니다. 이 책에서 다루는 응용 기술에 대한 설명은 객체지향이나 UML과 같은 기본 기술을 다지는 데에도 도움이 됩니다. 제가 좋다고 생각하는 각 분야 전문 서적도 함께 소개합니다. 먼저 이 책을 읽고 각 분야의 개요와 해당 분야가 설계 과정 전반에서 차지하는 위치를 이해한 후 읽어보면 좋을 것입니다.

다시금 설계라는 작업 자체의 필요성에 대한 논의가 활발하게 이루어지고 있습니다. 애자일 개발 방법론이 포괄적인 문서보다 동작하는 소프트웨어를 중시하는 새로운 방법을 제안하고 있기 때문입니다. 새로운 기술이 항상 옳은 것은 아니지만 애자일 개발 방법론은 매우 매력적으로 보입니다. 이런 상황에서 설계에 대한 책을 집필하는 것은 제게도 소중한 경험이었습니다. 지금 시점에서 설계에 대해 돌아보는 것은 매우 중요하다고 생각합니다. 이는 저뿐만 아니라 여러분에게도 마찬가지일 것입니다.

설계는 심오합니다. 시스템 개발 프로세스에서 업무 분석과 요구사항 정의에서는 업무와 실생활의 세계를 표현합니다. 구현(프로그래밍)에서는 컴퓨터가 이해할 수 있는 프로그래밍 언어와 비트의 세계를 다룹니다. 이 두 세계 사이의 가교 역할을 하는 것이 바로 설계입니다. 설계를 하려면 이 두 세계를 어느 정도 알고 있어야 합니다. 이는 설계뿐만 아니라 구현에서도 마찬가지일 수 있습니다.

설계는 구현을 위한 준비 작업이라고 할 수 있습니다. 예전보다 구현과 설계의 경계가 많이 허물어졌습니다. 구현을 하기 위해서도 설계 기술이 필요합니다. 본질적으로 설계와 구현이 해결하려는 주제는 변하지 않습니다. 바로 요구사항 정의를 시스템으로 구현하는 것 말입니다. 그런 의미에서 설계자와 프로그래머에게도 폭넓은 지식이 필요합니다. 애자일 개발 방법론이 등장한 배경에는 설계와 구현 사이에 유사점이 많다는 점도 있을 것입니다.

이 책은 다음과 같이 구성되어 있습니다.

- 입문 편: 1장
- 설계 편: 2장~4장
- 아키텍처 편: 5장~7장

'입문 편'에서는 개발자로서의 보람과 커리어에 대해 설명합니다. 그중에서 커리어를 쌓기 위해 필요한 역량과 설계 역량의 관계를 설명합니다.

'설계 편'에서는 앞으로 설계자로 활약할 사람을 위해 ① 설계의 목적, ② 설계하기 위해 필요한 최소한의 테크닉, ③ 설계 커뮤니케이션에 대해 설명합니다. 설계 편의 내용을 이해한다면 난이도가 낮은 개발 프로젝트에서 실제로 설계를 진행할 수 있을 것입니다.

'아키텍처 편'은 설계 편에서 설계의 기초를 배운 사람이 난이도가 높은 시스템도 설계할 수 있도록 아키텍처라는 개념을 설명합니다. 아키텍처를 배우는 것은 설계자가 아키텍트로 커리어를 쌓는 데 도움이 됩니다. 또한 마지막에는 애자일 개발 방법론과 함께 설계의 필요성 그리고 설계의 미래를 설명합니다.

이 책과 함께 설계의 길은 이제 막 시작된 것이나 다름없습니다. 세상에는 다양한 설계 패턴과 아키텍처, 프레임워크, 모델링 방법론이 등장하고 있습니다. 그 사이에서 옥석을 가려내고 하나씩 익히면 분명 여러분의 재산이 될 것입니다.

1.1.1 두 유형의 개발자

설계 이야기로 들어가기 전에, 개발자들의 일반적인 특성에 대해 이야기해보고자 합니다. 개발자라는 존재를 객관적으로 인식하는 것은 개발자로 성장하는 데 필수입니다.

제 주변의 개발자들을 보면 크게 두 가지 유형으로 나눕니다. 하나는 낙관론자, 또 다른 하나는 신중론자입니다.

| 낙관론자 |

새로운 기술에 대해 낙관적이고 누구보다 빨리 받아들입니다. 거리낌 없이 기술을 대하고 무조건적으로 받아들입니다. 낙관론자는 대개 어린아이처럼 순수하고 천진난만한 성격을 가지고 있습니다.

| 신중론자 |

새로운 기술에 대해 회의적입니다. 먼저 정보를 수집하고 주변의 평판을 들어본 다음에 사용하려 합니다. 새로운 기술을 받아들이는 데 신중한 편입니다. 현실주의자는 어른스럽고 사려 깊은 성격을 가지고 있습니다.

| 독창성과 관용 |

여러분은 자신을 어떤 유형이라고 생각하나요? 두 유형은 성격의 문제이기 때문에 반드시 어느 쪽이 더 좋다고 말할 수는 없습니다. 혹은 나이와 위치에 따라 조금씩 유형이 바뀌는 경우도 있을 것입니다. 국내나 세계에서 활약하고 있는 개발자들과 이야기를 나누거나 그 사람들에 관한 글을 읽어봐도 역시 두 가지 유형으로 나뉘는 것 같습니다. 어느 쪽이 더 많다고는 할 수 없지만 어느 유형이든 개발자로서 성공하기 위해서는 추가로 필요한 것이 있습니다.

- 낙관론자에게는 '독창성'이 필요
- 신중론자에게는 '관용'이 필요

낙관론자 중에는 새로운 것을 무조건적으로 받아들이는 태도가 맹목적인 경우가 있습니다. 지식은 많은 것 같지만 본질적인 것을 보지 못하기 때문에 단순하고 수동적인 사람이 될 수 있습니다. 또한 교과서대로 하는 것에만 집착하다 보니 자기 생각이 사라지기도 합니다. 이렇게 되면 그저 괴짜에 지나지 않습니다. 이런 유형을 '기술 오타쿠'라고 부르기도 합니다. 낙관론자는 새로운 것을 받아들이는 자세나 빠르게 실행에 옮기는 자세를 미덕으로 여깁니다. 따라서 새로운 기술을 자신의 것으로 만드는 독창성이 있다면 긱geek[1]이라고 불리는 슈퍼 개발자가 될 수 있습니다.

신중론자 중에는 신중함을 자신을 보호하기 위해 사용하는 사람이 있습니다. 심할 경우에는 신중함을 넘어 극도로 보수적인 경향을 띠기도 합니다. 특히 경험이 많은 개발자에게서 자주 볼 수 있는데, 이들은 사회적 지위도 높아 때로는 젊고 새로운 싹을 꺾어버리기도 합니다. 현실에 맞게 기술을 적용하는 자세는 미덕이지만 새로운 것과 새로운 생각을 받아들일 수 있는 관용이 필요합니다. 관용이 있어야 장기적인 관점에서 냉정하게 기술 동향을 볼 수 있고, 현장에서도 현실에 맞게 기술을 적용할 수 있을 것입니다.

지금까지는 신중론자가 사회에서 더 높은 평가를 받았습니다. 하지만 오픈소스 소프트웨어 개발에서는 낙관론자들이 매우 큰 기여를 하고 있습니다. 이제는 두 유형 모두 중요합니다. 낙관론자는 독창성을, 신중론자는 관용을 가져야 진정한 개발자가 될 수 있다고 생각합니다. 또한, 신중론자와 낙관론자가 협력하면 좋은 팀을 만들 수 있습니다. 예를 들어 개발 프로젝트에 신중론자 프로젝트 매니저와 낙관론자 아키텍트가 있으면 새로운 기술의 리스크를 고려하면서도 안정적으로 프로젝트를 운영할 수 있습니다.

1.1.2 중요한 것은 기본

개발자는 기술을 가진 '장인'입니다. 개발자라고 하면 '기술자'라고 부르는 것이 맞겠지만 IT 업계에 한정하면 기술자보다는 '장인'이라는 표현이 더 어울립니다. IT 업계는 자격증을 취득했다고 해서 기술자로 일할 수 있는 것은 아니기 때문입니

---

1 IT 분야에서 주로 기술에 대해 깊은 관심과 열정을 가지고 있고, 관심 있는 분야에 매우 열정적이어서 많은 시간과 노력을 기울이며, 다른 사람들과 지식을 공유하고 협업을 즐기는 사람을 가리킵니다. 과거에는 geek이라는 용어가 다소 부정적인 의미로 사용되기도 했지만 최근 기술의 발전과 함께 긍정적인 의미로 재평가되었습니다. geek이라는 정체성을 자랑스럽게 생각하며 이는 곧 기술 혁신과 창의력의 상징으로 여겨집니다.

다. 자격증을 가지고 있다고 해서 실무적으로 프로그래밍이나 설계를 할 수 있다고 단정 지을 수 없습니다. 이는 자격 제도라는 것이 현재의 IT 업계와 맞지 않기 때문이라고 생각합니다. IT 업계의 폭발적인 기술 확산과 변화를 자격 제도가 따라잡는 것은 불가능합니다.[2]

물론 특정 제품이나 프로그래밍 언어 등 특정 분야의 자격이라는 것은 존재할 수 있겠지만 일반적이지는 않습니다. 이는 IT 업계의 본질적인 문제입니다. 자격증과 마찬가지로 정보공학 계열의 학교도 마찬가지입니다. 물론 자격증을 취득하거나 학교를 다니는 것은 지식을 습득한다는 의미가 있습니다. 하지만 그 자격증이나 학력은 5년 후 개발자로서의 가치를 아무것도 보장해주지 않습니다. 즉, 개발자를 직업으로 삼기 위해서는 계속 배워야 합니다.

이렇게 말하면 개발자로 살아갈 수 있을지 걱정이 될 것입니다. 하지만 괜찮습니다. 물론 새로운 기술을 계속 배우는 자세는 필요하지만, 새로운 기술이라고 해도 기존 기술과 본질적으로 개념이 같은 것이 많습니다. 예를 들면 웹Web도 기본이 되는 기술은 TCP/IP, HTTP와 HTML입니다. 모두 수십 년 전에 고안된 표준으로 유명합니다. 관계형 데이터베이스의 개념은 이보다 더 오래되었고, 수십 년의 역사를 가지고 있습니다. 객체지향도 마찬가지로 탄생한 지 수십 년이 지났습니다.

사실 최신 기술을 계속 배우는 것은 가시밭길이 아니라 지름길입니다. 기술이 쌓이면 새로운 기술을 배우는 속도도 훨씬 빨라집니다. 눈앞의 기술만 피상적으로 배우는 것은 당장의 업무를 처리하는 데는 효과적이지만 다음 업무로 이어지지 않으면 의미가 없습니다. 다음 업무로 이어가기 위해서는 기본이 되는 기술을 축적해야 합니다.

개발자를 자격증으로 평가할 수 없는 것과 마찬가지로 개발자의 가치를 명확하게 평가하는 것 역시 어려운 문제입니다. 개발자의 가치를 평가할 수 없다는 것은 시스템의 가치를 평가할 수 없다는 것과 같습니다. 이는 IT 산업 구조에도 영향을

---

2 저자_ 만약 반 년마다 내용이 크게 바뀌는 자격증이 있다면 곤란할 것입니다.

미치고 있습니다. 우수한 프로그래머나 그렇지 않은 프로그래머나 똑같이 인당 월 단가(맨먼스)로 임금(가치)이 결정됩니다. 물론 경력이나 실적에 따라 다르지만 일부 슈퍼 프로그래머를 제외하면 큰 차이는 없습니다. 이러한 산업 구조가 하청 개발의 하도급, 2차 하도급 등 다단계 하청 구조가 되거나 해외 개발의 부상으로 이어지는 것입니다.

프로그래밍을 중심으로 한 시스템 개발이라는 일이 저부가가치냐 고부가가치냐의 문제로도 볼 수 있습니다. 저부가가치라면 숙련도가 낮은 프로그래머라도 상관없기 때문에 다중 하청이나 해외 개발도 괜찮을 것입니다. 물론 메인프레임 시절처럼 설계서를 완벽하게 작성하는 개발 프로세스라면 프로그래밍은 부가가치가 낮을 수 있습니다. 그러나 나중에 설명하겠지만 지금은 시스템 개발 방식도 달라지고 있습니다. 저부가가치 영역은 도구와 프레임워크가 대부분 담당하고 프로그래머에게는 더욱 창의적인 영역이 요구되고 있습니다. 안타깝게도 프로그래밍을 비롯한 시스템 개발을 저부가가치라고 생각하는 사람이 IT 업계에도 많습니다. 최근 시스템 개발의 현장을 모르는 사람이 많은 것 같습니다. 개발자들은 앞으로 자신의 가치를 명확히 인식해야 할 필요가 있습니다.

개발자 스스로가 높은 가치를 부여한다는 것은 어려운 일입니다. 지금은 표준 규격과 오픈소스 시대이기 때문에 누구나 같은 기술을 사용할 수 있습니다. 프로그래밍 언어, 프레임워크 등 누구나 동일한 것을 사용합니다. 20년 경력의 베테랑도, 정보공학을 전공한 학생도 같은 기술을 사용하며 모두가 같은 블로그를 읽고 같은 책으로 공부합니다. 이런 시대에 높은 가치를 가지려면 표준을 확실히 지키면서 기본 기술을 바탕으로 자기 머리로 생각하는 것이 중요합니다. 남들이 좋다고 해서 3계층 레이어³⁻ᵗⁱᵉʳ ˡᵃʸᵉʳ로 설계하는 것이 아니라, 스스로 납득하고 설계해야 합니다.

그러기 위해서는 정말 좋은 시스템을 만들고자 하는 열정도 필요합니다. 물론 이것은 쉬운 길이 아닙니다. 이를 위해서는 스프링Spring프레임워크나 루비 온 레일즈Ruby on Rails와 같은 웹 프레임워크를 아는 것만으로는 부족합니다. 오픈소스 소프트웨어를 연구하거나 직접 세상에 통용될 만한 것을 만들어낼 수 있을 정도여야 합니다. 이를 실현하기 위해서는 더 많은 기초 기술이 필요합니다. 이 책에서는 설계라는 이름으로 이야기되어온 내용을 다시 한번 기초부터 설명합니다.

1.1.3 이 책의 독자

이 책은 어떤 형태로든 IT 업계에 관여하여 처음으로 설계를 하는 사람을 위해 썼습니다. IT 업계에 종사하는 형태는 다양합니다. SI^{System Integration} 회사, 기업의 정보시스템 부서, 패키지 개발, 웹 서비스 제공 기업의 시스템 개발 부서 등을 들 수 있습니다. 이 책에서는 이렇게 다양한 사업 형태에 관계없이 설계라는 작업에 필요한 일반적인 사항을 설명합니다. 단, 이 책에서는 편의상 SI 회사에 소속된 개발자를 가정하여 설명합니다.

> **NOTE_** 시스템 개발을 의뢰받는 SI 회사의 입장에서 이야기할 것이기 때문에 시스템 개발을 발주한 기업은 사용자 기업이라고 부르겠습니다. 또한 SI는 업무 형태를 나타내는 것이므로 이 책에서는 시스템 개발 회사라고 칭하겠습니다.

1.2 개발자로서 느끼는 보람

다음으로 개발자로서 느끼는 보람에 대해 이야기해보겠습니다.

1.2.1 개발자라는 직업

개발자는 재미있는 직업입니다. 프로그래밍은 매우 창의적인 활동입니다. 극단적으로 말해 재능만 있다면 구글에 버금가는 검색 엔진 로직을 손안에 있는 컴퓨터만으로 프로그래밍할 수 있습니다.[3]

이는 웹이 발전하며 정보 격차가 없어진 것과 오픈소스가 등장하여 기술 격차가

---

3 저자_ 단, 퍼포먼스를 제외한다면 말이죠. 이를 끌어올리는 것만큼은 돈이 굉장히 많이 듭니다.

없어졌기 때문입니다. 또한 개인이 고성능 컴퓨터를 구입하고 누구나 인터넷에 접속할 수 있게 된 덕분이기도 합니다. 지난 20여 년 동안 웹은 크게 발전해왔습니다. 웹 서비스를 제공하는 IT 벤처기업도 미국을 중심으로 우후죽순으로 생겨나고 있습니다. 구글, 메타, 아마존 등이 있죠. 특히 구글은 웹을 대표하는 대표적인 IT 기업입니다. 구글은 미국의 두 대학원생이 개발한 새로운 알고리즘을 탑재한 검색 엔진에서 시작되었습니다. 그것이 지금은 수조 원 규모의 회사가 되어 그 유명한 마이크로소프트보다 더 큰 성장을 보이고 있습니다. 국내에도 IT 스타트업이 많이 생기고 있습니다. 예를 들어 프로그래밍 언어 자바스크립트로 개발된 오픈소스 웹 프레임워크 노드Node.js는 웹 애플리케이션 개발의 개념을 완전히 바꾸었습니다.

웹을 중심으로 한 IT의 발전에는 오픈소스 소프트웨어가 매우 중요한 역할을 하고 있습니다. 리눅스와 같은 운영체제(OS)나 펄Perl, 파이썬Python, 루비와 같은 프로그래밍 언어도 오픈소스입니다. 오픈소스 소프트웨어는 전 세계 기여자들이 자신의 시간을 쪼개서 개발하고 있습니다. 프로그래밍한 것을 깃허브GitHub와 같은 저장소에 등록하면 전 세계 사용자가 이를 사용합니다. 이러한 산업의 구조적 변화가 지금의 인터넷 세상을 지탱하고 있습니다. 즉, 프로그래머들이 인터넷을 지탱하고 있는 것입니다.

대가를 바라지 않고 오픈소스 소프트웨어를 개발하는 프로그래머를 '긱'이라고 부릅니다. 긱은 원래 좋은 뜻이 아닙니다. 바보라는 별명이 붙을 정도로 한 가지 일에 몰두하는 사람을 뜻합니다. 긱은 단순한 기술 오타쿠가 아닙니다. 요즘 화제가 되고 있는 IT 스타트업 경영자 중에도 프로그래머가 많습니다. 이들은 단순한 프로그래머가 아니라 슈퍼 프로그래머, 즉 긱입니다. IT 벤처기업에서는 개발자가 아닌 다른 직업을 가진 사람이 더 적을 정도로 경영자 겸 프로그래머가 많습니다.[4]

---

4 한국에서는 '긱'을 열정적인 전문가 정도의 긍정적인 의미로 사용합니다.

1.2.2 개발자의 즐거움

개발을 하다 보면 어느새 몰입하게 되고 시간 가는 줄을 모릅니다. 새로운 아키텍처에 대한 논의에 열중하다 정신을 차리면 어느새 밤이 되어 퇴근 시간이 가까워지는 경우가 많습니다. 프로그래밍에 빠져 시간 가는 줄을 모르다 보면 어느새 야근을 하고 있는 자신을 발견하는 사람이 많을 것입니다.

개발자는 자랑스러운 직업입니다. 요즘 세상에 IT를 활용하지 않는 회사는 거의 없을 것입니다. 물론 단순한 PC부터 대형 시스템까지 크고 작은 것들이 있지만, CPU 칩이나 OS 등은 다르더라도 기본적인 원리는 동일합니다. 작은 프로그램도, 큰 시스템도 몇 가지 요령만 익히면 만들 수 있습니다. 길거리에서 흔히 볼 수 있는 대기업의 소프트웨어를 개발할 때는 '이 회사는 우리가 만든 소프트웨어로 돌아가고 있구나!'라는 조금 지나친 생각이 들기도 하지만, 그래도 뿌듯한 기분이 드는 것이 사실입니다.

개발자는 비즈니스를 배울 수 있는 직업입니다. 현재 기업에서 IT 시스템은 업무의 근간을 이루고 있습니다. 회사의 핵심 시스템이야말로 그 회사의 주요 업무라고 해도 과언이 아닙니다. 시스템 개발을 하다 보면 그 업무에 대한 지식을 습득할 수 있습니다. 무작정 시키는 대로 프로그래밍만 해서는 아무것도 알 수 없지만, 설계서에 적힌 비즈니스 규칙을 이해하고 시스템 전체의 데이터베이스 설계 등을 참고하면 조금씩 알게 됩니다. 물론 사용자 기업과 여러분의 회사 사이 그리고 개인과 회사 사이에 비밀 유지 계약이 체결되어 있을 것이기 때문에 업무상 알게 된 정보를 다른 곳에 유출할 수는 없습니다. 하지만 업무에서 배운 것은 경험이라는 재산으로 충분히 활용할 수 있습니다. 업무 지식을 활용할 수 있는 개발자 커리어를 생각하고 있다면, 많은 업무 시스템 개발에 참여해보는 것이 좋습니다.

프로그래밍이나 설계와 같은 작업은 기술력이 요구되는 동시에 인간의 창의력을 발휘할 수 있는 영역입니다. 남들이 생각하지 못한 로직이나 프로그래밍을 구현했을 때 큰 성취감을 느낄 수 있습니다. 개발자에게는 다음과 같은 기쁨과 즐거움이 있습니다.

- 무에서 유를 창조하는 기쁨
- 사람들에게 도움이 되는 기쁨
- 도구를 직접 만들 수 있는 즐거움
- 협업의 재미

그러나 개발자에게 협업은 재미와 동시에 괴로움을 느끼게도 합니다.

- 완벽을 요구받을 때 부담스러움
- 시스템에 따라 큰 사회 문제가 되기도 함
- 때때로 단순 작업이 괴로움
- 협업의 스트레스

이렇듯 개발자는 재미있으면서도 정신적으로 힘들고 고된 직업임에는 틀림없습니다. 많은 IT 개발자가 마음의 병을 앓고 있다고 합니다. 마감 기한이 있고 기술 발전이 빠르며, 공부할 것도 많고, 높은 품질을 요구받죠. 그럼에도 불구하고 개발 프로젝트에서 문제가 발생하면 그 피해는 고스란히 현장의 개발자에게 돌아갑니다. 아마 여러분 중에도 갑자기 새로운 프로젝트에 배치되어 '내일부터 설계 업무를 맡아주세요'라는 식의 무리한 요구를 받은 적이 있을 겁니다. 그리고 개발 프로젝트에서 발생한 문제의 원인은 비즈니스와 연관되어 있기도 합니다.

물론 고통도 있지만 많은 사람에게는 기쁨이 더 클 것입니다. 다시 한번 말하지만 개발자라는 직업은 재미있습니다. 실제로 개발자의 동기부여와 생산 효율성 및 성공은 관련이 있다고 보는 시각도 있습니다. 톰 드마르코$^{Tom\ DeMarco}$는 '피플웨어 ^{Peopleware}'라는 개념을 제시하며 인간 중심의 시스템 개발을 권장하고 있습니다.[5]

개발자의 가치

오프쇼어라는 말을 들어본 적이 있을 것입니다. 영어로 offshore, 즉 '해외에서'라는 뜻입니다. 오프쇼어 개발이라고 하면 중국이나 인도 등 해외 시스템 개발 회사에 개발을 발주하는 것을 말합니다. 그렇다면 왜 오프쇼어 개발을 하는 것일까요? 두말할 필요도 없이 해외에서 개발하는 것이 인건비가 저렴하니 전체 개발비도 낮아지기 때문입니다.

----

5 저자_ 자세한 내용은 도서 『피플웨어(개정3판)』(인사이트, 2014)를 참고하기 바랍니다.

해외 개발을 하게 되는 배경에는 개발자의 생산성을 측정하기 어렵다는 점이 있습니다. 가격은 정량적으로 비교할 수 있지만 생산성은 그렇지 않기 때문에 판단이 어렵습니다. 가격이 저렴해도 생산성이 낮으면 해외 개발이 의미가 없죠. 결국 생산성의 개인차를 무시한 맨먼스man-month[6]라는 가치 기준이 사용됩니다. 맨먼스로 보면 가격이 싼 오프쇼어가 유리하다는 것입니다.

우수한 프로그래머들을 만나보면 그들의 생산성(이 단어로 정의하는 것도 애매모호하지만)이 일반인의 몇 배에 달한다는 것을 실감합니다. 또한 시스템 품질도 프로그래머의 우열에 따라 크게 달라집니다. 장애가 발생하지 않는 것의 가치를 측정하기는 어렵지만, 장애가 발생했을 때의 손해는 쉽게 알 수 있습니다.

안타깝게도 현재로서는 개발자의 가치라는 것을 정량적으로 측정할 수 없습니다. 더 안타까운 것은 IT 업계 종사자들이 맨먼스를 당연하게 여기고 우수한 개발자의 고부가가치를 무시하고 있다는 점입니다. 이에 대한 반대 개념으로 애자일 개발 방법론은 개발자의 고부가가치를 전제로 하고 있습니다. 애자일 개발 방법론은 이후에 설명하겠습니다.

1.3 개발자의 커리어

지금까지 개발자, 프로그래머라는 단어를 별다른 설명 없이 사용했습니다. 이쯤에서 흔히 볼 수 있는 IT 업계 직종을 생각해봅시다. 여러분은 앞으로 어떤 직업을 갖고 싶은가요? 프로젝트 매니저? IT 컨설턴트? 아키텍트? 물론 매일 열심히 일하는 것도 중요합니다. 그렇게 하루하루를 보내다 보면 출세의 기회가 찾아오는 경우도 있습니다. 하지만 한정된 시간 안에서 지속적으로 공부하기 위해서는 비전이 있는 편이 더 좋습니다. IT 업계에서 흔히 볼 수 있는 직종은 다음과 같습니다.

1 프로그래머

2 시스템 개발자

----

6 개발자 한 명이 한 달 동안에 할 수 있는 작업의 양. 개발자의 단가를 등급(경력)별로 구분하여 인건비를 책정하는 방식이며 최근에는 이러한 방식을 개선해 기능 점수(Function Point, FP) 산정 방식으로 측정합니다.

3 프로젝트 리더

4 프로젝트 매니저

5 아키텍트

6 스페셜리스트

7 컨설턴트

호칭이 다른 경우도 있지만 대개 이렇게 분류됩니다. 조금 설명을 보충하자면, 시스템 개발자는 시스템 개발 회사에 속하여 사용자 기업과 요구사항을 정리하고 분석과 설계 내용을 프로그래머에게 전달하는 역할을 합니다. 시스템 개발자가 직접 개발에 참여하기도 합니다. 테크 리드라는 직종도 있습니다. 또는 리드 개발자라고 부르기도 합니다. 테크 리드는 프로그래머들을 포함한 개발팀을 총괄하는 역할로, 개발 흐름을 정비하고 코드 품질을 보장하기 위한 체계를 만듭니다. 테크 리드가 프로그래머들의 불안과 궁금증을 해소해줌으로써 개발팀의 성과가 향상될 수 있습니다. 테크 리드는 자신도 개발에 임하는 플레잉 매니저라는 점이 특징입니다.

시스템 개발과 관련된 업종은 크게 전략과 컨설팅 그리고 실제 구축이라는 것으로 나뉘며 구축 업무에서 전략이나 컨설팅 업무를 수행하고 싶은 사람들도 있습니다. **시스템 구축**은 실제 시스템 개발을 가리키며 설계, 구현, 테스트, 마이그레이션, 운영 업무를 주로 수행합니다. **전략/컨설팅**은 업무에 IT를 어떻게 활용할 것인지에 대한 전략 수립, 기존 업무 분석 및 개선, 이를 어떻게 구현할 것인지에 대한 시스템 기획, 기획한 시스템의 요구사항 정의 등의 업무를 수행합니다(그림 1-1). 사실 시스템 요구사항 정의는 전략/컨설팅과 구축 양쪽에 포함되어 있습니다. 전략/컨설팅에서는 시스템 개발 발주를 위한 요구사항을 정리하기 때문에 주로 RFP^{Request for Proposal}에 포함되는 주요 업무 중심의 요구사항을 다룹니다. 시스템 구축에서는 실제 개발 대상에 시스템이 구현해야 하는 요구사항 정의를 의미하기 때문에 다소 차이가 있습니다.[7]

---

[7] 일본의 IT 문화에 대한 설명이며 국내와는 다를 수 있습니다. 또한 일본에서는 전략/컨설팅 과정을 '상류', 시스템 구축 과정을 '하류'라고 부르기도 합니다.

그림 1-1 시스템 개발의 흐름

개발자가 전략/컨설팅 업무에 관심을 갖고 이를 목표로 지향하는 것은 좋아 보입니다. 개발을 하다 보면 '요구사항 정의나 기본 설계를 조금 더 잘하면 더 좋은 시스템을 만들 수 있을 텐데'라는 생각을 자주 하게 됩니다. 이때 전략/컨설팅의 결과물을 이해할 수 있는 역량을 갖춘다면 시스템 구축에 많은 도움이 될 것입니다. 하지만 이러한 전략/컨설팅 업무들은 기본적으로 시스템을 구축하고자 하는 대상 업무에 대한 지식은 물론이고 기술적인 경험도 필요합니다. 기본적으로 IT 역량 이외에도 IT를 적용하는 데 어떤 전략이나 전술을 적용할지에 관한 폭넓은 역량을 추가로 갖춰야 합니다.

1.3.1 개발자의 커리어 패스

개발자의 커리어는 다양하지만, 보통은 어떤 커리어를 선택하든 회사에 소속되어 일하게 됩니다(물론 스스로 회사를 설립하는 방법도 있습니다). IT 업계 비즈니스 종류는 다음과 같습니다.

시스템 및 노하우를 제공하는 경우

- 시스템 개발 회사
- 컨설팅 회사

자사에서 시스템을 개발하는 경우

- 패키지 개발 회사
- 사용자 기업의 정보시스템 부서
- 인터넷 서비스 사업 회사

시스템 개발 회사와 컨설팅 회사는 IT 전문 집단입니다. 시스템 개발 회사는 시스템을 개발하여 제공합니다. 컨설팅 회사는 노하우를 제공합니다. 흔히 말하는 SI는 시스템 개발 회사에 포함됩니다. 시스템 개발 회사와 컨설팅 회사라면 고객과 협상하거나 시스템을 제안하는 능력이 필요하기 때문에 그와 관련된 능력을 키울 수 있습니다.

또한 패키지 개발 회사, 사용자 기업의 정보시스템 부서, 인터넷 서비스 사업 회사는 자사의 비즈니스를 위해 시스템을 개발합니다. 패키지 개발 회사는 상품인 패키지를 개발합니다. 사용자 기업의 정보시스템 부서는 사업을 수행하기 위한 시스템을 개발합니다. 인터넷 서비스 사업자에게는 시스템이 상품이자 사업 그 자체일 수도 있습니다. 시스템을 자체 개발하는 경우에는 기획력과 운영력이 필요합니다. 자체적으로 개발할 경우에는 어떤 시스템을 만들 것인지 스스로 결정해야 합니다. 또한 개발한 시스템도 스스로 운영하게 됩니다.

설계를 우습게 보지 말자

설계를 한다는 것은 상당히 어려운 일입니다. 업계 경력 10년이 넘은 사람도 의외로 제대로 된 설계를 못하는 경우가 있습니다. IT 지식이 풍부하고 이해력도 충분하며 매우 우수한 사람들이지만 한 가지 부족한 것이 있습니다. 바로 '시스템 품질'이라는 것을 제대로 이해하지 못하고 있다는 점입니다.

큰 시스템을 개발해본 사람이라면 시스템 품질을 높이는 것이 얼마나 어려운 일인지 이미 알고 있을 것입니다. 테스트만으로는 품질이 올라가지 않는다는 것을 피부로 느껴본 이들은 '품질은 만들어내는 것이다'라는 선배들의 경험을 잘 이해하고 있습니다. 이 말에는 매우 함축적인 의미가 있는데, 테스트를 하기 전부터 품질은 이미 결정되어 있다는 뜻입니다. 프로그래밍이나 설계 단계에서 시스템의 품질은 이미 결정됩니다. 설계라고 하면 뭔가 특별한 것 같지만 결국은 적절한 프로그램을 작성하기 위한 '기법'에 불과합니다. 설계를 할 수 있는 사람은 프로그램도 깔끔하게 작성할 수 있습니다. 그런 의미에서 리팩터링[8]은 프로그래밍 기법의 하나로 생각하기 쉽지만 사실 설계 기법의 하나로도 볼 수 있습니다.

---

8 저자_ 프로그램 외부에서 보이는 동작을 바꾸지 않으면서 소스 코드의 내부 구조를 정리하는 것

개발자의 커리어 패스는 [그림 1-2]와 같습니다. 이 커리어 패스가 반드시 옳은 것은 아니고, 개발자가 실제로 이런 경로를 통해 성장하는 것도 아닙니다. 어디까지나 전반적인 이미지가 이렇다고 생각하길 바랍니다.

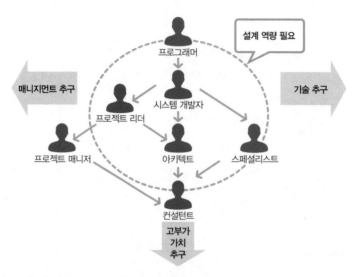

그림 1-2 개발자의 커리어 패스 및 설계 역량이 필요한 범위

설계는 다양한 커리어에서 필요한 기술입니다. [그림 1-2]에 설계 역량이 필요한 범위를 점선으로 표시했습니다. 보다시피 대부분의 커리어에서 설계 역량이 필요함을 알 수 있습니다.

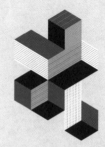

PART 2 설계 편

설계의 목적

2장부터 4장까지는 '설계 편'으로 시스템의 외부 설계와 내부 설계를 다룹니다. 2장에서는 외부 설계에 대해 설명합니다. 먼저 구체적인 설계 방법을 설명하기 전에 설계의 목적을 확인합니다. 그런 다음 개발 프로젝트와 개발 프로세스 내에서 설계의 위치를 알아봅니다. 또한 나쁜 설계 예시 등을 포함해 구체적인 외부 설계 진행 방법을 설명합니다.

2.1 무엇을 설계할 것인가

설계를 하려면 설계가 무엇인지 알아야 합니다. 설계에 관한 책 가운데 객체지향을 다룬 것이 많이 보입니다. 서점에 가면 객체지향, UML, 유스케이스 등의 단어가 눈에 띕니다. 그 외에도 아키텍처, 디자인 패턴, 프레임워크 등도 자주 보입니다. 이 때문에 설계는 배울 것이 많아서 힘들다고 생각할 수도 있습니다.

또한 설계를 하려면 설계를 아는 것만으로는 부족합니다. 하드웨어, 네트워크, OS, 미들웨어 등 폭넓은 지식이 필요합니다. 물론 HTTP의 의미를 몰라도 HTML과 JSP만 알면 어느 정도 웹 시스템을 개발할 수 있습니다. 하지만 그것은 단지 움직이는 시스템일 뿐 실용성을 담보할 수 있는 성능, 보안, 기능을 충족시키기는 어렵습니다. 그렇다고 해서 조급해할 필요는 없습니다. 폭넓은 지식을 쌓기 위해서는 기본을 먼저 쌓아야 합니다.

앞서 말했듯이 설계란 넓은 의미를 지닌 단어입니다. 우리는 도대체 무엇을 설계하는 것일까요? 설계가 무엇인지 알기 전에 무엇을 설계하는지 정리해봅시다.

2.1.1 설계 대상

컴퓨터 세계에서는 다양한 것이 설계의 대상이 됩니다. 예를 들면 다음과 같습니다.

- 시스템 설계
- 소프트웨어 설계
- 애플리케이션 설계
- 네트워크 설계
- 데이터베이스 설계
- 아키텍처 설계
- 실행 설계
- 운영 설계

이 단어들의 의미와 차이점은 무엇일까요? 명확한 표준 정의가 있는 것은 아닙니다. 이 책에서는 일반적으로 사용되는 정의를 소개합니다.

먼저 시스템, 소프트웨어, 애플리케이션이라는 용어에 주목해봅시다. 이 중에서 시스템이 가장 큰 개념입니다. 시스템은 네트워크, 하드웨어, 소프트웨어를 포함하여 어떤 가치를 제공하는 시스템 전체를 의미합니다(그림 2-1).

그림 2-1 시스템이라는 단어의 의미

시스템 구성 요소를 [그림 2-2]와 같이 스택으로 표현해보겠습니다. 스택은 아래에서 위로 쌓입니다. 아래로 내려갈수록 낮은 수준의 기초 기술이고, 위로 올라갈

수록 시스템 사용자에게 부가가치가 높은 기능을 제공하는 기술입니다.

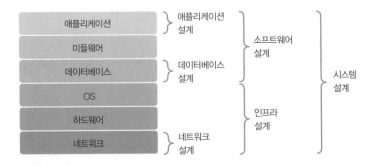

그림 2-2 시스템 구성 요소의 스택

하위 계층의 네트워크 설계에서는 구입하는 네트워크 장비나 하드웨어 장비를 어떻게 구성할 것인지 검토합니다. 기업 시스템을 본격적으로 설계할 때는 장비 판매 회사에 네트워크 구축까지 포함하여 의뢰하는 경우가 많습니다. 하드웨어 선택과 동시에 OS도 함께 선택하는 경우가 많기 때문에 [그림 2-2]의 하위 3개, 즉 네트워크, 하드웨어, OS를 합쳐서 인프라 설계라고 부르기도 합니다. [그림 2-2]에는 하드웨어 설계가 없습니다. 하드웨어는 제조사에서 출하할 때 이미 완성되어 있기 때문에 설정configuration은 할 수 있지만 설계는 할 수 없기 때문입니다. 그런 의미에서 [그림 2-2]는 시스템 개발 회사로서의 스택으로 볼 수 있습니다.

최근에는 인프라로 클라우드가 활용되고 있습니다. 대표적인 클라우드는 AWSAmazon Web Services, 마이크로소프트 애저Microsoft Azure, 구글 클라우드 플랫폼 Google Cloud Platform(GCP) 등이 있습니다. 클라우드를 이용하면 하드웨어를 구매할 필요가 없습니다. 하드웨어는 클라우드 벤더가 관리하는 데이터센터에 있으며 인터넷 등의 네트워크를 통해 연결됩니다. 하드웨어는 모두 가상화되어 사용자가 인식할 수 없습니다. 반면에 기존의 하드웨어를 운영하는 것은 온프레미스on-premise라고 합니다.

클라우드의 가장 큰 장점은 하드웨어를 구매할 필요가 없기 때문에 초기 비용을 절감할 수 있다는 것입니다. 또한 가상 서버를 증설하거나 가상 디스크 용량을 쉽게 늘릴 수 있어 스케일업scale-up[1]과 스케일아웃scale-out[2]이 용이합니다. 서비스에 따라서는 자동으로도 스케일업이 가능합니다. 클라우드는 온프레미스에서 힘들었던 사이징[3]이 매우 쉬워진다는 점이 매력적입니다.

클라우드의 단점은 클라우드 벤더의 사정에 따라 명세가 변경되거나 서비스가 중단될 수 있다는 것입니다. 또한 여러 사용자가 같은 환경을 이용하는 경우도 있기 때문에 다른 사용자가 부하를 걸면 서비스 전체 성능이 떨어질 수 있습니다.

중요한 점은 클라우드를 이용한다고 해도 시스템 스택에 대한 개념은 변하지 않는다는 것입니다. 클라우드라고 해도 인프라 설계는 필요하며 OS와 서버, 네트워크에 대한 지식이 없으면 설계할 수 없습니다.

인프라 위에는 데이터베이스, 미들웨어, 애플리케이션이 있습니다. 데이터베이스 설계에는 데이터베이스 제품 선정, 데이터베이스 파일 설계, 데이터베이스 테이블 설계 등이 포함됩니다. 이들을 설계할 때는 요구사항을 만족시키기 위한 성능과 확장성을 고려해야 합니다.

지금은 시스템 개발에 미들웨어를 활용하는 것이 보편적입니다. 미들웨어는 웹 서버(아파치 HTTP 서버Apache HTTP Server, Nginx 등)나 웹 애플리케이션 서버(톰캣Tomcat, 제티Jetty 등), 빅데이터를 위한 분산 컴퓨팅의 아파치 스파크Apache Spark 등을 말합니다. 클라우드가 미들웨어에 해당하는 것을 서비스로 제공하는 경우가 많은데, 특히 AWS 람다AWS Lambda는 서버리스 컴퓨팅을 위한 인프라와 통합된 미들웨어로 자리매김했다고 생각합니다. 미들웨어는 다양한 역할을 하며 보통 많은 애플리케이션에서 필요로 하는 기본적인 기능을 제공합니다. 구체적으로는 HTTP와 같은 네트워크 프로토콜 구현, 멀티스레드 관리, 데이터베이스 연결을 포함한 트랜잭션 기능 등을 제공합니다. 미들웨어 제품은 미들웨어 제조사가 출하할 때 이미 완성되어 있기 때문에 설정은 할 수 있지만 미들웨어 자체를 설계하

----

1 서버 기능을 업그레이드하여 처리 능력을 향상시키는 방식

2 서버를 추가하여 처리량을 늘리는 방식

3 서비스의 규모나 부하에 맞춰 서버 사양을 가늠하거나 구축하는 것

는 경우는 없습니다.

애플리케이션은 시스템 사용자에게 부가가치가 있는 기능을 제공합니다. [그림 2-2]의 미들웨어 이하 스택은 기성 제품을 구매하여 설정하고 구성하면 작동합니다. 애플리케이션도 ERP^Enterprise Resource Planning와 같은 패키지를 이용할 수도 있고 처음부터 개발할 수도 있습니다. 패키지에 따라서는 미들웨어나 데이터베이스를 내장하고 있기도 합니다. 데이터베이스, 미들웨어, 애플리케이션 설계를 통칭하여 소프트웨어 설계라고 합니다. 소프트웨어 설계에 OS를 포함하기도 하지만, 앞서 언급했듯이 OS는 인프라 설계에 포함되는 것이 일반적입니다. 이 책의 주제인 설계의 범위는 바로 '소프트웨어 설계'입니다.

2.1.2 스택과 제품의 관계

[그림 2-3]은 설계 범위와 이를 포함하는 제품의 예시를 보여줍니다. 이를 바탕으로 스택 및 설계의 의미를 확인해봅시다.

애플리케이션	
미들웨어	아파치 HTTP 서버, Nginx, 톰캣, 제티
데이터베이스	MySQL, SQL 서버, 오라클, 몽고DB
OS	윈도우, 맥OS, 리눅스, 그 외에는 유닉스 OS
하드웨어	PC, 맥, 워크스테이션 ※클라우드에서는 하드웨어가 보이지 않는다.
네트워크	IP, TCP, UDP, HTTP, SMTP, POP3

그림 2-3 스택과 제품의 관계

| 애플리케이션 설계 |

[그림 2-3]의 가장 위에 있는 애플리케이션은 여러분이 개발하는 부분일 수도 있고 특정 업무 패키지일 수도 있습니다. 다양한 부분이 해당하기 때문에 [그림 2-3]에서는 오른쪽을 비워두었습니다.

| 아키텍처 설계 |

아키텍처라는 단어는 '설계의 기본 구조'라는 뜻을 지니고 있습니다. 따라서 아키텍처의 종류는 다양합니다. 네트워크, 하드웨어, OS, 데이터베이스, 미들웨어 아키텍처가 있습니다. 하지만 애플리케이션을 개발하는 쪽에서는 이러한 아키텍처에는 별로 관심이 없습니다. 각 제품을 만드는 사람이나 임베디드 시스템과 같은 저수준의 프로그래밍을 하는 사람에게는 중요하지만, 애플리케이션 개발자에게는 관심의 대상이 아닙니다. 애플리케이션 개발자에게 중요한 것은 다음 세 가지 아키텍처입니다.

- 애플리케이션 아키텍처
- 소프트웨어 아키텍처
- 시스템 아키텍처

앞서 설명한 스택에 비추어 보면 [그림 2-4]와 같습니다. 이 책에서는 '소프트웨어 아키텍처 설계'를 다룹니다.

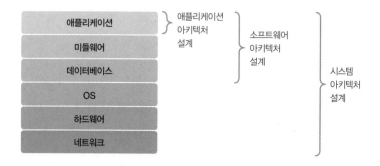

그림 2-4 스택과 아키텍처 설계 범위

2.1.3 마이그레이션 설계

설계는 시스템 개발에만 필요한 것이 아닙니다. 개발한 시스템을 프로덕션 환경으로 전환할 때에도 설계가 필수입니다. 이 설계를 '마이그레이션 설계'라고 합니다.

마이그레이션 설계는 개발이 완료된 시스템을 기존 시스템 대신 프로덕션 환경에서 작동하도록 배치하고 데이터 등을 준비하기 위한 설계입니다. 새로 시스템을 개발한 경우에는 문제 되지 않지만, 가동 중인 기존 시스템을 특정 시점에 새로운 시스템 위로 전환하는 경우에는 마이그레이션 설계를 꼼꼼히 검토해야 합니다. 이 책의 주제는 시스템 개발을 위한 설계이기 때문에 마이그레이션 설계에 대해서는 요점만 간단히 설명하겠습니다.

마이그레이션 작업은 매우 어려운 작업입니다. 기존 시스템에 미치는 영향을 최소화하면서 새로운 시스템을 프로덕션 환경에 배치하고, 서비스 시작과 동시에 정상적으로 동작하도록 해야 합니다. 가장 어려운 것은 데이터베이스에 저장된 데이터를 마이그레이션하는 것입니다. 기존 시스템이 직전까지 동작하고 있었다고 가정할 때 최신 데이터를 새로운 데이터베이스로 가져와야 합니다. 그런데 마이그레이션 작업에서 오류가 발생하면 데이터가 사라지거나 잘못된 데이터가 프로덕션 데이터베이스에 들어가는 등 치명적인 상황이 발생할 수 있습니다. 프로덕션 데이터는 양이 많기 때문에 마이그레이션 시간도 오래 걸리고 실수를 만회할 시간도 충분치 않습니다. 이 마이그레이션 작업의 절차를 검토하는 것이 바로 **마이그레이션 설계**입니다.

마이그레이션 설계에서도 스택 개념을 활용할 수 있습니다. 당연한 말이겠지만 스택 구성이 크게 바뀌지 않았다면 마이그레이션 작업이 더 쉬워집니다. 또한 변경 사항이 동일한 스택 내에서만 이루어진다면 영향도 적습니다. 예를 들어 네트워크, 하드웨어, OS, 데이터베이스의 구성이 기존 시스템과 동일하다면, 애플리케이션과 미들웨어만 새로운 시스템으로 옮기고 데이터베이스는 데이터만 옮기면 됩니다. 데이터베이스 제품의 버전이나 테이블 구성 등이 변하지 않는다면 데이터 마이그레이션도 큰 문제없이 끝낼 수 있을 것입니다(그림 2-5).

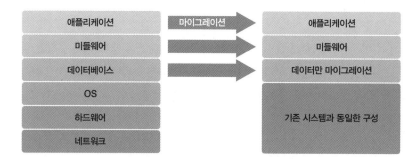

그림 2-5 마이그레이션 설계 도식화

데이터베이스의 테이블 구성을 변경해야 하는 상황이 생기기도 합니다. 테이블이나 칼럼이 추가되는 것뿐이면 좋겠지만, 칼럼의 이름이나 유형이 바뀌거나 칼럼이 없어지는 경우 마이그레이션이 쉽지 않습니다. 이럴 때는 마이그레이션 프로그램을 만든 후 이를 사용해 데이터를 가공하면서 새로운 데이터베이스에 등록하는 과정을 거치게 됩니다. 마이그레이션 프로그램에도 다양한 방식이 있는데, 한 번에 모두 마이그레이션하는 방식과 단계적으로 마이그레이션하는 방식이 있습니다.

마이그레이션 프로그램을 개발한다는 것이 방법론적으로는 다소 진부해보이겠지만 사실 가장 일반적인 방법입니다. 그 외에도 데이터베이스 복제본을 만들거나 기존 시스템을 사용하여 기존 및 새로운 데이터베이스 양쪽에 작성하도록 하는 방법도 있습니다. 물론 양쪽 데이터베이스 모두 작성하게 하려면 그만큼 수정이 필요합니다.

어떤 마이그레이션 방법을 선택할 것인가는 해당 시스템의 사용 방식과 운영 상황에 따라 결정합니다. 마이그레이션 작업은 리허설을 미리 해보지 않으면 알 수 없는 문제들이 있습니다. 최대한 실전에 가까운 환경에서 여러 번 리허설을 진행해보고, 마이그레이션에 걸리는 시간을 측정하면서 순서를 여러 번 검토해봅시다.

2.1.4 운영 설계

마이그레이션 설계의 다음 단계는 운영 설계입니다. 운영 설계는 마이그레이션이 완료된 시스템을 어떻게 운영할 것인지, 장애가 발생했을 때 어떻게 대처할 것인지를 설계합니다. 트랜잭션과 데이터의 무결성, 장애 조치failover를 위한 클러스터링, 로그 출력 방식까지, 소프트웨어 설계와 운영 설계는 밀접하게 관련되어 있습니다.

운영 설계 역시 이 책에서 다루는 범위가 아니므로 소프트웨어 설계와 관련된 부분을 중심으로 포인트만 설명하겠습니다.

시스템 운영은 '정상 작동 → 장애 대응 → 피드백'의 사이클로 이루어집니다(그림 2-6). 각 단계에서 주로 하는 일은 [표 2-1]과 같습니다.

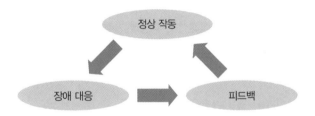

그림 2-6 시스템 운영 주기

표 2-1 각 단계별 주요 작업

종류	작업
정상 작동	유지, 장애 예방, 장애 모니터링, 백업
장애 대응	장애 알림, 분석, 수정, 복구, 기동 및 정지, 경과 관찰
피드백	업무 검토, 설비 검토, 인력 검토, 매뉴얼 검토

운영 설계 중 소프트웨어 설계와 관련이 깊은 것은 다음과 같습니다.

- 장애 모니터링을 위한 로그 출력, 상태 점검 방법 제공
- 장애 조치를 위한 클러스터링 등 시스템 구성
- 백업 및 복구를 위한 미들웨어 및 데이터베이스 선정
- 데이터 무결성을 유지하여 복구할 수 있도록 설계(트랜잭션, 백업 파일 등)
- 장애 분석을 위한 로그 출력, 시스템 덤프dump 제공
- 간편한 기동 및 정지 방법 제공

시스템을 개발할 때 운영 설계는 개발 프로젝트 후반에 이루어지는 경우가 많습니다. 개발 프로젝트의 전반부는 요구사항 정의와 설계로 바쁘기도 하고, 요구사항 정의와 설계가 끝나지 않으면 어떤 시스템이 될지 알 수 없어 운영 설계를 하기가 어렵기 때문입니다. 하지만 앞서 언급한 것처럼 소프트웨어 설계와 밀접한 부분도 있기 때문에 소프트웨어 설계가 끝난 후에 검토하는 것은 좋지 않습니다. 가급적 소프트웨어 설계가 완료되기 전에, 운영 설계 중에서 소프트웨어 설계와 관련된 부분만이라도 검토합시다.

여기까지가 시스템 개발 회사 관점에서 본 시스템 개발에 관련된 설계입니다. 또한 이 책에서 다루는 '설계'에 대해서도 설명했습니다. 다시 한번 말하지만 이 책에서 다루는 설계는 다음 두 가지입니다.

- 소프트웨어 설계
- 소프트웨어 아키텍처 설계

여기서 어떤 용도의 시스템인지에 따라 설계 방법도 달라집니다. 임베디드 소프트웨어와 클라이언트/서버형, 클라이언트 애플리케이션과 웹 애플리케이션은 기본적인 설계의 개념은 같지만 구체적인 방법이 다릅니다. 이 책에서는 한 기업의 업무용 웹 시스템을 개발하는 것을 전제로 실무적인 설계 방법을 설명합니다.

상류와 하류, 고수준과 저수준

일본 IT 업계에서는 상류와 하류, 고수준과 저수준이라는 용어를 사용합니다. 상류·하류는 시스템 개발 시작부터 완료까지의 흐름에서 위치를 가리키는 말입니다. 고수준·저수준은 스택이나 레이어에서 위쪽인지 아래쪽인지를 의미합니다. 하류, 저수준이라고 하면 우습게 들릴지도 모르지만 전혀 그렇지 않습니다. 단순한 위치의 문제일 뿐입니다.

2.2 개발 프로젝트를 진행하는 방법

개발 프로젝트는 대개 어떠한 목적을 달성하기 위해 다양한 전문 기술을 가진 사람들이 모여, 각자의 역량을 발휘하며 팀으로 개발하게 됩니다. 개발 프로젝트팀은 하나의 목적을 위해 한정된 기간에만 존재하는 (임시)집단으로서 개발 완료, 납품, 검수 등 프로젝트의 목적을 달성하면 해산합니다. 프로젝트를 진행하며 개발자들이 서로 자극을 주고받으며 실무에서 성장할 수 있습니다.

개발 프로젝트팀에게 목적을 주고 결과물을 받는 사람이 개발 프로젝트의 오너입니다(그림 2-7). 어떤 기업의 시스템을 개발한다면 그 기업의 책임자가 곧 개발 프로젝트의 오너입니다. 개발 프로젝트 오너는 일반적으로 개발 예산 권한도 함께 갖는 경우가 많으므로 그만한 위치에 있는 사람이 맡습니다. 예를 들면 사용자 기업의 부장, 본부장, 이사, 사장 등입니다.

그림 2-7 오너와 프로젝트팀의 관계

> **NOTE_** 이 책에서는 시스템 개발 회사의 개발자가 사용자 기업의 시스템을 개발하는 경우를 가정하고 있습니다. 만약 여러분이 사용자 기업의 정보시스템 부서에 소속되어 있고, 자사 시스템을 개발하는 입장이라면, 사용자 기업을 자사라고 바꿔서 읽기 바랍니다.

개발 프로젝트에는 프로젝트 매니저가 있습니다. 프로젝트 매니저는 프로젝트를 총괄하는 최종 책임자입니다. 프로젝트 계획을 수립하고, 계획대로 실행하며, 실행 결과를 평가하고 관리합니다. 프로젝트 매니저는 시스템 개발 회사에서 뽑는 경우도 있고 사용자 기업에서 정하는 경우도 있습니다. 사용자 기업에서 프로젝트 매니저를 선정하는 경우는 사용자 기업이 개발에 깊이 관여한다는 것을 의미합니다.

프로젝트 관리 표준인 PMBOK^Project Management Body of Knowledge에서는 프로젝트 매니저가 고려해야 할 프로젝트 성과 영역을 다음과 같이 정의하고 있습니다.

- 이해관계자
- 팀
- 개발 방식 및 생애주기
- 계획

- 프로젝트 작업
- 인도
- 측정
- 불확실성

프로젝트 매니저는 프로젝트 계획뿐만 아니라 실행의 총책임자이기도 합니다. 실행할 때도 PMBOK의 프로젝트 관리 지식 체계를 활용해 프로젝트 상황을 파악하고 필요한 조치를 취합니다. 또한 프로젝트 매니저는 사용자 기업, 프로젝트 팀원 등 다양한 사람들 사이를 조정합니다. 고도의 휴먼 스킬이 요구되는 직종이라고 할 수 있습니다. 이처럼 프로젝트 매니저는 단순히 베테랑 개발자가 하는 것이 아니라, 프로젝트 관리의 전문 지식을 지닌 사람이 하는 전문직입니다.

프로젝트 매니저 밑에는 프로젝트 계획에 따라 팀원이 배치됩니다. 예를 들면 다음과 같은 기술을 가진 사람들입니다.

- 프로그래머
- 프로젝트 리더
- 시스템 개발자
- 아키텍트
- 스페셜리스트
- 컨설턴트

PMBOK

PMBOK은 미국의 비영리 단체인 PMI(Project Management Institute)가 제정한 프로젝트 관리의 지식 체계입니다. 기존의 프로젝트 관리에서는 QCD(품질Quality, 비용Cost, 납기Delivery)의 세 가지 관점에서 프로젝트를 관리했습니다. 그러나 QCD는 시스템 개발을 결과만으로 평가하는 경향이 있습니다. 이에 반해 PMBOK은 8개의 프로젝트 성과 영역으로 프로젝트를 계획, 실행, 관리하여 QCD에 비해 균형 있게 관리할 수 있습니다. 또한 경험과 감에 의존하는 것이 아니라 표준화된 지표에 따라 관리가 가능합니다. 따라서 PMBOK은 이제 프로젝트를 관리하기 위해 꼭 알아야 하는 지식입니다.

또한 PMI는 프로젝트 관리 인증 제도인 PMP(Project Management Professional)를 운영하고 있으니 관심 있는 분은 도전해보기 바랍니다.

개발 프로젝트는 몇 명에서 수백 명에 이르기까지 다양한 인원으로 구성됩니다. 대규모 개발 프로젝트에서는 프로젝트를 여러 개로 나누어 프로젝트 리더를 각각 배치하기도 합니다. 리더의 역할은 프로젝트 매니저의 지시에 따라 배정된 구성원을 이끌어 프로젝트를 실행하는 것입니다. 대규모 프로젝트인 경우 PMO^{Project Management Office}를 설치하는데, PMO 내 여러 명이 프로젝트 매니저에 해당하는 역할을 담당합니다.

시스템 개발자를 프로젝트 리더 밑에 배치하여 요구사항 정의부터 개발까지 담당하게 할 수 있습니다. 다만 최근에는 시스템 개발자라는 이름을 예전처럼 많이 쓰지 않습니다. 시스템 개발자라는 직종의 범위가 너무 모호하고 광범위하기 때문입니다. 기존의 시스템 개발자는 요구사항 정의, 개발, 테스트, 마이그레이션, 운영까지 모두 수행하는 슈퍼 개발자였습니다. 여러 역할을 겸할 수 있는 제너럴리스트도 중요하지만 현재는 호스트 컴퓨터 시대보다 기술 지식이 고도화되고 다양해졌습니다. 전문화, 분업화가 진행되고 있어 시스템 개발자의 역할 가운데 객체지향 분석을 하는 사람을 '모델러'라고 부르기도 합니다.

또한 최근에는 개발 프로젝트에 아키텍트를 배치하는 경우가 많아졌습니다. 아키텍트는 아키텍처를 설계하거나 프로토타입을 개발해 프로젝트의 기술 리스크를 검증합니다. 더불어 다른 프로그래머에 대한 기술 지도를 하는 경우도 있습니다.

개발 프로젝트팀에 사용자 기업의 담당자를 포함시키면 프로젝트가 원활하게 운영될 수 있습니다(그림 2-8). 보통 프로젝트에 참여하는 사람은 업무에 정통한 담당자나 사용자 기업의 기존 시스템에 정통한 시스템 담당자인 경우가 많습니다.

모델러나 아키텍트는 전문직이지만 프로젝트 리더와 프로그래머는 다양한 역할을 수행합니다. 프로젝트 리더와 프로그래머는 개발 프로젝트 초기에는 모델러가 요구사항을 정의하는 것을 돕고, 중반에는 아키텍트가 아키텍처와 프로토타입을 개발하는 것을 돕습니다. 후반에는 각 기능의 설계, 개발, 테스트를 수행합니다.

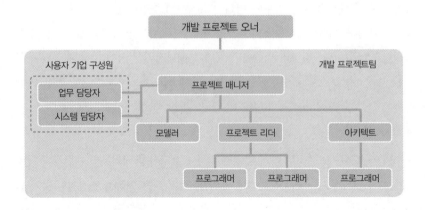

그림 2-8 프로젝트 구성원 예시

2.2.1 누가 설계하는가

지금까지 이야기에 이 책의 주인공인 설계자가 등장하지 않았네요. 사실 일반적인 직종으로서 설계자라는 것은 존재하지 않습니다. 대부분 프로그래머나 프로젝트 리더, 시스템 개발자 혹은 아키텍트가 역할을 겸하고 있습니다. 시스템 개발 전체에서 봤을 때 설계는 일부분이고, 이후 구현 작업과 밀접한 관련이 있기 때문에 설계자와 구현자를 합쳐서 개발팀을 구성하게 됩니다. 따라서 설계자라는 것은 다양한 직종의 역할 중 하나라고 생각하면 됩니다(그림 2-9).

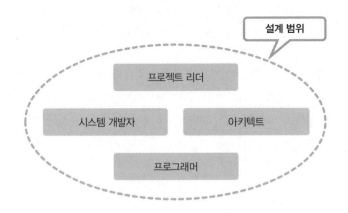

그림 2-9 모두가 설계자

2.3 개발 프로세스 선택과 진행

이어서 개발 프로세스에 대해 이야기하겠습니다. 설계도 개발 프로세스의 일부입니다. 개발 프로세스는 시스템 개발의 작업 절차, 산출물, 개발 프로젝트 운영 방법을 정의한 것입니다. 개발 프로세스를 선택하고 정의하는 것도 프로젝트 매니저의 업무 중 하나입니다.

개발 프로세스와 설계는 밀접하게 관련되어 있습니다. 어떤 개발 프로세스를 선택하느냐에 따라 설계 방법도 달라집니다. 개발 프로세스를 선택하는 것은 프로젝트 매니저일 테니 설계자로서는 그들에게 맡길 수밖에 없습니다. 하지만 설계 방식에 영향을 미치기 때문에 무관심할 수도 없는 노릇입니다.

현재 개발 프로세스는 [표 2-2]와 같이 크게 세 가지로 분류할 수 있습니다. [표 2-2]에는 대표적인 개발 프로세스만 정리했습니다.

표 2-2 대표적인 개발 프로세스

개발 프로세스	개요
워터폴 개발	오래된 개발 프로세스. 요구사항 정의 → 설계 → 구현 → 테스트를 기본적으로 한 번의 흐름으로 진행한다. 각 공정이 완료된 후 다음 공정으로 넘어간다. 요구사항 정의 ▶ 설계 ▶ 구현 ▶ 테스트
점진적 개발	한 번의 흐름으로 개발하는 것이 아니라, 이터레이션(iteration)이나 스파이럴(spiral)이라는 사이클을 돌리면서 개발을 진행한다. 이터레이션　이터레이션　이터레이션
애자일 개발	점진적 개발과 마찬가지로 반복하며 개발을 진행한다. 다만 사이클이 몇 주 정도로 매우 짧다. 사이클을 단축하기 위해 커뮤니케이션을 중시하여 설계 비중을 크게 줄인다. 애자일 개발의 대표적인 예로는 익스트림 프로그래밍(eXtreme Programming, XP), 스크럼(scrum), 크리스털 클리어(Crystal Clear), FDD(Feature Driven Development) 등이 있다. 이터레이션　이터레이션　이터레이션 이터레이션　이터레이션

2.3.1 워터폴 개발

워터폴 개발의 문제는 각 프로세스가 끝나지 않으면 다음으로 넘어갈 수 없다는 점입니다.

최근 시스템 개발에서는 이전보다 불확실성이 증가하는 추세입니다. 비즈니스 속도는 여전히 빠르고 시스템에 대한 기대치도 점점 높아지고 있습니다. 따라서 요구사항이나 시스템 기능을 확정하는 것이 갈수록 어려운 상황입니다. 사용하는 하드웨어, OS, 미들웨어 등도 예전에는 거의 동일한 인프라를 사용했지만 요즘은 프로젝트마다 다른 것이 일반적입니다. 사용하는 프로그래밍 언어도 발전 속도가 빨라 버전이 같은 경우가 거의 없습니다.

이렇게 불확실한 요소가 많으면 워터폴 개발의 특징인 '완성된 설계'에 영원히 도달할 수 없게 됩니다.

2.3.2 점진적 개발과 반복형 개발

앞서 언급했듯이 워터폴 개발의 단점은 각 프로세스가 완료되지 않으면 다음으로 넘어갈 수 없다는 것입니다. 이 단점을 개선하기 위한 방법으로 개발 사이클을 반복하는 **이터레이션**iteration이라는 방법이 있습니다.

워터폴 개발에서는 개발 흐름이 한 번만 진행되기 때문에 각 프로세스를 완료하지 않으면 다음으로 넘어갈 수 없습니다. 예를 들어 설계가 완료되지 않은 기능이 구현 프로세스로 넘어가면 그 기능은 설계도 구현도 다시 할 수 없습니다. 여기서 이터레이션을 돌리면 이번 이터레이션에 미처 완성하지 못한 기능도 다음 이터레이션 계획에 포함시킬 수 있습니다. 따라서 무리하게 프로세스를 끝낼 필요가 없어집니다.

이터레이션을 돌리는 것을 **반복형 개발**iterative development이라고 부르는데 비슷한 말로 **점진적 개발**incremental development이 있습니다. 둘 다 반복하면서 개발을 진행하지만 엄밀히 말하면 반복형 개발과 점진적 개발은 다릅니다. 점진적 개발은 사이클마다 다른 부분을 개발합니다. 반면 반복형 개발은 같은 부분도 수정하면서 품질을 점차 개선합니다.

점진적 개발은 계획을 세우기가 쉽다는 것이 특징입니다. 한 번에 개발할 부분을 하나의 사이클로 계획하면 전체적으로 몇 번을 반복하면 되는지 계산할 수 있습니다. 품질을 생각하면 같은 부분을 수정하는 것도 중요하므로 반복형 개발의 특징도 필요합니다. 따라서 저는 점진적 개발을 주축으로 삼고 반복형 개발의 특징을 도입하는 것이 좋다고 생각합니다.

애자일 선언

'애자일 선언'은 켄트 벡, 앨리스터 코오번, 마틴 파울러 등이 더 나은 소프트웨어 개발 방법을 위해 발표한 내용입니다. 선언문[4]에는 다음과 같은 내용이 담겨 있습니다.

- Individuals and interactions over processes and tools
  (프로세스나 도구보다 개인과 상호작용)
- Working software over comprehensive documentation
  (포괄적인 문서보다 작동하는 소프트웨어)
- Customer collaboration over contract negotiation
  (계약 협상보다 고객과의 협업)
- Responding to change over following a plan
  (계획을 따르기보다 변화에 대응)

이 선언문을 읽다 보면 가치 있는 시스템을 빠르게 제공하기 위해 필요한 행동을 주저하지 않는 자세가 느껴집니다. '말만 번지르르하게 하지 말고 동작하는 소프트웨어를 만들자'는 의미 말입니다. 이는 개발 프로젝트에서 문제가 발생하면 기술이 아닌 협상으로 극복하려는 시스템 개발자의 태도에 대한 반정립antithese일 수도 있습니다. 애자일 선언을 실행하는 것은 시스템 개발 측면에서도 변혁이 필요합니다.

이처럼 애자일이 지닌 이상은 높습니다. 하지만 '애자일'이라는 단어만 집착하면서 제대로 된 계획, 요구사항 정의, 설계와 같이 소프트웨어 품질에 중요한 작업을 생략하기 위한 핑계로 사용되는 경우가 있습니다. 빠르게 시스템을 만드는 것은 좋지만 품질이 좋지 않고 쓸모없는 소프트웨어를 납품하는 것은 애자일이 아닙니다.

---

4 저자_ https://agilemanifesto.org/

2.3.3 이 책이 전제하는 개발 프로세스

어떤 개발 프로세스라도 시스템을 개발할 때는 수많은 **작업**task이 존재하며 그 작업들은 순차적 또는 병렬적으로 이루어집니다. 또한 각 작업에는 **입력물**IN과 **출력물**OUT이 있고 출력인 결과물은 이후 어떤 작업의 입력물이 되기도 합니다. 이는 모든 개발 프로세스의 공통점이라고 할 수 있습니다(그림 2-10).

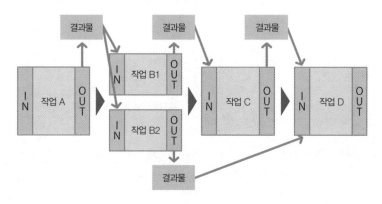

그림 2-10 작업의 입력물과 출력물

설계에서도 입력물과 출력물에 주목해야 합니다. 구체적으로 다음과 같은 점에 유의합시다.

- 설계의 입력물이 되는 요구사항 정의의 결과물은 무엇인가
- 설계 기간과 범위는 언제, 어디까지인가
- 설계의 출력물인 결과물은 무엇인가

이는 설계를 맡게 되면 가장 먼저 확인해야 할 사항들입니다.

이 책은 점진적 개발을 전제로 설명합니다. 이제 와서 워터폴 개발을 전제로 하는 것은 흥미롭지 않습니다. 그렇다고 애자일 개발을 전제로 한다면 XPeXtreme Programming나 스크럼scrum과 같은 구체적인 개발 프로세스를 지정해야 하는데, 그러면 이 책의 목적과 멀어집니다.

이 책에서는 점진적 개발을 채택하여 [그림 2-11]과 같은 개발 프로세스를 전제로 설명하겠습니다. 각 프로세스에서의 작업은 [표 2-3]과 같습니다.

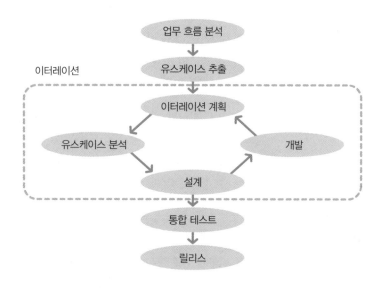

그림 2-11 이 책이 전제로 하는 개발 프로세스

표 2-3 프로세스별 작업 개요

프로세스		개요
업무 흐름 분석		업무 흐름을 작성한다. 유스케이스를 추출하기 위함이다. 다른 방법으로 유스케이스를 추출할 수 있다면 해당 방법을 사용해도 무방하다.
유스케이스 추출		유스케이스를 추출한다. 업무 흐름에서 추출하는 것으로 가정하며 여기서 유스케이스는 시스템 유스케이스를 의미한다.
이터레이션 계획		추출한 유스케이스에서 이터레이션 계획을 수립한다. 유스케이스의 수, 종속성, 중요도에 따라 우선순위를 매겨 계획을 세운다. 이미 이터레이션이 시작되었다면 이터레이션 실적을 바탕으로 계획을 재검토한다.
이 터 레 이 션 개 발	유스케이스 분석	이터레이션에 할당된 유스케이스에 대한 시나리오 등을 작성한다.
	설계	결정된 유스케이스에 대해 외부 설계를 포함한 설계를 진행한다.
	개발	설계에 따라 구현 및 테스트를 진행한다. 또한 개발 종료 시 고객에게 이터레이션 단위로 부분 릴리스한다.
통합 테스트		각 이터레이션에서 개발한 시스템을 통합 테스트한다.
릴리스		시스템을 릴리스한다.

[그림 2-11]과 [표 2-3]을 바탕으로 제시된 방법이 반드시 가장 좋은 방법이라고 할 수는 없습니다. 무엇이 최선인지는 프로젝트 상황에 따라 달라질 수 있습니다. 특히 요구사항 분석 프로세스는 비즈니스 과제나 업무 과제에 따라 분석 방법도 달라질 수 있습니다.

[그림 2-11]과 [표 2-3]을 바탕으로 정리한 개발 프로세스의 특징은 다음과 같습니다.

- 중간 규모 개발
- 릴리스는 마지막에 1회
- 이터레이션 1회는 4개월 정도
- 이터레이션은 3회~4회 정도
- 팀원 대부분이 유스케이스 분석 및 개발 가능한 역량 보유

경험자는 개발 프로세스를 통해 어떤 시스템을 개발할 것인지, 어떤 형태의 개발 프로젝트팀이 적합할지 알 수 있습니다. 앞서 제시한 개발 프로세스는 업무 흐름 한 번으로 끝나기 때문에 그렇게 큰 규모의 개발이 아닙니다.

이터레이션 단위의 테스트는 개발한 기능들 간에 통합 테스트를 하는 정도이기 때문에 이터레이션 단위로 외부에 릴리스하는 경우는 드뭅니다. 이터레이션 1회는 유스케이스 분석부터 개발 완료까지 진행하기 때문에 규모에 따라 다를 수 있으나 4개월 정도로 예상합니다. 중간 규모 시스템에서 이터레이션 1회에 4개월 정도라면 1년에 3회~4회 진행될 것입니다. 이터레이션 1회가 4개월 정도면 중간에 구성원을 교체하기는 어려운 일정입니다. 따라서 거의 같은 구성원으로 유스케이스 분석부터 개발 완료까지 진행하게 됩니다. 이런 경우 어느 정도 숙련된 인원을 갖추는 편이 좋습니다.

유스케이스 분석과 객체지향 설계에 대해서는 다음 장부터 설명합니다. 유스케이스 분석은 요구사항 정의로 취급하는 것이 일반적이지만 시스템의 기능을 검토한다는 의미에서 설계의 일부로 취급하기도 합니다. 이는 중요한 작업이기 때문에 이후에 더욱 자세히 설명하겠습니다.

설계자의 일상

설계자의 역할이 '설계하기'인 것은 당연합니다. 하지만 실제 개발 프로젝트에서 설계자에게 기대하는 것은 설계뿐만이 아닙니다. 어느 설계자의 일상을 살펴봅시다.

9:30 출근, 메일 확인

10:00 진행 상황 미팅

10:30 설계서 작성

11:30 이른 점심

13:00 고객 회사 방문 및 회의

15:30 회사로 복귀

16:00 사내 설계 미팅

18:00 고객 회의 건 회의록 작성

19:00 설계서 작성

21:00 귀가

22:00 늦은 저녁 식사

24:00 블로그나 책으로 최신 기술 공부

아침부터 저녁까지 열심히 하고 있군요. 이 설계자는 성장할 것입니다. 그런데 근무 시간을 보니 8시간 기본 근무에 2.5시간 야근을 하고 있습니다. '설계서 작성' 등 개인 작업 시간에 4.5시간, 회의나 이동 등에 6시간을 썼습니다. 무려 57% 이상을 회의 관련 업무에 사용 중입니다. 설계자는 하루의 대부분을 설계 작업만 할 것이라 생각했는데 그렇지 않네요. 이 사람은 회의만 하고 있습니다.

사실 이는 특별한 경우가 아닙니다. 설계자는 고객에게 들은 내용을 정리해야 할 뿐만 아니라 다른 구성원들과 공유도 해야 합니다. 또한 프로젝트 매니저에게 작업의 진행 상황을 보고해야 합니다. 이러한 미팅은 말 그대로 얼굴을 맞대고 정보를 공유하는 일입니다. 미팅은 커뮤니케이션 수단 중 하나로, 설계자가 되려면 커뮤니케이션 능력도 중요합니다.

2.4 설계의 목적

이제 중요한 설계의 목적으로 넘어가봅시다. 설계 목적은 다음과 같습니다.

1 요구사항 정의 내용을 시스템에서 어떻게 구현할 것인지 검토
2 요구사항 정의에서 드러나지 않은 시스템 기능 검토
3 프로젝트 이해관계자 간 정보 공유
4 시스템 품질 향상
5 유지보수를 위해 설계 정보 기록

2번 '요구사항 정의에서 드러나지 않은 시스템 기능 검토'를 꼽은 것이 의외라고 생각할 수 있습니다. "설계에서도 시스템 기능을 검토한다고요?" "시스템 기능을 결정하는 것이 요구사항 정의의 역할이잖아요?"라는 의문이 들 수도 있습니다. 이러한 의문을 해소하기 위해서는 애초에 요구사항 정의가 무엇인지를 명확히 해야 합니다.

요구사항 정의의 목적은 '시스템 이해관계자에게 시스템이 필요한 기능과 특성을 명확하게 정의하는 것'입니다. 그런데 여기서 조금 더 보충할 필요가 있습니다. 이 정의만으로는 설계에서 시스템 기능을 고려하는 것을 설명할 수 없습니다. 요구사항 정의에는 암묵적인 큰 목적이 숨어 있습니다. 바로 '개발 공수를 추정하는 것'입니다. 즉, 요구사항 정의는 '개발 공수 추정을 위해 시스템 이해관계자에게 시스템이 필요한 기능과 특성을 명확하게 정의하는 것'이 목적입니다. 요구사항은 개발 공수를 추정할 수 있는 수준까지 정의할 수 있게 되면 종료됩니다. 이후 요구사항 정의의 나머지 시스템 기능은 설계에서 검토합니다. 예를 들어, 유스케이스 정리가 끝나서 이로부터 개발 공수를 추정할 수 있다면 거기서 요구사항 정의는 끝납니다. 이는 사용자 기업과 시스템 개발 회사 간의 발주 타이밍에 따라 달라질 수 있습니다.

사용자 기업이 외부 시스템 개발 회사에 의뢰하는 경우, 사용자 기업에서 요구사항을 정의한 다음 그 결과물을 바탕으로 시스템 개발 회사에 견적을 요청합니다. 요구사항 정의가 사용자 기업과 시스템 개발 회사의 다리 역할을 하는 것입니다.

사용자 기업에서 견적을 낼 수 있는 수준의 요구사항 정의를 끝냈다면, 그대로 내

부에서 작업하는 것보다 개발 회사의 제안을 받는 것이 좋다고 판단하는 경우가 많습니다. 요구사항 정의에도 어느 정도의 기술 노하우가 필요하고 작업 공수도 필요합니다. 시스템 개발 회사가 참여하는 것이 리스크도 적고 작업도 빠르게 진행되기 때문입니다.

그러나 요구사항을 너무 간단히 정의하면 시스템 개발 회사가 낸 견적에 오차가 커질 수 있습니다. 이 경우 시스템 개발 회사는 개발 규모가 커질 것을 예상하고 오차를 반영한 견적을 제시합니다. 즉, 견적 금액이 더 커지게 됩니다. 요구사항 정의를 완료하는 시점은 너무 빠르거나 늦어도 안 됩니다.

요구사항 정의에서는 시스템이 충족해야 할 기능과 품질을 정의합니다. 이를 실제로 시스템에서 어떻게 구현할 것인가를 검토하고 기술하는 것이 설계입니다. 또한 단순히 구현 방법을 검토하는 것뿐만 아니라, 개발할 시스템의 품질이나 프로젝트 등의 정보를 개발팀 사람들이 서로 공유할 수 있게 하는 것도 목적에 포함됩니다.

요구사항 정의와 관련하여 **'기능 요건'**과 **'비기능 요건'**이라는 용어가 있습니다. 용어의 정의는 [표 2-4]를 참고 바랍니다.

표 2-4 기능 요건과 비기능 요건

종류	정의
기능 요건	시스템 사용자에게 제공되는 구체적인 가치로, 시스템 사용자의 특정 목적을 달성하기 위해 사용된다. 유스케이스에서 정의되는 것이 바로 기능 요건이다.
비기능 요건	비기능 요건은 시스템 사용자가 기능을 이용할 때 부가적으로 필요한 시스템의 특성이나 성능을 말한다.

2.4.1 설계 없는 개발

설계 이외의 방법으로 품질 확보와 정보 공유가 보장될 수 있다면 설계를 할 필요가 없는 경우도 있습니다. 예를 들어 XP와 같은 애자일 개발 프로세스를 채택하는 경우 설계를 하지 않을 수도 있습니다. 애자일 개발은 고객 및 개발 구성원과 긴밀하게 소통해 정보를 공유하고, 그 정보를 바탕으로 짧은 기간 동안 반복하여 개발합니다. 이렇게 하면 재작업이 적은 방향으로 품질을 담보할 수 있기 때문에 설계를 중심으로 할 필요가 없습니다.

하지만 애자일 개발을 하기 위해서는 많은 전제 조건이 필요합니다. 프로젝트 규모, 고객을 참여시켜 개발할 수 있는지, 쾌속^{rapid} 개발을 할 수 있는 환경인지, 설계서를 만들지 않는 것을 고객이 이해하고 승인해줄 수 있는지 등입니다. 애자일 개발을 표방하든 안 하든 고객 참여, 커뮤니케이션 중시, 빠른 이터레이션 등 애자일적인 개발이 프로젝트 성공에 효과적이라는 것은 경험적으로 알려져 있습니다.

2.4.2 유지보수를 위한 설계

설계의 목적 가운데 5번에 '유지보수를 위해'라는 부분이 있었습니다. 개발이 끝나 개발팀의 손을 떠난 후 기능 확장이나 관리를 위해 시스템을 유지보수하는 사람에게 정보를 제공하는 것을 말합니다.

시스템이 개발되면 사용자 기업에 인도되고 사용자 기업이 운영을 시작합니다. 아무런 문제가 없으면 좋겠지만 실제로 운영을 시작하면 부족한 기능이 있거나 시스템 버그가 발견되는 등 여러 가지 문제점이 발견됩니다. 결코 바람직한 상황은 아니지만 발생 가능성을 없앨 수는 없기 때문에 운영 초기부터 이 부분을 예상해볼 필요가 있습니다. 운영을 시작한 후 기능을 확장해야 하거나 수정이 필요해졌을 때, 처음 시스템을 개발한 개발팀은 이미 해체되어 있을 가능성이 높습니다. 물론 하자담보책임에 의해 조치가 취해질 수도 있지만 최초 개발팀 구성원이 대응할 수 있을지는 알 수 없습니다. 이럴 때 설계서가 남아 있지 않다면 기능 확장이나 유지보수 개발을 하기 전에 시스템 분석부터 해야 합니다. 개발팀은 시스템이라는 것은 '개발하면 끝'이라고 생각하기 쉽습니다. 하지만 사용자 기업에게 개발 완료는 운영의 시작일 뿐입니다. 운영이야말로 핵심입니다.

2.4.3 설계가 필요한 이유

설계의 목적을 정리해봅시다(그림2-12). 다시 말하지만 설계는 개발 프로세스의 일부입니다. 이전 작업인 요구사항 정의의 결과물을 가공하여 다음 구현 작업으로 넘기는 이 흐름 속에서 설계를 파악해야 합니다. 클래스 설계만이 설계가 아닙니다.

다만, 그림 마지막의 '유지보수를 위해 작성한다'는 부분은 개발 프로젝트를 위한 것이 아닙니다. 개발이 끝난 후 사용자 기업이 불편하지 않도록 시스템 설계 정보를 남기는 것입니다.

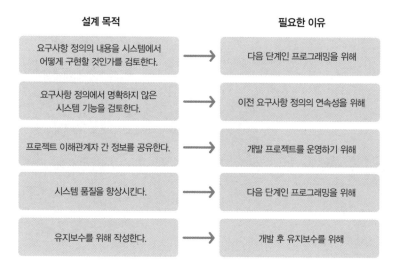

그림 2-12 설계의 목적과 설계가 필요한 이유

2.5 나쁜 설계

저는 컨설턴트 일을 하고 있습니다. 이 일을 하다 보면 설계서를 볼 기회가 많습니다. 흔히 볼 수 있는 것은 '일단 납품하기 위해 작성했다'는 식의 형식적인 설계서입니다. 좋지 않은 설계서는 다음 항목이 기술되어 있지 않다는 공통점이 있습니다.

- 목적
- 정보의 연관성
- 정보의 상세 내용

설계서라 할지라도 논리적으로 요구사항에 따라 세분화되어 있어야 합니다. 갑자기 어려운 이야기가 나왔다고 생각할 수도 있지만 결코 그렇지 않습니다.

[그림 2-13]을 살펴봅시다. 프로젝트에서 어떤 개발 방식이나 프로세스를 채택하든 요구사항이라는 것이 있습니다. 그리고 이를 실현하기 위한 기본 설계서나 상세 설계서를 작성합니다. 요구사항을 실현하기 위해 시스템 사용자에게 어떤 기능이 필요하고, 그 기능을 구현하기 위해 어떤 프로그래밍을 해야 하는지를 순서대로 세분화하는 과정입니다.

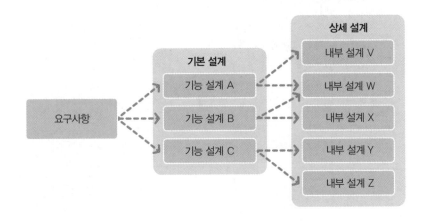

그림 2-13 요구사항 세분화

좋지 않은 설계서는 정보의 연관성이 명확하지 않거나 분리되어breakdown 있지 않은 경우가 많습니다. 그뿐만 아니라 기본 설계서와 동일한 내용을 상세 설계서에 그대로 기술하는 경우도 있습니다.

'모든 클래스를 메서드 단위로 설계하자'거나 '워터폴 방식으로 설계하자'고 말하는 것이 아니니 오해하지 않기를 바랍니다.[5] 단순히 설계서에 기술하는 내용만이

....

5 저자_ 저는 오히려 워터폴 개발을 하지 않는 것이 좋다고 생각합니다.

라도 정보 간의 연관성을 명확히 하자는 것입니다. 설계서 내용에 대해 "이 설계서에 적혀 있는 것은 어떤 요구사항을 충족시키는 건가요?" "이 요구사항을 실현하기 위한 기능은 어느 것과 어느 것이었지?" 등의 질문을 고객이나 선배에게 받았을 때 "잘 모르겠어요. 왠지 필요할 것 같아서요…"라고 대답하지 않도록 합시다.

2.6 설계 접근법

다음으로 설계에 접근하는 방식을 알아봅시다. 설계는 크게 외부 설계와 내부 설계로 나뉩니다.

2.6.1 외부 설계와 내부 설계

개발 프로세스가 다양한 것처럼 설계도 다양한 이름으로 불리고 있습니다. 기본 설계·상세 설계, 외부 설계·내부 설계, 이외에도 개요 설계, 기능 설계, 프로그램 설계 등이 있습니다. 프로세스가 2단계인 것도 있고 3단계인 것도 있습니다. 또한 '기본 설계-세부 설계'와 같이 짝을 이루면 좋겠지만, '외부 설계-세부 설계'와 같이 이름만으로는 무엇을 하는 것인지 알 수 없는 경우도 있습니다.

모두에게 통용되는 설계 구분 방법은 없습니다. 설령 표준이 있다고 하더라도 현재는 아무도 지키지 않고 있습니다. 그런 의미에서 저는 '외부 설계, 내부 설계'로 부르고자 합니다. 어떤 명칭을 사용하든 단계적으로 설계하는 개념은 동일합니다.

- 외부 설계 ≒ 기본 설계, 기능 설계, 개요 설계
- 내부 설계 ≒ 상세 설계, 프로그램 설계

'외부 설계·내부 설계'의 정의는 [표 2-5]와 같습니다.

표 2-5 외부 설계와 내부 설계

프로세스	정의
외부 설계	시스템이 제공해야 하는 기능을 구체적으로 설계하는 작업. 시스템 사용자나 외부 시스템에 제공하는 기능이나 인터페이스가 해당된다. 시스템 설계에서는 입력과 출력을 명확히 하는 것이 기본이며, 외부 설계는 이를 명확히 하는 작업이다. 최근 웹 애플리케이션은 입출력이 웹 브라우저 화면이고 그 사이를 데이터베이스가 중개한다. 따라서 화면 설계와 데이터베이스 논리 설계를 주로 외부 설계로 한다. 또한 아키텍처 설계도 외부 설계와 병행하여 수행하기도 한다.
내부 설계	외부 설계에서 입력과 출력이 결정되므로, 내부 설계에서는 입력과 출력 사이에서 이루어지는 내부 처리를 설계한다. 구체적인 소프트웨어 내부 설계와 데이터 처리 방법, 관리 방법, 병렬 처리 방법, 트랜잭션 방법 등도 설계한다. 또한 물리 데이터베이스 설계, CRUD 설계 등도 수행한다.

2.6.2 설계 진행 방법

설계 목적을 달성하기 위해 외부 설계, 내부 설계, 아키텍처 설계를 수행합니다 (그림 2-14). 아키텍처는 어떠한 설계 컨셉에 따른 시스템의 기본 구조를 말합니다. 적절한 아키텍처를 도입하면 시스템 품질이 향상되는데, 아키텍처도 설계의 연장선상에 있습니다. 이 책에서는 기본적인 설계 지식을 '설계 편'에서, 아키텍처 설계 지식을 '아키텍처 편'에서 설명하므로 이번 장에서는 외부 설계와 내부 설계를 다룹니다.

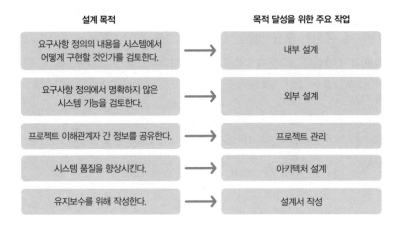

그림 2-14 외부 설계, 내부 설계, 아키텍처 설계의 목적

| 외부 설계와 내부 설계의 차이점 |

외부 설계는 시스템의 구체적인 기능을 설계하는 작업입니다. 시스템이 사용자나 외부 시스템에 제공하는 기능이나 인터페이스가 해당됩니다. 시스템 설계에서는 입력과 출력을 명확히 하는 것이 기본입니다. 외부 설계는 이 시스템의 입력과 출력을 명확히 하는 것입니다. 주요 기능의 대상으로는 화면, 외부 시스템 I/F(인터페이스), 커맨드/Batch, 장표, 데이터베이스가 있습니다. 유스케이스와 개념 모델을 바탕으로 이러한 시스템 기능을 설계합니다(표 2-6).

표 2-6 외부 설계 작업 및 결과물

프로세스	작업	결과물
요구사항 정의	유스케이스 분석	유스케이스 목록
		유스케이스
		비즈니스 규칙 목록
		비즈니스 규칙
	개념 모델링	개념 모델
		용어집
	비기능 요건 정의	비기능 요건 정의서
외부 설계	화면 설계	UI 설계 정책
		화면 전환 다이어그램
		화면 목록
		화면 목업
		화면 입력 검사 설계서
	외부 시스템 I/F 설계	외부 시스템 I/F 설계서
	Batch 설계	Batch 설계서
	장표 설계	장표 설계서
	데이터베이스 논리 설계	논리 ER 다이어그램

외부 설계에서 입력과 출력이 결정되므로, 내부 설계에서는 입력과 출력 사이에서 이루어지는 내부 처리를 설계합니다. 구체적인 소프트웨어 내부 설계와 데이

터 처리 방법, 관리 방법, 병렬 처리 방법, 트랜잭션 방법 등도 설계합니다. 또한
물리 데이터베이스 설계도 수행합니다(표 2-7).

표 2-7 내부 설계 작업 및 결과물

프로세스	작업	결과물
내부 설계	화면 프로그램 설계	컨트롤러(Controller) 목록
		컨트롤러 설계서
		화면 공통 요소 설계서
	비즈니스 로직 프로그램 설계	비즈니스 로직 설계서
	데이터베이스 프로그램 설계	엔터티 클래스(entity class) 다이어그램
		CRUD 설계서(필요에 따라 작성)
	물리 데이터베이스 설계	물리 ER 다이어그램
		테이블 정의서

설계를 알게 된 순간

기술자로 IT 업계에 뛰어든 사람들은 대부분 프로그래머부터 시작합니다. 프로그래머는 당
연히 특정 기능을 구현하기 위해 프로그래밍 언어로 코드를 작성합니다. 사람이나 환경에 따
라 다르겠지만 젊은 시절에는 특히 프로그래밍 속도도 빠르고 소스 코드도 꼼꼼히 신경 써서
깔끔하게 작성하며 버그가 거의 없는 코드를 작성합니다.

스스로 프로그램을 구성할 수 있게 되면 설계를 배울 것입니다. 제가 처음 맡은 설계 프로젝
트는 워터폴 개발 방식이었습니다. 갑자기 선배가 관리자 명령어 설계서를 작성하라고 했지
만 어떻게 써야 할지 몰라서(관리자 명령어가 무엇인지 설명을 듣지 못했으니 당연하겠지만)
주변 사람과 상의하며 기존 설계서를 보고 흉내 내어 작성한 적이 있습니다. 나중에 생각해
보니 지시한 선배도 답을 몰랐던 것 같습니다. 그래도 회의 등을 통해 상의하면서 어떻게든
마무리 지었습니다.

그렇게 1년 정도 설계와 마주하며 깨달은 점이 있습니다. 같은 일을 하는 데도 프로그래밍 방
법이 여러 가지가 있다는 것을 말이죠. 게다가 어느 것이 옳다고 쉽게 말할 수 있는 것도 아
니었습니다. 품질, 개발 효율성, 범용성, 리소스 효율성 등을 어떻게 고려하느냐에 따라 프로
그래밍 방식이 완전히 달라집니다. 당시에는 업무상 C 언어를 사용하는 경우가 많았는데, 그
때는 리소스 효율성 등을 우선적으로 고려할 수밖에 없었습니다. 품질과 개발 효율성, 범용성

이 높은 코드를 작성해도 메모리 등 리소스 사용법이 좋지 않아 다시 작성하는 경우도 있었습니다. 당시에는 설계라고 해도 우선 메모리를 어떻게 사용할 것인가를 먼저 고민했던 것 같습니다. 그다음에 명세대로 동작하도록 설계했습니다. 지금은 자바처럼 GC$^{Garbage Collection}$가 표준으로 탑재된 프로그래밍 언어가 일반적이기 때문에 메모리를 망가뜨려서 시스템 전체가 다 운되는 일은 거의 없습니다. 프로그래밍 언어에 따라 중요시 여겨야 하는 부분이 달라집니다.

우수한 선배들을 보면 설계 패턴이라는 것이 있습니다. 메모리를 깨지 않기 위한 패턴이기도 하고, 처리 순서를 짜는 패턴이기도 하지만 어쨌든 패턴이 있습니다. 특히 우수한 사람일수록 품질 유지를 위한 설계 패턴을 따로 갖고 있다는 것을 알고 나서부터는 나만의 설계 패턴을 만들려고 노력했습니다. 그러던 중 GoF[6]의 『GoF의 디자인 패턴(개정판)』(프로텍미디어, 2015)을 읽고 충격을 받았습니다. '역시 패턴이란 게 있구나.'

설계를 알게 되면 경험을 쌓으면서 설계 패턴을 익힐 수 있습니다. 기술 지식이 있어도 설계 패턴을 경험으로 쌓지 않은 사람은 실제 개발 현장에서 제힘을 발휘하지 못하기도 합니다. 최근에는 설계 패턴에 관한 책이 많이 출간되고 있으니 책으로도 많이 배울 수 있을 것입니다.

| 객체지향 설계 |

그렇다면 객체지향 설계란 무엇일까요? 객체지향 설계는 객체지향 프로그래밍을 설계 작업에도 적용한 기법으로, 기존에 행해지던 구조화 설계와 대비되는 개념으로 이야기되기도 합니다. 객체지향 설계에 유스케이스가 포함되기도 하는데, 유스케이스를 요구사항 정의를 위한 기법이라고 생각해보면 유스케이스가 객체지향 분석에 포함되는 것도 납득이 됩니다.

설계의 목적은 여러 가지가 있지만 가장 중요한 것은 '요구사항 정의의 내용을 시스템에서 어떻게 구현할 것인가를 검토하는 것'입니다. 요구사항 정의는 시스템이 어떤 기능을 제공할 것인지에 대한 개요를 정의합니다. 이를 프로그래밍하기 위해서는 기능을 세분화해야 합니다. 이 세분화 방법에서 구조화 설계와 객체지향 설계가 서로 다릅니다.

....

[6] 저자_ GoF는 The Gang of Four의 약자로 에릭 감마, 리차드 헬름, 랄프 존슨, 존 블리시디스 4명을 가리킵니다. 그들이 제안한 것이 이른바 'GoF의 디자인 패턴'입니다.

| 플로차트 |

기존의 구조화 설계에서는 플로차트(순서도)나 DFD^{Data Flow Diagram}와 같은 다이어그램을 작성하여 기능을 세분화했습니다. 플로차트는 일련의 처리를 시작부터 종료까지의 흐름으로 기술한 것입니다(그림 2-15).

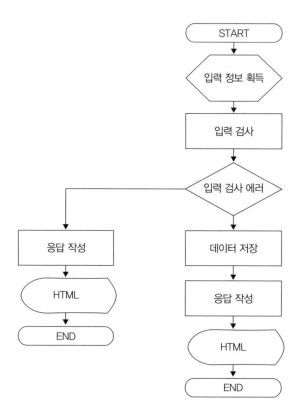

그림 2-15 플로차트 예시

플로차트를 작성하면 처리 흐름이 구체화되어 무엇을 프로그래밍해야 하는지를 표현할 수 있습니다. 처리를 순서대로 기술할 수 있고 표기법도 그리 어렵지 않기 때문에 어느 정도 복잡한 알고리즘을 개발할 때도 유용합니다.

하지만 플로차트에도 문제가 있습니다. 플로차트를 작성하여 처리를 세분화할 수는 있지만 세분화된 처리를 공통화할 수는 없습니다. '데이터를 저장한다'라는 처리가 다른 곳에 있는 '데이터를 저장한다'와 공통화할 수 있는지 여부는 플로차트에서 판단할 수 없습니다. 물론 별도로 함수 명세서 같은 것을 설계하면 되겠지만 플로차트에서는 불가능합니다.

또한 플로차트에서는 처리 방식만 언급하고 어떤 데이터인지는 표현하지 않습니다. '데이터 저장'을 '주문 저장'으로 바꾸면 저장해야 하는 대상이 주문이라는 것을 알 수 있게 되지만 반대로 주문이 데이터인지 아니면 별도의 입력인지는 알 수 없게 됩니다.

결국 플로차트를 보고 프로그래밍을 할 수 있게 하려면 프로그램 단계별 정보를 상세히 기술해야 합니다. 요즘의 프로그래밍 언어는 아주 어려운 알고리즘이 아닌 이상 플로차트를 작성하는 것보다 바로 프로그래밍을 하는 것이 더 빠릅니다.

| DFD |

DFD는 구조화 설계 기법으로 현재까지도 사용되고 있는 설계 방법입니다. 인터페이스와 데이터베이스 사이의 처리를 기술할 수 있는데, DFD의 특징은 처리 사이에 데이터를 기술하는 것입니다. 이를 통해 프로세스의 입력과 출력을 표현할 수 있습니다. 또한 동일한 처리를 다른 외부 인터페이스에서 호출할 수도 있으므로 처리를 공통화하도록 기술할 수 있습니다(그림 2-16).

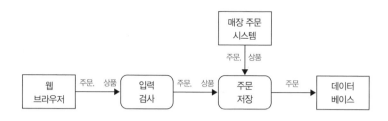

그림 2-16 DFD 예시

구조화 설계가 결코 나쁜 설계 방식은 아니지만 단점을 꼽자면 기능 변경에 취약할 수 있습니다. [그림 2-16]의 예에서 상품 정보의 가격 구조가 변경되면 '입력 검사' '주문 저장' 처리에도 영향을 미칩니다. 즉, 기능 변경이 전체 프로세스에 영향을 주는 것입니다. 입력 검사와 주문 저장 처리가 함수라고 가정하면 함수 이름이나 함수의 인수, 반환값의 타입은 변하지 않지만 입력 검사와 주문 저장 처리가 다르게 구현됩니다. 함수명이나 함수 인수, 반환값의 타입이 변하지 않는다는 것은 각 처리의 호출 방법이 변하지 않는다는 것을 의미합니다. 이것이 객체지향의 특징이자 장점입니다.

| 객체지향 프로그래밍의 특징 |

객체지향은 구조화 설계의 단점을 해결하기 위해 몇 가지 메커니즘을 도입했습니다. 바로 클래스, 상속, 다형성, 인스턴스화입니다.

객체지향의 개념은 처음에 **객체지향 프로그래밍**Object-Oriented Programming(OOP)으로 발전했습니다. 프로그래밍 기법으로 구조화 프로그래밍의 단점을 개선하기 위해 고안된 것입니다. 객체지향 프로그래밍이 가능해지면서 이후 **객체지향 설계**Object-Oriented Design(OOD)로 응용되었습니다.

클래스는 데이터와 처리를 하나의 정의로 묶은 것입니다. 객체지향에서는 클래스에 포함된 데이터를 속성, 멤버 변수, 필드라고 부릅니다. 그리고 처리를 조작, 메서드라고 합니다. 메서드는 구조화 언어에서 함수에 해당합니다.

클래스는 필드를 숨길 수 있고, 클래스의 필드값을 변경하려면 메서드를 호출해야 합니다. 이를 캡슐화라고 합니다. 캡슐화를 통해 클래스는 메서드의 시그니처(메서드 이름, 인수, 반환값)만을 공개하게 되며, 클래스의 필드 구조가 변경되어도 메서드의 시그니처가 변경되지 않으면 클래스를 호출하는 측에서는 변경의 영향을 받지 않습니다. 이러한 클래스의 메서드와 시그니처를 인터페이스라고 부릅니다. 변경에 강한 시스템을 설계하기 위해서는 인터페이스를 중요하게 생각해야 합니다(그림 2-17).

```
┌─────────────────────────────┐
│            Item             │
├─────────────────────────────┤
│  - name                     │
│  - description              │
│  - price                    │
│  - tax                      │
├─────────────────────────────┤
│  + getSellPrice()           │
└─────────────────────────────┘
```

그림 2-17 클래스 예시

상속은 클래스를 확장하기 위한 메커니즘입니다. 원본 클래스에 영향을 주지 않고 확장할 수 있습니다. 확장의 바탕이 된 클래스를 슈퍼 클래스 또는 부모 클래스라고 부릅니다. 확장된 클래스는 서브 클래스 또는 자식 클래스라고 합니다.

상속의 목적은 크게 두 가지입니다. 하나는 슈퍼 클래스의 메서드를 서브 클래스의 구현 정의로 대체하는 것입니다. 이를 **오버라이딩**^{overriding}(재정의)이라고 합니다. 다른 하나는 슈퍼 클래스와 동일한 메서드 이름으로 인수만 달라질 수도 있습니다. 이를 **오버로딩**^{overloading}이라고 합니다. 오버로딩은 슈퍼 클래스 메서드를 확장하는 방법입니다.

[그림 2-18]의 예시에서는 상품 클래스를 상속받아 할인 상품 클래스를 정의하고 있습니다. 할인 상품 클래스는 상품을 계산할 때 할인 금액을 받아 이를 할인한 금액을 반환하도록 확장되어 있습니다. 또한 할인 상품 클래스는 할인 기간 동안에만 할인을 실행합니다. 할인 기간이 아닐 경우에는 상품 가격에서 할인하지 않습니다. '상품 가격 가져오기' 메서드는 오버로딩되어 있습니다.

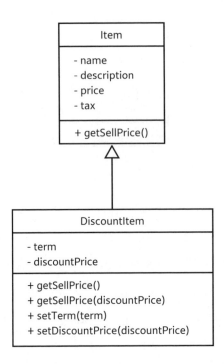

```
                    ┌─────────────────────────┐
                    │          Item           │
                    ├─────────────────────────┤
                    │  - name                 │
                    │  - description          │
                    │  - price                │
                    │  - tax                  │
                    ├─────────────────────────┤
                    │  + getSellPrice()       │
                    └─────────────────────────┘
```

그림 2-18 상속의 예

상속은 메서드의 공통화 및 재사용을 위한 기법입니다. 하위 클래스인 DiscountItem은 메서드를 구현할 때 슈퍼 클래스의 메서드를 호출할 수 있습니다. 이를 통해 완전히 새로운 클래스를 정의하는 것보다 프로그래밍하는 소스 코드의 양을 줄일 수 있습니다.

상속을 한 단계 더 발전시킨 것으로 **다형성**polymorphism이라는 개념이 있습니다. 클래스의 인터페이스는 그대로 두고 구현만 변경하여 메서드를 호출하는 측에 영향을 주지 않은 채 구현 클래스를 변경할 수 있습니다.

예를 들어 다음과 같은 자바 프로그램이 있다고 가정해봅시다.

```
Item item = getItem();
price = item.getSellPrice();
```

여기서 getItem()은 다음 두 가지 구현 중 하나라고 가정해봅시다.

```java
private Item getItem() {
    return new Item();
}
```

```java
private Item getItem() {
    return new DiscountItem();
}
```

Item 객체 또는 DiscountItem 객체 중 하나를 반환합니다.

이 경우 첫 번째 프로그램에서는 어느 객체가 반환되더라도 문제없이 동작하며, 어떤 메서드를 호출하는지에 따라 price 변수에 매핑되는 결과가 달라집니다. 이 처럼 호출하는 프로그램은 동일하게 유지하면서 서로 다른 클래스의 구현을 전환 할 수 있는 것을 **다형성**이라고 합니다.

| 객체지향 설계의 특징 |

지금까지 객체지향 프로그래밍을 알아봤습니다. 그렇다면 객체지향 '설계'는 어떨 까요?

객체지향 설계에서는 시스템을 클래스의 집합으로 봅니다. 시스템 동작은 클래스 간에 객체가 전달되며 실현됩니다. 이때 클래스 간에 객체가 전달되는 것을 메시 지 패싱(메시지 전달)이라고 합니다.

따라서 객체지향 설계에서는 어떤 클래스가 있는지 클래스 다이어그램으로 정의하 고, 클래스 간의 메시지 패싱을 시퀀스 다이어그램으로 정의하는 것이 기본입니다.

2.6.3 오픈소스 프레임워크

이 책은 자바 언어로 웹 시스템을 개발하는 것을 전제로 합니다. 20여 년 전이라면 웹 시스템을 자바로 구축하기 위해서도 Servlet API나 JDBC를 직접 이용하여 프로그램을 개발했을 것입니다. 하지만 지금은 웹 시스템을 구축하려면 오픈 소스 프레임워크나 라이브러리를 사용하지 않을 수 없습니다. 오픈소스 프레임워크는 이제 너무나 당연하게 여겨지고 있습니다.

다시 한번 강조하지만 이 책을 쓴 이유는 설계를 잘하기 위함입니다. 따라서 실용적인 내용을 담아야 합니다. 실제 개발 현장에서 당연시되고 있는 프레임워크를 무시하고 이야기를 진행할 수는 없기 때문에 프레임워크로 스프링 부트를 사용합니다. 다만 스프링 부트 사용법을 설명하는 것은 이 책과 맞지 않으므로 자세한 내용은 언급하지 않습니다. 더 궁금하다면 다른 서적을 참고해주세요. 스프링 부트는 이후에 프로그램 설계를 설명할 때 언급하겠습니다.

2.6.4 정보 공유를 위한 설계

앞서 언급했듯이 설계의 목적 중 하나는 이해관계자 간의 정보 공유입니다. 개발 프로젝트에서 커뮤니케이션은 매우 중요한데, 정보 공유도 커뮤니케이션의 일종입니다.

커뮤니케이션이 시스템의 품질을 높일 수도, 작업 효율을 높일 수도 있습니다. 분명한 것은 커뮤니케이션이 잘 이루어지지 않는 개발 프로젝트는 실패하는 경우가 많다는 것입니다. 소통이 적은 개발 프로젝트에서는 모두가 최소한의 정보를 필요한 사람에게만 보여주려고 합니다. 또한 누군가 모두에게 메일을 보내도 아무도 답장을 보내지 않습니다. 반응이 없으니 메일을 보고 있는지조차 알 수 없죠.

'최소한의 정보를 최소한의 상대에게만 보여주면 충분하지 않을까?'라고 생각할 수 있습니다. 하지만 대부분의 커뮤니케이션에서 최소한의 정보만으로는 충분하지 않습니다. 정보량과 공유받는 대상을 모두 조금 더 늘리는 것이 커뮤니케이션의 요령입니다.

반대로 커뮤니케이션이 너무 많은 개발 프로젝트는 품질도 작업 효율도 떨어집니다. 커뮤니케이션이 과한 경우 어떤 일을 결정할 때 모두의 의견을 듣기 위해 전체 회의를 합니다. 또 아무리 사소한 내용이라도 반드시 전원을 참조(cc)로 묶어 메일을 보내기도 합니다. 프로젝트가 작을 때는 그래도 괜찮지만 10명만 넘어가도 만만치 않습니다. 10명이 모두와 소통하기 시작하면 하루 종일 회의하고 메일을 읽는 것만으로도 하루가 끝나기 때문입니다.

설계자에게는 설계 내용이나 과제에 대한 정보 공유도 커뮤니케이션의 일환입니다. 설계자는 다양한 사람과 관계를 맺고 있습니다(그림 2-19). 프로젝트 관리자는 설계 작업의 진행 상황과 과제에 관심이 있을 것이고 요구사항 정의자는 작업이 요구사항 정의에 따라 이루어지고 있는지에 관심이 있을 것입니다. 설계팀 구성원은 자신의 결과물을 보고 싶어 하고 고객은 작업 성과와 진행 상황이 궁금할 것입니다.

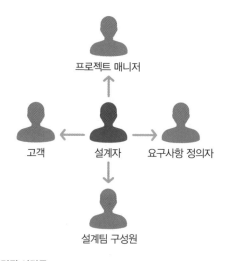

그림 2-19 설계자와 관련된 사람들

여기서 문제는 다들 바쁘다는 점입니다. 프로젝트 매니저도 바쁘기 때문에 설계 작업이 순조롭게 진행 중이라 믿고, 과제도 큰 문제가 없다고 생각할 수 있습니다. 요구사항 정의자도 바쁘기 때문에 자신이 작성한 요구사항 정의서에 오해의 소지가 있을 것이라고 생각하지 않습니다. 설계팀 구성원들도 자기 일로 바쁩니다. 고객도 바빠서 요구사항 정의가 끝나면 자신들의 역할 80%가 끝나고 나머지는 개발팀에서 알아서 해줄 거라고 생각합니다. 그러나 그렇지 않습니다. 개발은 이제부터입니다. 관계자들에게 설계 결과물이나 과제를 알 수 있도록 해야 합니다. 이를 위해 다음과 같은 방법이 효과적입니다.

- 리뷰 등 회의 진행하기
- 메일로 보내기
- 공유 폴더에 넣기

실제로 어떤 수단으로 커뮤니케이션을 할 것인지는 프로젝트 매니저와 상의하여 결정해야 합니다. 한 가지 수단만 사용하는 것이 아니라 위의 세 가지 수단을 조합하여 사용하게 될 것입니다.

2.6.5 설계와 견적

견적은 요구사항 정의의 결과를 바탕으로 하는 경우가 가장 많을 겁니다. 이는 요구사항 정의의 목적과도 관련이 있습니다. 요구사항 정의는 사용자 기업이 주도하는 경우가 많습니다. 어떤 시스템을 개발할 것인지 정의하여 시스템 개발 회사에 개발을 의뢰합니다. 시스템 개발 회사는 요구사항 정의 결과를 분석하여 개발 금액과 기간 및 조건을 산정합니다.

견적은 요구사항을 정의한 다음뿐만 아니라, 개발하는 도중에도 개발 규모의 매트릭스로 측정합니다. **매트릭스**는 평가 지표라는 뜻으로 소프트웨어 개발 규모와 품질을 측정하기 위해 활용합니다. 개발을 진행하는 와중에도 개발 규모를 파악함으로써 기능 증가나 기술 난이도를 관리할 수 있습니다.

기본적으로 견적은 프로젝트 관리 영역에 속하지만 설계자도 개발 규모의 관점을 갖는 것이 매우 중요합니다. 실제로 시스템 기능이나 기술 난이도를 피부로 직접 느끼는 것은 설계자입니다. 설계자가 보기에 당초 예상보다 개발 규모의 변화가 있다고 느끼면 프로젝트 매니저에게 경보를 올려야 합니다.

또한 시스템 기능을 설계할 때는 견적에 대한 감이 필요합니다. 사용자 입장에서는 하나라도 더 많은 화면이 있으면 편리하기 때문에 의견을 조정할 일이 생깁니다. 그래서 외부 설계는 사용자의 기능 추가에 대한 압박과 초기 개발 견적에 맞추려는 압박을 조율하는 일이기도 합니다. 따라서 외부 설계자가 견적에 대한 감이 없으면 사용자의 압박을 조정할 수가 없습니다. 이렇게 말하면 왠지 사용자의 요구사항에 무조건 "NO"라고 하는 좋지 않은 시스템 개발 회사를 떠올릴 수도 있을 것입니다. 물론 수주를 받자마자 사용자를 무시하고 무엇이든 안 된다고 하는 시스템 개발 회사는 당연히 좋지 않습니다. 사용자를 무시하는 것은 주객이 전도되는 일이며 그런 회사는 사용자의 신뢰를 얻을 수 없습니다.

다만 여기서 말하고 싶은 것은 초기 견적에서 합의한 개발 규모를 초과하는 일은 개발 쪽뿐만 아니라 사용자에게도 불이익이 될 수 있다는 점입니다. 초기 견적의 개발 규모를 초과한 경우 시스템 개발 회사에 예비비(버퍼)가 남아 있다면 그 범위 내에서 어떻게든 예정대로 개발할 수 있습니다. 그러나 개발 규모가 예비비를 초과하면 시스템 개발 회사도 기간을 연장하고 추가 비용을 청구하지 않고서는 경영이 어렵습니다. 기간이 늘어나고 추가 비용이 발생하는 것은 사용자 기업에도 불리합니다. 개발하려는 시스템이 사용자 기업의 비즈니스를 지탱하는 것이라면, 시스템 출시 지연은 비즈니스 지연과 직결됩니다. 개발 규모가 커지는 리스크는 개발 측과 사용자 기업이 공유해야 합니다.

| LOC와 맨먼스 |

이처럼 견적은 중요하지만 정확한 개발 규모를 추정하는 것은 어려운 일입니다. 기존에는 LOC^{Lines Of Code}와 같이 소스 코드 라인 수로 견적을 내곤 했습니다. 어떤 시스템을 개발하려면 LOC가 얼마가 될지 프로젝트 매니저의 과거 경험이나 감으로 추정하고, LOC에 단위 공수를 곱해 개발 공수를 계산했습니다. 하지만 이 방법에는 문제가 있습니다. 요구사항 정의 산출물에서 LOC를 계산할 때 프로젝트 관리자의 과거 경험이나 감에 의존하기 때문에 유사한 시스템을 같은 기술로 개발하는 경우에는 어느 정도 정확도가 높을 수 있습니다. 그러나 경험하지 못한 요인이 있다면 추정이 어렵습니다. 결국은 프로젝트 매니저의 감으로 추정하게 됩니다.

기본적으로 [그림 2-20]과 같은 절차로 견적을 냅니다.

그림 2-20 견적 절차

개발 규모는 개발하는 시스템의 크기를 말합니다. 기존의 LOC에서는 소스 코드의 라인 수로 개발 규모를 파악했습니다. 하지만 현재는 다양한 프로그래밍 언어가 사용되며 언어마다 한 줄로 표현할 수 있는 양에 차이가 있습니다. 따라서 이제는 LOC처럼 소스 코드 라인 수로 개발 규모를 산정하기가 어렵게 되었습니다.

개발 규모가 산출되면 개발 공수를 추정합니다. 개발 공수는 맨먼스로 표현하는 것이 일반적입니다. **맨먼스**는 한 명의 개발자가 한 달에 개발할 수 있는 작업량을 의미하며, 한 달은 보통 영업일 기준 20일로 산정합니다. 즉 1맨먼스는 20맨데이입니다. 또한 하루를 8시간이라고 가정하면 1인당 1개월은 160맨아워가 됩니다. 최근에는 맨먼스라는 개념이 소프트웨어 개발에 적합하지 않다고 합니다. 100맨먼스가 필요한 개발을 한 달 만에 끝내야 한다고 예를 들어봅시다. 개발자 100명을 모아 한꺼번에 개발하여 한 달 만에 마친다는 의미인데, 이는 불가능합니다. 소프트웨어 개발은 사람이 하는 공동 작업이기 때문에 인원이 너무 많으면 커뮤니케이션 손실이 발생하여 효율성이 떨어집니다. 그래서 많은 사람이 맨먼스 단위의 문제점을 지적하고 있습니다. 다만 개발 금액을 계산할 때는 편리하기도 하고 개발이 단기간에 끝나지 않는 경우도 있기 때문에 맨먼스 단위는 지금도 사용되고 있습니다.

개발 공수는 단순히 개발 규모에 작업량을 곱하여 계산합니다. 기술 난이도 등은 계수로 조정하는데, LOC라면 라인당 개발 공수를 계수로 두고 개발 규모에 곱합니다. 많은 시스템 개발 회사에서는 자사의 실적을 바탕으로 코드 크기당 개발 공수 등의 계수를 관리하고 있습니다.

개발 금액은 개발 공수에 인당 월 인건비를 곱하여 계산합니다. 인당 인건비는 직원의 직급이나 외부 협력사 등에 따라 달라질 수 있습니다.

이렇게 개발 규모를 먼저 파악하고 거기에 단위 개발 공수를 곱하여 전체 개발 공수(맨먼스)를 산출합니다. 마지막으로 개발 공수에 맨먼스당 인건비를 곱하면 개발 금액을 추정할 수 있습니다.

PMBOK에서는 9가지 견적 추정 방법을 소개합니다. 대표적으로 기능 점수[function point](FP), 유추 견적, 파라메트릭[parametric] 견적, 스토리 포인트[story point] 견적, 와이드밴드 델파이[Wide-band Delphi] 등이 있습니다.

유추 견적은 과거 유사한 시스템 개발 사례를 바탕으로 추정하는 방식입니다. 경험, 직감, 배짱을 이용한 전통적인 방식입니다. 파라메트릭 견적은 다수의 인자가 있는 계산식에 값을 대입하여 계산하는 방법입니다. 스토리 포인트 견적은 사용자 스토리[user story]를 실현하는 데 필요한 작업 규모를 상대적인 포인트 단위로 추정하는 방식입니다. 와이드밴드 델파이는 여러 번 견적서를 작성하고 각 견적서마다 토론을 진행합니다. 논의된 결과를 바탕으로 견적을 다시 산출하고 이를 반복하여 정확도를 높이는 방식입니다.

맨먼스 미신

『맨먼스 미신』(인사이트, 2015)은 초판이 1975년에 출간된 소프트웨어 개발의 고전이라 할 수 있는 좋은 책입니다. 저자 프레더릭 브룩스가 IBM에서 메인프레임용 OS를 개발한 경험을 바탕으로 쓴 책입니다.

이 책에서는 개발 작업량을 맨먼스 단위로 측정하는 것에 대해 의문을 제기합니다. 맨먼스는 사람과 개월 수를 교환할 수 있는 것처럼 취급하지만, 100맨먼스 개발을 한 달 만에 할 때 비참한 결과를 초래할 수 있다는 점을 예시로 들어 이야기하고 있습니다. '늦어지는 소프트웨어 프로젝트에 인력을 추가하면 더 늦어진다'는 말은 '브룩스의 법칙'이라고 불립니다.

그 외에도 아키텍처의 중요성에 대해 언급하고 있습니다. 아키텍처를 시스템 기능으로 정의하는 듯한데, 시스템의 기본 구조와 기능이 통일성 있게 설계되는 것이 중요하다고 합니다.

『맨먼스 미신』은 몇 개의 논문을 모아놓은 구성이지만 현재의 시스템 개발에도 많은 논점이 적용될 수 있습니다.

| 기능 점수 방식 |

견적에서 가장 중요한 것은 개발 규모를 어떻게 추정하느냐는 것입니다. 개발 공수와 개발 규모에 대해서는 정해진 계수나 금액을 곱하면 되므로 얼마나 정확한 계수를 사용하느냐에 따라 정확도가 결정됩니다. 정확한 계수를 사용하려면 업계 표준을 사용하거나 자체적으로 노하우를 쌓는 수밖에 없습니다.

LOC에 의한 개발 규모 추정 결과는 프로그래밍 언어에 따라 달라집니다. 기능 점수(FP) 방식은 프로그래밍 언어에 의존하지 않고 개발 규모를 추정하기 위해 만들어졌습니다. 이는 프로젝트 관리자의 경험, 직감, 배짱에 의존하던 개발 규모 추정을 더욱 정량적으로 측정하는 방법이기도 합니다. 기능 점수 방식은 시스템 데이터와 기능의 수로 개발 규모를 측정합니다(그림 2-21).

그림 2-21 견적 절차 및 기법

기능 점수 방식은 1979년 IBM의 앨런 알브레히트가 제안하여 미국 IFPUG International Function Point Users Group에 의해 표준화되었습니다. 이를 IFPUG법(ISO/IEC 20926)이라고도 합니다.

기능 점수 방식은 개발 규모를 추정하기 위한 방법입니다. FP라는 단위로 개발 규모를 측정하는데, FP 수가 많으면 개발 규모가 크고 FP 수가 적으면 개발 규모가 작다는 것을 의미합니다. FP 수는 데이터 기능과 트랜잭션 기능으로 나뉩니다. **트랜잭션**은 시스템이 외부 세계와 하는 상호작용을 말합니다. 시스템 사용자에 대한 UI(사용자 인터페이스)나 외부 시스템과의 연계가 이에 해당합니다. 즉 기능 점수 방식에서는 데이터와 외부 사이의 상호작용을 기반으로, FP 수라는 개발 규모를 측정하는 것입니다. 데이터 기능과 트랜잭션 기능 모두 동일한 FP 수로 측정합니다. 시스템의 FP 수는 데이터 기능과 트랜잭션 기능의 FP 수를 합산하여 구할 수 있습니다(그림 2-22).

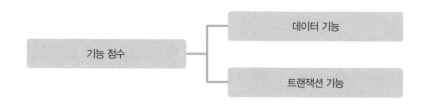

그림 2-22 기능 점수 방식

데이터 기능은 시스템이 내부적으로 관리하는 데이터를 말합니다. 데이터 기능에는 일반적으로 데이터베이스가 포함됩니다. 이외에도 파일 등도 데이터 기능에 포함될 수 있습니다. 로그 파일 같은 것은 포함되지 않습니다. 기능의 대상이 되는 것은 기능 요건뿐입니다. **기능 요건**은 시스템 사용자에게 제공되는 구체적인 가치로, 시스템 사용자의 어떤 목적을 달성하기 위해 사용되는 것입니다. 참고로 유스케이스로 정의하는 것도 기능 요건이며 FP 수에는 기능 요건의 규모가 반영됩니다.

그렇다면 기능 요건 이외의 것들, 즉 **비기능 요건**은 견적에 어떻게 반영될까요? 목표 품질이 높으면 당연히 많은 테스트가 필요합니다. 또한 기술적으로 난이도가 높으면 기술에 대한 조사 공수 등이 추가로 필요할 수 있습니다. 이처럼 목표 품질과 기술 요구사항에 따라 공수가 달라지기 때문에 최종 견적에는 비기능 요건도 포함되어야 합니다. 다만, 비기능 요건은 품질이나 기술적인 내용이 많기 때문에 설계 프로세스에 따라 달라질 수 있습니다.

대부분의 견적은 요구사항 정의 후 설계 전에 이루어지기 때문에 아직 수행하지 않은 설계 내용에 의존할 수 없습니다. 비기능 요건을 실현하기 위한 공수는 가정으로 추정합니다. 비기능 요건의 실현 공수를 기능 요건에서 측정한 FP 수와 함께 사용하면 나중에 다시 계산하기가 어려워집니다. 따라서 비기능 요건을 실현하기 위한 공수는 개발 규모에 포함시키지 말고 나중에 따로 계산하여 추가하는 것이 좋습니다. 중요한 것은 FP 수로 추정하는 것이 최종 결과물인 시스템 규모 뿐이라는 점입니다. 시스템을 어떻게 만들었는지는 개발 규모 추정에 포함되지 않습니다.

| 데이터 기능 |

다시 데이터 기능 이야기로 돌아가보겠습니다. 데이터 기능은 시스템 내부에서 관리하는 데이터베이스나 파일이라고 설명했습니다. 그리고 기능 요건을 실현하기 위한 것들만 대상으로 합니다.

데이터 기능은 시스템에 의해 업데이트되는지 여부에 따라 내부 논리 파일Internal Logical File(ILF)과 외부 연계 파일External Interface File(EIF)로 분류할 수 있습니다(그림 2-23). 이 분류를 **유형 식별**이라고 합니다. **내부 논리 파일**은 시스템에서 참조, 업데이트하는 데이터 기능입니다. 시스템에서 관리하는 데이터베이스 등이 이에 해당합니다. 반면 **외부 연계 파일**은 시스템에서 참조만 하는 데이터 기능입니다. 외부 연계 파일은 시스템 외부에 있는 읽기 전용 데이터입니다.

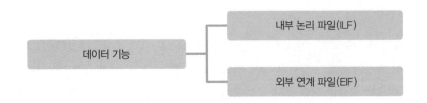

그림 2-23 데이터 기능

다음으로 데이터 기능의 복잡도를 결정해봅시다. 복잡도는 데이터 기능의 데이터 항목 수Data Element Type(DET)와 레코드 종류 수Record Element Type(RET) 두 가지로 평가합니다. 데이터 항목 수는 데이터 기능이 가지고 있는 데이터 항목의 개수입니다. 데이터베이스의 경우 열column 개수가 해당됩니다. 반복되는 것은 하나로 계산합니다. 열에 전화번호 1과 전화번호 2가 있어도 하나로 간주합니다. 레코드 종류 수는 데이터 기능의 데이터 종류를 나타냅니다. 보통은 1이지만 서브 클래스 같은 것이 있으면 그 종류가 개수가 됩니다.

데이터 기능의 복잡도가 결정되면 이를 '저, 중, 고' 3단계로 평가합니다(표 2-8).

표 2-8 복잡도 평가

		데이터 항목 수(DET)		
		1~19	20~50	51~
레코드 종류 수 (RET)	1	저	저	중
	2~5	저	중	고
	6~	중	고	고

데이터 항목 수와 레코드 종류 수로 복잡도를 저, 중, 고로 평가했다면 [표 2-9] 를 활용해 FP 수를 계산합니다. [표 2-9]에서는 데이터 기능의 유형별 복잡도에 따라 곱셈 비율을 정의하고 있습니다.

표 2-9 FP 수 계산

기능 유형		복잡도			합계
		저	중	고	
트랜잭션 기능	외부 입력(EI)	×3	×4	×6	
	외부 출력(EO)	×4	×5	×7	
	외부 조회(EQ)	×3	×4	×6	
데이터 기능	내부 논리 파일(ILF)	×7	×10	×15	
	외부 연계 파일(EIF)	×5	×7	×10	
				FP 수	

데이터 기능의 수와 복잡도에 따른 곱셈 비율을 곱하면 FP 수를 계산할 수 있습

니다. 데이터 기능과 트랜잭션 기능의 복잡도는 이 표로 구할 수 있습니다.

예를 들어 복잡도가 '중'인 내부 논리 파일이 2개이고 '저'인 외부 연계 파일이 1개라면 FP 수는 $2 \times 10 + 1 \times 5 = 25$가 됩니다(표 2-10).

표 2-10 FP 수 계산 예시

기능 유형		복잡도			합계
		저	중	고	
데이터	내부 논리 파일(ILF)	×7	2×10	×15	20
기능	외부 연계 파일(EIF)	1×5	×7	×10	5
				FP 수	25

트랜잭션 기능은 시스템과 외부 세계의 상호작용을 나타냅니다. 여기에는 시스템 사용자나 외부 시스템과의 연계가 해당됩니다. 즉 시스템이 외부 세계와 주고받는 데이터의 입력과 출력을 말합니다.

트랜잭션 기능도 데이터 입출력의 성향에 따라 외부 입력(EI), 외부 출력(EO), 외부 조회(EQ)로 분류합니다(그림 2-24). **외부 입력**은 시스템이 외부로부터 데이터를 받아 시스템 내부의 데이터 기능 등에 저장하는 트랜잭션 기능입니다. 화면이나 외부 시스템에서 받는 데이터 등이 이에 해당합니다. **외부 출력**은 시스템이 데이터 기능에 저장된 데이터를 시스템 외부로 출력하는 트랜잭션 기능입니다. 단, 데이터를 시스템 외부로 출력할 때는 데이터 가공이 이루어져야 합니다. 데이터 가공은 데이터 계산이나 이미지 처리, 또 다른 데이터 생성을 의미합니다. 화면에 표시하거나 정보를 출력하는 것 등이 이에 해당합니다. **외부 조회**도 시스템이 데이터 기능에 저장된 데이터를 시스템 외부로 출력하는 트랜잭션 기능입니다. 외부 조회와 외부 출력의 차이점은 출력하는 데이터를 가공하느냐에 있습니다. 외부 조회는 데이터를 가공하지 않습니다.

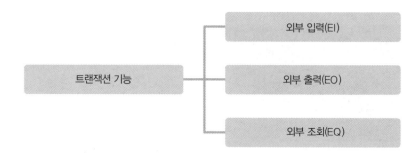

그림 2-24 트랜잭션 기능

중요한 것은 하나의 외부 입력에 입력 화면, 확인 화면, 완료 화면과 같이 세 가지 화면이 있더라도 이것은 하나의 트랜잭션 기능이라는 점입니다. 그리고 트랜잭션 기능이 중복되지 않도록 주의해야 합니다. 검색 화면 등은 여러 화면에서 호출되지만 동일한 검색 항목 및 처리라면 트랜잭션 기능으로서는 1개로 간주합니다.

다음으로 트랜잭션 기능도 복잡도를 평가해봅시다. 트랜잭션 기능은 데이터 항목 수(DET)와 관련 파일 수(FTR) 두 가지로 복잡도를 평가합니다. 데이터 항목 수는 트랜잭션 기능에서 입력하거나 출력하는 데이터 항목의 수입니다. 화면으로 말하자면 화면을 구성하는 동적인 화면 입출력 항목을 가리킵니다. 화면의 정적인 메시지는 데이터 항목 수에 포함되지 않지만 화면에 표시하는 오류 메시지나 버튼 등은 데이터 항목 수에 포함됩니다. 관련 파일 수는 트랜잭션 기능을 실행할 때 업데이트 및 참조 등으로 호출하는 데이터 기능의 수로, 한 번의 트랜잭션 기능에서 같은 데이터 기능을 여러 번 호출하는 경우에도 1개로 계산합니다.

트랜잭션 기능의 복잡도가 데이터 항목 수와 관련 파일 수를 통해 결정되면 복잡도를 '저, 중, 고' 3단계로 평가합니다. 복잡도 평가는 [표 2-11], [표 2-12]를 사용합니다.

표 2-11 외부 입력(EI) 계산

		데이터 항목 수(DET)		
		1~4	5~15	16~
관련 파일 수 (FTR)	0~1	저	저	중
	2	저	중	고
	3~	중	고	고

표 2-12 외부 출력(EO) 및 외부 조회(EQ) 계산

		데이터 항목 수(DET)		
		1~5	6~19	20~
관련 파일 수 (FTR)	0~1	저	저	중
	2~3	저	중	고
	4~	중	고	고

데이터 항목 수와 관련 파일 수로 복잡도를 '저, 중, 고'로 평가했다면 [표 2-13]과 같이 FP 수를 계산합니다. [표 2-13]에서는 트랜잭션 기능의 유형별 복잡도에 따른 곱셈 비율을 정의하고 있습니다. 트랜잭션 기능의 수와 복잡도에 따른 곱셈 비율을 곱하면 FP 수를 계산할 수 있습니다. 예를 들어 복잡도 '중'의 외부 입력이 2개, '저'의 외부 출력이 2개, '저'의 외부 조회가 3개라고 가정하면 FP 수는 $2 \times 4 + 2 \times 4 + 3 \times 3 = 25$가 됩니다.

표 2-13 FP 수 계산

기능 유형		복잡도			합계
		저	중	고	
트랜잭션 기능	외부 입력(EI)	×3	2×4	×6	8
	외부 출력(EO)	2×4	×5	×7	8
	외부 조회(EQ)	3×3	×4	×6	9
				FP 수	25

| FP 수 계산의 포인트 |

기능은 어느 시점에 어떻게 계산해야 할까요? 요구사항 정의 후 설계가 시작되지도 않은 단계에서 어떻게 데이터베이스와 파일을 알 수 있을까요? 기능 점수 방식을 적용할 수 있는 시점은 외부 설계가 끝난 후입니다. 따라서 요구사항 정의 직후에는 기능 점수 방식을 적용할 수 없습니다. 이때는 '정규법'과 '간이법' 중 한 가지 방법을 사용해 기능 점수 방식을 적용합니다.

정규법은 데이터 기능의 내부 논리 파일과 외부 연계 파일의 개수를 기준으로 트랜잭션 기능을 추정하는 방법입니다. 따라서 다음과 같은 가정을 사용합니다. 예를 들어 내부 로직 파일이 1개라면 외부 입력이 평균 3개, 외부 출력이 평균 2개, 외부 조회가 평균 1개라고 가정합니다. 외부 연계 파일이 1개라면 외부 출력이 평균 1개, 외부 조회가 평균 1개라고 가정합니다. 또한 프로젝트의 실적 데이터에서 산출된 복잡도를 가정합니다. 그리고 요구사항 정의로 개념 모델이 만들어졌다면 데이터 기능의 개수를 추정할 수 있습니다. 추측한 데이터 기능 수와 이 가정값을 바탕으로 데이터 기능 수를 추정합니다. 즉 정규법에서는 다음과 같은 공식으로 FP 수를 계산합니다.

FP 추정수 = 35 × ILF의 수 + 15 × EIF의 수

정규법은 트랜잭션 기능의 수를 알 수 없고, 데이터 기능의 수만 알 수 있는 경우 대략적인 추정치를 산출하기 위해 사용됩니다.

반면에 **간이법**은 데이터 기능의 수뿐만 아니라 트랜잭션 기능의 수까지 추측할 수 있는 경우에 사용합니다. 트랜잭션 기능의 개수도 알고 있기 때문에 정규법보다 더 정확하게 추정할 수 있습니다. 간이법에서는 복잡도에 대한 기대치를 설정합니다. 복잡도 기대치는 트랜잭션 기능을 '중'으로, 데이터 기능을 '저'로 설정합니다.

트랜잭션 기능은 요구사항 정의의 결과물인 유스케이스나 외부 설계의 결과물인 화면에서 찾습니다. 트랜잭션 기능과 유스케이스는 매우 가까운 개념이지만 동일하다고 볼 수는 없습니다. 각각 제안된 배경이 다르고 목적도 다르기 때문입니다. 이를 비교하기 위해서는 세분화된 문제를 명확하게 정의할 수 있어야 합니다.

유스케이스를 세분화하는 방법에는 여러 가지 설이 있지만 정해진 방식은 없습니다. 실제로 기능 대신 유스케이스를 이용한 유스케이스 점수라는 추정 방법도 있습니다. 유스케이스로 추정할 수 있는 방법이 표준화된다면 요구사항 정의 산출물로 견적을 추정할 수 있게 됩니다.

2.6.6 설계 및 테스트

[표 2-14]와 같이 테스트에는 일반적으로 단위 테스트, 통합 테스트, 시스템 테스트가 있습니다. 이들은 테스트하는 대상 프로그램의 세분화 정도가 다릅니다.

표 2-14 테스트 유형

테스트	설명
단위 테스트	프로그램 단위의 테스트. 클래스 메서드 단위로 수행한다.
	단위 테스트에도 화이트박스 테스트와 블랙박스 테스트가 있다. 화이트박스 테스트에서는 처리에 따라 조건부 분기 등의 테스트 커버리지를 보장한다. 블랙박스 테스트에서는 메서드의 입력인 인수 조합과 출력인 반환값을 평가한다.
통합 테스트	여러 프로그램을 통합하여 테스트한다.
	클래스를 통합하여 화면에서 데이터베이스까지 하나의 기능을 테스트하거나, 여러 기능을 연계하여 화면 전환에 따라 테스트하기도 한다. 블랙박스 테스트가 기본이다.
시스템 테스트	시스템 전체를 대상으로 테스트한다.
	모든 유스케이스가 개발된 다음 전부를 대상으로 테스트한다. 개별 기능은 단독으로 완성된 것을 전제로 하고, 유스케이스 설명에 따라 블랙박스 테스트를 진행한다. 또한 업무 흐름이 있다면 시간순으로 업무 흐름에 따라 시뮬레이션을 하거나, 성능 및 비기능 요구사항에 대한 테스트를 수행한다.

테스트 대상 프로그램의 세분화 정도에 따라 분류했지만 그것만이 전부는 아닙니다. 프로그램 세분화와 관련하여 요구사항 정의 및 설계 문서의 차이도 관련되어 있습니다. 즉 각각의 테스트 케이스를 어떤 문서를 기반으로 작성하는지도 중요합니다.

단위 테스트든, 통합 테스트든, 시스템 테스트든, 테스트 케이스를 만들려면 무엇이 올바른 프로그램 동작인지 알아야 합니다. 화면의 어떤 버튼을 눌렀을 때 어떤 처리가 이루어지고 어떤 결과 화면이 표시되는지는 화면 설계서를 보지 않고서는 알 수 없습니다.

이렇듯 설계와 테스트는 별 상관이 없을 것 같아도 사실은 밀접하게 관련되어 있습니다. 테스트가 중요하다는 것은 두말할 필요도 없지만, 테스트의 품질을 결정하는 것은 설계라고 해도 과언이 아닙니다. 설계 품질이 좋지 않은 상태에서 양질의 테스트를 하는 것은 매우 어려운 일입니다.

외부 설계 방법

3장에서는 2장에 이어 '외부 설계'를 다룹니다. 먼저 외부 설계를 하기 위해 필요한 업무 지식, 유스케이스 분석, 개념 모델링 등을 설명합니다. 그다음에는 화면 설계, 외부 시스템과의 인터페이스 설계, Batch 설계, 장표 설계 그리고 데이터베이스 논리 설계, 비기능적 요구사항 정의, 인프라 설계, 배치 설계 등에 초점을 맞추어 각 작업을 진행할 때 주의해야 할 점을 소개합니다.

3.1 외부 설계란?

외부 설계는 시스템의 구체적인 명세를 설계하는 작업입니다(그림 3-1). 명세는 말 그대로 외부에서 바라본 시스템의 기능으로 시스템이 사용자나 외부 시스템에 제공하는 기능이나 인터페이스를 가리킵니다. 시스템 설계는 입력과 출력을 명확히 해야 하는데, 이를 외부 설계에서 담당합니다.

유스케이스 분석과 개념 모델링도 외부 설계와 함께 다룰 것입니다. 많은 개발 프로젝트에서 유스케이스 분석과 개념 모델링은 요구사항 정의와 함께 진행합니다. 하지만 유스케이스 분석과 개념 모델링을 설계 작업으로 수행하는 개발 프로젝트도 있습니다. 또한 유스케이스 분석과 개념 모델링은 외부 설계를 수행하기 위한 지식으로도 매우 중요하기 때문에 이 책에서는 외부 설계와 함께 다룹니다.

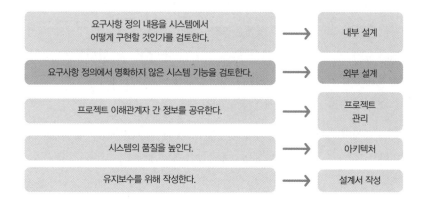

그림 3-1 외부 설계의 포지션

외부 설계의 가장 중요한 목적은 시스템의 기능을 명세하는 것입니다. 요구사항 정의에서도 기능을 고려하지만, 외부 설계가 요구사항 정의와 다를 경우 더 구체적으로 시스템 기능을 결정해야 합니다. 시스템 기능을 명확히 하기 위한 주요 작업은 다음과 같습니다.

- 유스케이스 분석
- 개념 모델링
- 화면 설계
- 외부 시스템 I/F 설계[1]
- 커맨드/Batch 설계
- 장표 설계

이 작업들을 통해 시스템의 외형을 파악할 수 있습니다. 명확해진 명세에 대한 정보를 개발 프로젝트 관계자들에게 공유합니다. 사용자 기업에게도 그동안 막연하게만 느껴졌던 시스템이라는 것이 명확하게 보일 것입니다.

외부 설계로 '데이터베이스 논리 설계'도 수행합니다. 데이터베이스 논리 설계는 시스템 내부의 데이터 저장 방식에 대한 것이어서 내부 설계에서 수행하는 것이

---

1 저자_이 책에서는 외부 시스템과 연결하기 위한 인터페이스를 '외부 시스템 I/F' 또는 'I/F'로 표기합니다.

좋다는 의견도 있습니다. 그러나 이 책에서는 외부 설계의 일환으로 수행합니다. 왜냐하면 데이터베이스 논리 설계는 화면 설계나 장표 설계 등의 명세에 크게 연관되어 있기 때문입니다. 화면, 장표 항목은 데이터베이스와 함께 검토하는 것이 효율적입니다. 따라서 다른 외부 설계와 동일한 시점에 수행하기 위해 데이터베이스 논리 설계를 외부 설계에서 수행합니다.

외부 설계에서 수행하는 작업과 결과물을 [표 3-1]에 정리하였으니 참고하기 바랍니다.

표 3-1 외부 설계 작업과 결과물

프로세스	작업	결과물
외부 설계	유스케이스 분석	유스케이스 목록
		유스케이스 작성
		비즈니스 규칙 목록
		비즈니스 규칙
	개념 모델링	개념 모델
		용어집
	비기능 요구사항	비기능 요구사항 정의서
	화면 설계	UI 설계 정책
		화면 전환 다이어그램
		화면 목록
		화면 목업
		화면 입력 검사 명세서
	외부 시스템 I/F 설계	외부 시스템 I/F 설계서
	Batch 설계	Batch 설계서
	장표 설계	장표 설계서
	데이터베이스 논리 설계	논리 ER 다이어그램

3.2 필요한 업무 지식

요구사항 정의나 외부 설계를 위해서는 사용자 기업이 속한 산업에 대한 업무 지식이 필요할 수 있습니다. 업무 지식이란 특정 분야의 업무를 수행하기 위해 필요한 지식을 말합니다. 사회인으로서 갖고 있는 상식과 지식으로 업무가 가능하면 좋겠지만 그것만으로는 부족할 수 있습니다. 회사마다 규칙이 다르면 업무 지식도 저마다 다릅니다. 이를테면 원가계산 방법이나 관리회계 등은 회사마다 다릅니다.

예를 더 들어보겠습니다. 소매업에서는 주문이 들어와야 상품을 배송하는 것이 일반적이지만, 물류창고 회사에서는 사전 주문 없이 거래처의 상품이 창고에 입고되기도 합니다. 상품이 반입된 후에야 상품 내역을 알게 되는 경우도 있습니다. 이럴 때는 입고 처리를 하는 시기가 창고 반입 시기와 달라지기도 합니다. 이처럼 해당 업계에서는 당연하다고 생각하는 규칙이 다른 업계나 회사에서는 전혀 다른 경우가 많습니다.

요구사항 정의나 외부 설계를 하려면 이러한 업무 지식을 어느 정도 갖추고 있어야 합니다. 사용자 기업의 원가계산 방법을 물어보려는데 부기(장부 기록 또는 장부 기장) 수준의 회계 지식이 없으면 그 기업만의 방법을 알기 어렵습니다. 요구사항 정의나 외부 설계와 같은 초기 개발 단계에서는 업무 지식과 경험이 필요합니다. 제조업, 유통업, 금융업 등 고객사의 업무 담당자보다 더 많은 산업 업무 지식을 갖춘 개발자가 요구사항 정의나 외부 설계를 주도할 수 있습니다.

컨설턴트라고 불리는 사람은 해당 업계의 사람보다 더 많은 업무 지식을 가지고 있기도 합니다. 실제 사용자 기업에서 업무를 담당하고 있는 사람은 그 회사의 업무를 잘 알고 있습니다. 그러나 컨설턴트처럼 다양한 회사의 업무를 안다면 객관적인 의견을 말할 수 있습니다. 사용자 기업의 업무 담당자 이상으로 그 업무에 맞는 제안을 할 수 있는 것입니다.

사용자 기업의 업무 담당자에도 다양한 사람이 있습니다. 업무에 대해 아무것도 모르는 개발자의 질문에 기꺼이 대답해주는 사람이 있는데, 이런 사람은 조금 엉

뚱한 질문에도 인내심을 가지고 잘 들어줍니다. 하지만 실제로는 이런 사람만 있지 않습니다. 개발자가 인터뷰를 하려고 해도 그 개발자가 업무를 얼마나 이해하고 있는지 관찰하고, 업무를 모른다는 것을 알게 되면 인터뷰에 비협조적으로 변하는 사람도 있습니다. "업무도 모르면서 물어보러 오지 마라. 이쪽도 바쁘다"라고 말하기 일쑤입니다. 업무의 핵심 담당자를 화나게 하면 질문을 하기 어렵습니다. 이럴 때는 우리의 입장을 이해시키고 최대한 업무 지식이 있는 개발자에게 질문하도록 합시다. 개발자의 업무 지식이 부족하다고 해서 비협조적인 태도를 보이는 것은 어른스럽지 못한 행동이지만, 업무 담당자는 매일매일 바쁜 업무에 시달리고 있습니다. 우수한 업무 담당자일수록 더 큰 책임감을 가지고 업무를 수행하기 마련인데, 만약 질문 및 인터뷰에 2시간이 걸린다면 그 시간 동안은 업무를 할 수 없게 되는 것입니다. 따라서 질문을 할 때는 상대방의 입장도 이해해야 합니다. 상대방은 귀중한 시간을 할애하는 것이므로 사전에 질문 주제를 준비하고 사후에 회의록을 공유합시다. 업무 지식을 완벽하게 이해할 필요는 없습니다. 다만 조금이라도 이해하려고 노력하는 자세가 사용자 기업의 업무 담당자에게 전달되면 마음을 열게 될 것입니다.

3.2.1 어깨에서 힘을 빼고 귀를 기울이자

이처럼 업무 지식은 중요합니다. 하지만 업무 지식이 없다고 해서 요구사항 정의나 외부 설계를 할 수 없는 것은 아닙니다. 일반적으로 개발자가 특정 기업의 업무 지식을 알고 있을 리 만무합니다. 컨설턴트가 아니라 개발자로서 질문, 인터뷰를 하는 이상 업무 담당자보다 업무 지식이 부족한 것은 당연합니다. 기초부터 배운다는 자세로 임하면 됩니다. 업무 지식을 묻고 인터뷰하는 과정에서 업무 담당자가 대답해주는 것이 당연하다고 여기는 개발자도 있습니다. 이러한 마음가짐으로 자칫 고압적인 자세를 보일 경우 업무 담당자가 불쾌해하는 것도 당연합니다. 업무 담당자로부터 배운다는 자세로 어깨에 힘을 빼고 들어봅시다.

업무 지식은 경험을 쌓으면서 습득하는 것입니다. 다만 공부를 통해 어느 정도 익힐 수 있습니다. 증권 시스템을 개발하는 프로젝트를 맡게 되면 증권 업계에 관한 책을 읽거나 실제로 주식 등의 개인 거래를 경험해보는 것이 중요합니다. 무언가 새로운 일을 할 때 정보 수집은 당연한 것입니다. 기본적인 증권 용어를 익혀두면 업무 담당자와 질문, 인터뷰를 진행할 때 이해하기 수월할 것입니다. 이외에도 업계 신문이나 잡지를 읽어 업무 지식을 늘리는 방법이 있습니다. IT 업계에도 『MIT Technology Review』와 같은 잡지가 있듯이, 각 업계에는 보통 전문 신문이나 잡지가 발행되고 있습니다. 인터넷에서 검색하면 발행 중인 업계 신문과 잡지가 많은 것을 확인할 수 있을 것입니다.

상식적인 업무 지식을 익히면 전문적인 업무 지식을 빠르게 흡수할 수 있습니다. 전문적인 업무 지식이라고 해도 원자력 발전소나 로켓의 시스템을 만드는 것이 아닌 이상 요구사항 정의까지는 비교적 상식적인 지식으로 작성할 수 있습니다. 부기 수준의 회계 지식이나 전표 종류에는 입금 전표, 출금 전표, 이체 전표 등이 있다는 정도의 상식이라면 더 수월할 것입니다. 이러한 지식은 산업 고유의 지식이 아니라 제조업, 유통업, 금융업 등에 공통적으로 적용되는 일반적인 업무 지식입니다. 이러한 일반적인 업무 지식을 숙지하고 있으면 업계나 회사 고유의 업무 지식을 만났을 때에도 당황하지 않고 대처할 수 있습니다.

3.2.2 개발자에게도 경영자 관점이 필요한가

최근에는 개발자에게도 경영자 관점이 필요하다고 합니다. 업무 지식이 어느 정도 필요한 것은 알겠는데, 경영자 관점이 필요하다는 것은 어떤 의미일까요? 애초에 경영자 관점이란 무엇일까요?

경영자는 보통 이사를 말합니다. 이사 중 대표권을 가진 자를 대표이사라고 합니다. 대표이사는 대부분 사내에서 사장으로 선출되는 경우가 많습니다. 회사마다 CIO를 전속으로 두는 경우도 있는데 CIO는 Chief Information Officer의 약자로 기업의 IT 투자 및 IT 전략의 최고 책임자를 말합니다(표 3-2). 실제로 시스템 개발에 종사하는 개발자나 컨설턴트들이 사장에게 의견을 듣는 경우는 거의 없습니다. 경영진과 면담할 기회가 있다면 그 상대는 보통 이사나 CIO일 것입니다. 사실 그것도 가끔 가다가 있는 일이고 대부분은 정보시스템 부서나 현업 부서 간에 이야기를 나누게 됩니다.

표 3-2 IT 분야 주요 직종

포지션	이름	역할
CIO	Chief Information Officer	최고 정보 책임자
CTO	Chief Technology Officer	최고 기술 책임자
CDO	Chief Digital Officer	최고 디지털 책임자
VPoE	Vice President of Engineering	개발자 조직 관리자

그렇다면 이사나 CIO를 면담할 때 무엇을 주의해야 할까요? 이사나 CIO를 면담하는 목적은 세부적인 업무나 시스템 기능을 묻는 것이 아니라, 큰 IT 투자나 IT 전략의 방향성을 파악하는 것입니다. IT 투자나 IT 전략이 명확하게 수립되어 있는 회사라면 이사나 CIO에게 "귀사의 IT 투자나 IT 전략에 대해 말씀해주십시오"라고 단도직입적으로 물어보는 것이 좋습니다.

하지만 이런 회사만 있는 것은 아닙니다. 전임 CIO가 없는 회사는 IT 투자나 IT 전략이 명확하게 수립되지 않은 경우가 더 많습니다. "이번 신규 시스템 개발의 비용 대비 효과는 어떻게 생각하십니까?"라고 물어봐도 기대하는 대답을 듣지 못하는 경우가 많습니다. 물론 이사나 CIO가 될 만한 사람은 어떤 질문에도 대답을 해줄 수 있겠지만, 허허실실로 넘기는 그들의 대화 속에서 의미 있는 정보를 얻을 만한 감각이 필요합니다. 여러분은 어떤가요?

조금 거칠게 말하자면 CIO를 제외한 경영진은 비전이라는 목적과 이익, 즉 결과에만 관심이 있습니다. 그 사이에 어떤 업무가 이루어지고, IT와 시스템이 어떻게 사용되었는지는 중요하지 않습니다. 물론 고객과의 접점이나 프로세스를 중시하는 경영자도 있지만 이에 대한 직접적인 책임을 가지고 있는 것은 영업 부서나 고객서비스 부서인 경우가 많습니다. 보통 프로세스에 대한 직접적인 책임을 지는 것은 각 업무 부서입니다. 최종 책임을 지고 지휘하고 지도하는 것은 경영진일 수 있지만 경영진이 직접 관여하는 경우는 많지 않습니다.

경영자 관점이라는 것은 다소 모호한 표현입니다. 필요한 것은 시스템 개발의 목적을 명확히 인식하고 사용자 기업에 대한 폭넓은 관점을 갖는 것입니다. 요구사항을 정의할 때 시스템 개발의 목적을 파악하는 것은 매우 중요합니다. 시스템 개발 목적을 잘못 이해하면 요구사항 정의나 시스템 개발이 실패할 수도 있습니다. 그러나 이를 파악하는 것은 쉬운 일이 아닙니다. 사용자 기업의 담당자마다 다를 수도 있고, 요구사항 정의가 진행되면서 변할 수도 있습니다. 또한 경영 환경의 변화에 따라 시스템 개발 목적이 흔들릴 수도 있습니다. 이사나 CIO를 인터뷰하는 가장 큰 목적은 시스템 개발의 목적을 확인하기 위해서입니다. 아마도 이사나 CIO를 면담하기 전에 정보시스템 부서나 업무 부서 책임자에게 시스템 개발의 목적을 물어보고 정리해놓았을 것입니다. 이사나 CIO에게 해당 정보시스템 부서나 업무 부서 책임자에게 청취한 시스템 개발 목적을 설명하고 이견이 없는지 확인합니다.

이때 바람직한 것은 사용자 기업에 대한 폭넓은 관점입니다. 특정 업무 부서의 이익만을 우선하여 시스템을 개발하려고 하지 않는지, 회사 전체의 업무가 최적이 될 수 있는 시스템 개발 목적을 설정할 수 있는지 판단할 수 있어야 합니다. 그 기업의 전체적인 상황을 모르는 것이 당연합니다. 하지만 외부에 공개된 정보나 내부 사람과의 가벼운 대화를 통해 그 회사의 상황을 파악합시다. 인터뷰 중간중간 휴식 시간 등에 자연스럽게 물어보는 것이 좋습니다. 이는 경영자 관점이라는 거창한 의미에서가 아닌, 사용자 기업이 시스템을 개발하게 된 배경을 공유한다는 의미로서 하는 것입니다.

개발자는 어디까지나 개발자입니다. 최소한의 업무 지식만 있으면 됩니다. 다만 있으면 좋은 지식이 하나 있는데, 바로 논리적 사고입니다. 논리적 사고라고 하면 막연하게 느껴질 수 있습니다. 중요한 것은 MECE[2], 5W1H[3]로 생각하는 습

---

2 Mutually Exclusive, Collectively Exhaustive. 서로 중복되지 않도록(mutully exclusive) 찾아내고, 찾아낸 것을 다 합쳤을 때 누락된 부분 없이 전체를 수용해야(collectively exhaustive) 함을 의미하는 Mckinsey에서 개발한 문제 해결 방식(또는 기법)

3 Who, What, When, Where, Why, How.

관을 기르거나 가설검증과 같은 사고방식에 대한 최소한의 지식을 갖추는 것입니다. 이것들은 만능 도구가 아니므로 과신해서는 안 되지만 알아두면 매우 유용하게 사용할 수 있습니다.

업무와 IT의 관계

업무와 IT의 관계는 '업무가 주, IT가 부'라고 하는 것이 정설입니다. 이는 IT의 목적을 생각하면 알 수 있습니다. 'IT는 업무 수행을 실현하기 위해 존재한다'는 명제가 있기 때문입니다. 그 반대 명제는 성립하지 않는다고 합니다. 즉, IT를 실현하기 위해 업무가 존재하는 것은 아니라는 것입니다. 저도 기본적으로 그 말이 맞다고 생각합니다. 하지만 IT가 현재와 미래 비즈니스에 필수적이라는 것은 의심의 여지가 없습니다. 과거 기계에 의한 자동화가 업무를 근본적으로 변화시켰던 것처럼 말이죠.

업무의 관점은 경영자의 관점이 아닙니다. 경영자 관점이라면 이익에 주목해야 하고, IT를 활용해 업무를 재구성하고 비용을 절감할 수 있어야 경영자의 관점이라고 할 수 있습니다. 경영자 입장에서는 업무도 하나의 수단일 뿐이니까요. '업무가 주, IT가 부'라는 관계를 잘못 이해하면 IT의 가치를 과소평가하기 쉽습니다. 실제로 그런 경향이 있습니다. 이는 기업에서 경영자와 업무 현장의 힘의 관계를 보여주는 것일지도 모르겠습니다.

3.3 유스케이스 분석

다음으로 유스케이스 분석에 대해 알아보겠습니다.

3.3.1 유스케이스란

유스케이스 분석은 요구사항 정의 과정에서 이루어지는 것이 일반적입니다. 그럴 경우 유스케이스를 사용자 기업에서 기술하기도 합니다(그림 3-2). 따라서 설계자로 개발 프로젝트에 참여할 때는 이미 작성되어 있을 수도 있습니다. 그렇다면 이후 설명은 건너뛰어도 좋습니다. 다만 유스케이스에서 화면이나 외부 시스템 I/F 등 시스템의 기능을 도출하기 때문에 유스케이스가 무엇이고 어떤 것인지 개요 정도는 알고 있어야 합니다.

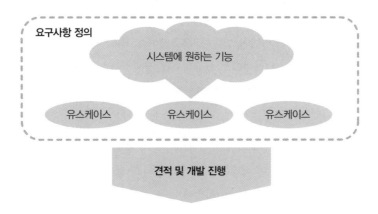

그림 3-2 유스케이스는 누가 작성하는가?

기존에는 요구사항 정의서라고 해도 마이크로소프트 워드 등을 사용해 문장으로 작성한 정도였습니다. 표준 규약도 기준도 없고, 설계자가 생각한 목차 구성과 설계자의 머릿속에 있는 요구사항이 문장으로 쓰여져 있을 뿐입니다. 때로는 서술이 세분화되거나 깊이도 없이 그냥 글자로만 되어 있는 경우도 있습니다. 요구사항들이 말 그대로 구름처럼 흐릿합니다. 시스템 개발 측은 그 요구사항 정의서에서 모르는 부분을 질문하거나 숨겨진 의미를 파악하면서 개발 견적을 산출합니다. 그렇기 때문에 SE^System Engineer^(시스템 개발자)라는, 고객의 업무에 정통한 사람이 제안이나 견적 단계부터 참여하여 요구사항 정의서의 모호한 부분을 채워주는 것입니다. 그러나 유스케이스를 사용하면 요구사항을 세분화하거나 표기 방식에 통일감을 줄 수 있어 이후 개발이 수월해집니다. 또한 견적도 정확해지기 때문에 고객에게도 큰 이점이 있습니다.

유스케이스는 시스템의 이해관계자에 대한 시스템의 행동을 표현한 것입니다. 시스템의 이해관계자에는 시스템 이용자뿐만 아니라 외부 시스템 등도 포함됩니다. **동작**은 시스템의 동적 측면을 의미하며 '시스템의 행동' 정도로 이해하면 무방합니다. 유스케이스는 이해관계자와 시스템 간에 어떤 상호작용이 이루어질지 순서에 따라 시나리오로 표현합니다. 이해관계자 중 시나리오의 중심이 되는 것을 **주요 액터**라고 부릅니다. 시나리오는 시스템의 상황과 조건에 따라 여러가지로 정의됩니다. 여기에는 예외 시나리오도 포함됩니다. 이처럼 유스케이스는 몇 가지 시나리오를 모아놓은 것이라고 할 수 있습니다.

유스케이스에는 목적이 있어야 합니다. 유스케이스 액터는 목적이 있고 그 목적을 달성하려는 의도로 유스케이스 시나리오를 실행하기 마련입니다. 따라서 시나리오는 단순히 절차를 작성하는 것보다 액터의 의도를 표현하듯 작성하는 것이 좋습니다.

유스케이스에는 세분화 수준으로 비즈니스 수준의 유스케이스와 시스템 수준의 유스케이스가 있습니다. 이 책에는 시스템 수준의 유스케이스를 설명합니다. 비즈니스 수준의 유스케이스는 보통 시스템의 동작이 아닌 업무 담당자의 동작을 기술합니다. 이렇듯 비즈니스 수준의 유스케이스는 분석 단계에서의 업무 분석을 위한 것이어서 시스템 설계와는 무관합니다.

시스템과 사용자 또는 시스템과 외부 시스템과의 상호작용을 표현하는 것이라면 액티비티 다이어그램으로 업무 흐름을 작성하는 것도 좋습니다. 유스케이스는 약간의 요령이 필요하긴 하지만 일반 문장으로도 작성할 수 있습니다. 예를 들어 '회원은 주문을 등록한다'와 같이 말입니다. 전문적인 지식이 없는 사람도 짧은 강의를 듣고 샘플을 보면 쉽게 이해할 수 있습니다. 바로 사용자 기업의 업무 담당자와 함께 작성할 수 있게 되는 것이 가장 이상적이지만 실제 유스케이스를 작성하기 위해서는 어느 정도 경험이 필요합니다.

유스케이스에는 최소 다음의 네 가지 내용을 작성해야 합니다.

- 유스케이스 이름
- 주요 액터
- 주요 시나리오
- 확장 시나리오

이제 실제 유스케이스 샘플을 살펴봅시다(표 3-3).

유스케이스에서 작성자와 작성 날짜는 필요하지 않지만 설계 문서에는 있는 편이 좋습니다. 유스케이스의 특징은 문장으로 작성된 시나리오라는 점입니다. [표 3-3]은 회원이 어떠한 상품을 선택해 주문하는 시나리오입니다. 문장별로 단계가 나뉘고 순서대로 번호가 매겨져 있습니다. 주요 액터인 회원과 시스템이 번갈아 가며 무언가를 합니다. 회원이 상품을 검색하는 것부터 시작해서 시스템이 주문을 확정하는 것으로 끝이 납니다. 이렇게 단계별로 주요 액터와 시스템이 하는 일을 간결한 문장으로 설명하기 때문에 특별한 지식이 필요하지 않으며 쉽게 이해할 수 있습니다.

시나리오는 도중에 실패할 수 있습니다. 예시에서는 주문 중간에 회원에게 결제 방법을 입력하게 하고 마지막에 시스템을 통해 결제를 진행합니다. 결제 방법까지는 적혀 있지 않지만 신용카드 결제라면 신용 검증이 통과되지 않으면 실패할 것입니다. 이 실패 케이스는 확장 시나리오 부분에 적어두었습니다.

유스케이스에서는 가급적 화면 전환이나 구체적인 시스템 구현 방법에 대해서 언급하지 않습니다. [표 3-3]의 예시를 보면 동작이 순서대로 적혀 있어 어느 정도 화면을 상상할 수 있지만, 실제로 어떻게 화면 전환을 할 것인지는 정해져 있지 않습니다. 장바구니를 표시하는 화면과 결제 방법을 입력하게 하는 화면이 하나

표 3-3 유스케이스 예시

작성자	○○○
작성일	2024년 ○월 ○○일
유스케이스 이름	주문 등록하기
주요 액터	회원
주요 시나리오	1 회원은 상품을 검색한다.
	2 시스템은 상품 목록을 표시한다.
	3 회원은 원하는 상품을 장바구니에 담는다.
	4 시스템은 장바구니를 표시한다.
	5 회원은 결제 방법을 입력한다.
	6 시스템이 주문 내용을 표시한다.
	7 회원이 주문한다.
	8 시스템이 주문을 확정한다.
	9 회원은 주문 결과를 확인한다.
확장 시나리오	8-1 시스템에서 결제 오류를 표시한다.

인지 분리되어 있는지 결정하지 않은 것입니다. 이 부분은 별도로 화면 설계에서 생각하면 됩니다. 유스케이스에 구체적인 시스템 구현 방법을 기술하지 않음으로써, 화면 설계 등 구체적인 구현 방법이 바뀌어도 영향을 받지 않는 본질적인 요구사항을 표현할 수 있습니다.

유스케이스 시나리오의 각 단계는 어떤 의미가 있을까요? 예를 들어 '3 회원은 원하는 상품을 장바구니에 담는다.'와 '5 회원은 결제 방법을 입력한다.'의 단계가 구분되는 이유가 무엇일까요? 가령 '3 회원이 원하는 상품을 장바구니에 담고 결제 방법을 입력한다.'와 같이 연속적으로 적혀 있다고 가정해봅시다. 이것은 기존과 같은 내용일까요? 아니면 다를까요?

유스케이스의 특징은 자연어 문장으로 작성한다는 점입니다. 연속적인 시나리오를 작성한 사람은 장바구니에 상품을 넣은 사람이 바로 주문으로 넘어가길 원했을 것으로 생각됩니다. 장바구니에 많은 상품을 담는 쪽보다는 한 개만 구매하는 경우가 많은 케이스를 다루고 있을 수도 있다는 의미입니다. 이처럼 자연어는 뉘앙스의 차이를 유연하게 표현할 수 있습니다.

반면에 이 유연성은 약점이기도 합니다. 유연한 표현을 남용하면 얼마든지 다양하게 해석할 수 있는 모호한 내용이 되기도 하고, 유스케이스에 의미를 너무 많이 집어넣는 결과를 초래할 수 있습니다. 실제로 제3자의 입장이 되어 생각해보면 쉽게 알아차릴 수 있습니다. 유스케이스를 작성하는 데 약간의 요령이 필요한 것은 이러한 서술의 가감 조절이 어렵기 때문입니다.

3.3.2 액터

유스케이스를 작성할 때는 액터의 관점에서 작성하는 것이 중요합니다. 액터가 시스템에 무엇을 하게 할 것인가를 고려해야 하기 때문에 유스케이스를 골라낼 때에도 액터의 관점이 중요합니다.

액터는 시스템의 이해관계자입니다. 액터는 시스템과 상호작용을 하기도 하는데, 유스케이스 시나리오의 주체가 되는 액터를 **주요 액터**라고 부릅니다. 그 외의 시나리오에 등장하는 액터를 **보조 액터**라고 합니다. 액터는 사람뿐만이 아닌 다른 시스템이나 배치 스케줄러Batch Scheduler일 수도 있습니다.

더 넓게 보면 유스케이스 시나리오에 등장하지 않는 액터도 존재합니다. 시나리오에 등장하는 것은 시스템을 직접 이용하는 액터뿐입니다. 조작을 대행해주는 사용자, 시스템 소유자, 시스템 감사자 등 간접적으로 이해관계가 발생하는 사람들은 시나리오에 등장하지 않습니다. 이 보이지 않는 액터를 인식하는 것이 유스케이스를 분석하는 데 매우 중요합니다.

유스케이스는 주요 액터의 관점에서 작성합니다. 이는 유스케이스의 일관성을 맞추는 데에도 중요합니다. 시스템 담당자는 자칫 시스템 관점에서 작성하기 쉽습니다. 하지만 시스템 관점보다 액터 관점이 시스템의 목적에 더 가깝다는 것을 잊어서는 안 됩니다.

앞서 유스케이스를 골라내기 위해 액터의 관점이 필요하다고 했습니다. 골라낸 유스케이스가 액터의 목적을 모두 충족시킬 수 있을까요? 액터의 생애주기를 고려했을 때 유스케이스가 충분한 보탬이 되고 있을까요? 이런 생각들을 반복하는 과정에서 부족한 유스케이스를 발견할 수 있습니다.

액터는 특정한 개인을 지칭하는 것일까요? 아니면 역할(롤)을 의미하는 것일까요? 유스케이스를 처음 작성할 때는 인터뷰나 리뷰하며 대화했던 개인을 액터로 생각하기 쉽지만 당연히 그에게는 동료 또는 상사가 있기 마련입니다. 그 상사가 유스케이스를 실행하는 것을 고려하면 개인이 아닌 역할이라고 생각하는 것이 더 자연스럽습니다.

하지만 역할이라고 하면 시스템 인증에서 말하는 역할과 유사하다고 생각할 수 있습니다. 물론 유스케이스 액터의 인증 체계를 생각해볼 수는 있으나 이 둘이 항상 같은 것은 아닙니다. 시스템 인증의 역할은 로그인을 해야만 식별할 수 있지만 유스케이스의 액터는 그렇지 않습니다. 유스케이스 분석을 하다 보면 액터가 추상화되는 것은 당연하지만 시스템 인증의 역할과 동일하지는 않습니다. 시스템 인증이라는 관점으로만 바라보면 유연하게 액터를 설정하지 못할 위험이 있으므로 주의해야 합니다.

액터를 잘 추상화하기 위해 이름을 붙이는 방법이 있습니다. 콜센터와 주문 시스템 운영자가 똑같이 주문을 할 수 있다고 가정하면, 둘 다 주문자 액터의 하위 액터라고 할 수 있습니다. [그림 3-3]과 같이 이 관계를 UML 다이어그램으로 표현할 수도 있습니다. 단, UML의 상속(특정화) 화살표는 익숙하지 않으면 반대 의미로 받아들이기 쉬우므로, 인터뷰 대상 업무 담당자에게 충분한 설명이 필요합니다.

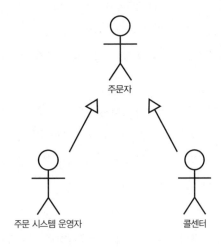

그림 3-3 유스케이스 작성 예시(UML로 표현한 예시)

3.3.3 유스케이스의 사전 조건, 사후 조건 및 트리거

유스케이스에 사전 조건이나 사후 조건을 붙이는 것이 좋은 경우가 있습니다. 유스케이스의 사전 조건은 액터가 유스케이스를 수행하기 전에 참이 되도록 하는 상황을 작성합니다. 유스케이스 내에서 사전 조건은 충족된 것으로 간주되며 재확인할 필요가 없습니다. 사후 조건은 액터가 유스케이스를 수행하고 난 뒤에 참이 되도록 보장하는 상황을 작성합니다. 엄밀히 말하자면, 사후 조건에는 최소 보증과 성공 시 보증이라는 것이 있습니다.

[표 3-4]의 예시에서는 주문 상태가 '주문 완료'인 것이 사전 조건입니다. 즉 '1 배송 담당자가 주문 목록을 검색한다.' 시점에 표시되는 목록에는 주문 완료 상태의 주문만 표시되거나, 주문 완료 상태임이 명확하게 표시되어 그 주문만 배송을 지시할 수 있게 됩니다.

트리거에서는 유스케이스를 실행하는 이벤트를 설명합니다. 트리거는 주요 시나리오에 포함되지 않을 수도 있고 주요 시나리오의 첫 번째 단계가 될 수도 있습니다.

표 3-4 사전 조건과 사후 조건을 작성한 유스케이스 예시

작성자	○○○
작성일	2024년 ○월 ○○일
유스케이스 이름	주문 배송하기
주요 액터	배송 담당자
사전 조건	주문이 이미 접수된 상태여야 한다.
주요 시나리오	1 배송 담당자가 주문 목록을 검색한다.
	2 시스템은 주문 날짜가 오래된 것부터 주문 목록을 표시한다.
	3 배송 담당자는 이전 주문의 세부 사항을 표시한다.
	4 시스템은 주문 세부 사항을 표시한다.
	5 배송 담당자는 주문한 상품의 배송을 지시한다.
	6 시스템은 배송센터에 상품 배송 지시를 통보한다.
확장 시나리오	없음
성공 시 보증	주문의 배송 지시가 완료된다.

3.3.4 비즈니스 규칙

유스케이스는 시스템의 요구사항을 작성하는 것입니다. 기업이 업무를 수행하기 위해서는 반드시 지켜야 할 규칙이 있습니다. 이러한 비즈니스 규칙은 유스케이스를 보완하기 위해 작성합니다. 비즈니스 규칙은 여러 유스케이스를 보완하는 경우가 있으므로, 유스케이스 설명과 다른 문서에 작성해둔 뒤 유스케이스에서

참조하도록 하는 것이 좋습니다. 예를 들어 상품 종류별로 배송센터가 다른 경우, 그 규칙을 비즈니스 규칙으로 작성합니다.

유스케이스 예시 [표 3-5]를 보면 '비즈니스 규칙'란에 참조 대상이 적혀 있습니다.

표 3-5 비즈니스 규칙의 참조 대상을 기술한 유스케이스 예시

작성자	○○○
작성일	2024년 ○월 ○○일
유스케이스 이름	주문 배송하기
주요 액터	배송 담당자
사전 조건	주문의 상태가 주문 완료 상태이다.
주요 시나리오	1 배송 담당자가 주문 목록을 검색한다.
	2 시스템은 주문 날짜가 오래된 것부터 주문 목록을 표시한다.
	3 배송 담당자는 이전 주문의 세부 사항을 표시한다.
	4 시스템은 주문 세부 사항을 표시한다.
	5 배송 담당자는 주문한 상품의 배송을 지시한다.
	6 시스템은 배송센터에 상품 배송 지시를 통보한다.
확장 시나리오	없음
성공 시 보증	주문 상태가 배송 지시 완료로 변경된다.
비즈니스 규칙	[비즈니스 규칙 : 상품 종류별 배송센터]

[표 3-6]은 유스케이스에서 참조하는 비즈니스 규칙의 예시입니다. 유스케이스에 작성하면 시나리오가 복잡해지기 때문에 시스템을 개발하기 위해 필요한 정보를 이렇게 비즈니스 규칙으로 정리하여 작성합니다.

표 3-6 참조 대상 비즈니스 규칙

작성자	○○○
작성일	2024년 ○월 ○○일
비즈니스 규칙 이름	상품 종류별 배송센터
내용	상품 종류에 따라 배송 지시에 사용하는 배송센터가 다르다. 상품 종류 코드와 배송센터 코드의 대응은 다음과 같다. 　가전제품[IT01] = 물류센터[DS01] 　서적잡지[IT02] = 배송센터[DS02] 　CD/DVD[IT03] = 물류센터[DS03]

이외에도 비즈니스 규칙으로 작성하는 예시를 [표 3-7]에 정리해두었습니다. 작성자와 작성 날짜는 생략했습니다.

표 3-7 비즈니스 규칙 예

비즈니스 규칙 이름	로그인 ID 입력 규칙
내용	로그인 ID는 반드시 고유해야 한다. 로그인 ID는 사용자가 직접 입력한다. 로그인 ID는 변경 가능하다. 로그인 ID에는 다음 문자만 사용할 수 있도록 한다. 　숫자(0-9) 　알파벳(A-z)　※대문자/소문자 구분 로그인 ID 입력에 3번 실패하면 계정을 잠근다.

비즈니스 규칙 이름	이메일 주소 입력 규칙
내용	이메일 주소는 고유해야 한다. 이메일 주소는 확인용을 포함하여 두 번 입력한다. 이메일 주소는 @과 도메인을 포함해야 한다. 이메일 주소의 도메인은 시스템이 허용한 도메인만 허용한다.

비즈니스 규칙 이름	주문 입력 규칙
내용	한 번에 상품 5개까지만 주문할 수 있다.
	배송지는 한 번에 두 군데까지 선택이 가능하다.
	주문은 다음 결제 방법 중 하나를 선택한다.
	계좌 이체
	신용카드 결제

식별된 비즈니스 규칙은 목록을 작성하여 관리합시다.

3.3.5 유스케이스 세분화 수준

유스케이스를 작성할 때의 어려운 점은 다음과 같습니다.

- 유스케이스의 수준이 혼란스러워진다.
- 어디부터 어디까지 유스케이스로 기술해야 할지 모르겠다.

이는 유스케이스의 어려움이라고 단정하기보다 일상적으로 하는 일이나 업무를 정형화하려고 할 때 항상 따라다니는 문제이기도 합니다.

유스케이스의 세분화 수준이 서로 다른 것은 여러 담당자가 분담하고 있을 때 자주 발생하는 문제입니다. 업무 담당자가 작성할 때는 너무 포괄적이고 넓은 수준이고, 시스템 담당자가 작성할 때는 너무 세세한 수준이어서 시스템의 상세한 부분까지 들어가기도 합니다.

유스케이스는 작성 목적에 따라 비즈니스 유스케이스와 시스템 유스케이스로 나뉩니다. **비즈니스 유스케이스**는 기업 활동의 동작을 작성하는 것이 목적입니다. 반면에 **시스템 유스케이스**는 어떤 시스템의 동작을 작성하는 것이 목적입니다. 당연히 비즈니스 유스케이스가 더 높은 관점에서 작성되며, 시스템 유스케이스는 더 세밀한 관점에서 작성됩니다. 다시 한번 강조하지만 이 책에서 설명하는 것은 시스템 유스케이스입니다. 단순히 유스케이스라고 적힌 것은 시스템 유스케이스를 의미합니다.

또한 『앨리스터 코오번의 유스케이스』(인사이트, 2011)에서는 유스케이스의 수준을 다음과 같이 세 가지로 정의하고 있습니다.

- 사용자 목적 수준: 가장 중요하고 기본이 된다. 시스템 사용자가 작업을 완료하기 위한 목적을 나타내는 수준이다.
- 요약 수준: 사용자 목적 수준보다 포괄적이다. 여러 사용자 목적 수준의 유스케이스를 포함한다. 어떤 사용자 목적이 있는지, 사용자 목적이 어떤 맥락과 순서로 실행되는지 알 수 있다.
- 하위 기능 수준: 사용자 목적 수준보다 세부적이다. 사용자 목적 수준의 유스케이스를 실현하는 데 필요한 목적이다.

이 중 사용자 목적 수준은 외부 설계에서 필요합니다. 요약 수준은 너무 커서 시스템에 대해 알 수 없고, 하위 기능 수준은 너무 세밀합니다.

그런데 사용자 목적은 무엇일까요? 업무가 완료된다는 것은 무엇을 의미할까요? 앞서 말했듯이 유스케이스는 시스템의 이해관계자에 대한 시스템의 동작을 표현한 것입니다. 여기서 사용자는 이해관계자를 말하며 액터라고도 합니다. 이 액터가 시스템을 사용하여 어떠한 목적을 달성하는 단위가 하나의 유스케이스입니다. 따라서 이 유스케이스는 업무가 완료되는 단위가 됩니다.

그렇다면 사용자 목적 수준이 구체적으로 어떤 단위인지 생각해봅시다. 보통 '그 일이 끝나면 커피 한잔 마시며 한숨 돌릴 수 있는 일의 단위' 정도로 산정합니다. 즉 한 사람이 중단 없이 할 수 있는 정도의 일입니다. 대략 30분 이내가 적당할 것 같습니다. 사용자 목적 수준은 말 그대로 하나의 목적을 달성할 수 있는 유스케이스 수준입니다.

이 사용자 목적 달성이라는 개념은 시나리오 완료 측면에서도 시사하는 바가 있습니다. 유스케이스의 시나리오는 어디서 완료될까요? 연속적으로 일을 계속 수행하는 사람의 유스케이스는 영원히 끝나지 않는 것일까요? 여기서도 사용자 목적이 중요합니다. 물론 연속적으로 많은 일을 하는 사람이 있을 수 있지만, 유스케이스로서는 하나의 사용자 목적이 달성되면 그 일이 완료된 것으로 간주합니다.

3.3.6 유스케이스 분석의 끝

유스케이스는 시스템의 기능적 요구사항을 정의합니다. 화면이나 외부 시스템 I/F 등은 유스케이스에서 도출됩니다. 유스케이스가 없거나 유스케이스가 불충분한 상황에서는 화면이 부족하거나 외부 시스템과의 연동이 불가능할 수 있습니다. 따라서 유스케이스의 포괄성이 중요합니다. 포괄성은 IT 컨설턴트들이 가장 좋아하는 단어입니다. 굳이 말하지 않아도 포괄성이 중요하다는 것은 누구나 알고 있지만 포괄성은 어떻게 확보할 수 있을까요? 유스케이스가 포괄적으로 작성되었는지 어떻게 증명할 수 있을까요? 한 번쯤은 IT 컨설턴트에게 이런 질문들을 해 봅시다.

유스케이스의 포괄성은 유스케이스를 뽑아내는 방법과 관련이 있습니다. [표 3-8]과 같이 유스케이스를 추출하는 방법에는 여러 가지가 있습니다.

표 3-8 유스케이스 추출 방법

분류	설명
유스케이스 다이어그램에서 추출하는 방법	B2C(Business To Consumer: 일반 소비자 대상 서비스)와 같이 업무 흐름을 작성할 수 없는 경우, 인터뷰 등을 통해 유스케이스를 추출하는 방법. 많은 책에서 유스케이스라고 하면 유스케이스 다이어그램으로 취급되어 왔지만 실제로 중요한 것은 작성된 유스케이스 명세이다.
기존 시스템에서 추출하는 방법	기존 시스템이 있고, 업무 흐름이나 유스케이스가 작성되어 있지 않은 상황에서 기존 시스템의 교체 및 기능 확장을 하는 경우에 사용하는 방법. 기존 시스템의 요구사항을 정리하기 위해 as-is 유스케이스를 작성하고, 거기서 기능을 확장하는 부분의 유스케이스만 to-be로 작성한다. 기존 시스템을 기반으로 하기 때문에 기존 시스템과 동등한 기능을 포함하여 추출할 수 있다.
업무 흐름에서 추출하는 방법	기업 시스템과 같은 업무 흐름이 존재하거나 업무 흐름을 만들 수 있는 경우에 사용하는 방법. 업무 흐름의 표기 방법도 다양하지만 UML의 액티비티 다이어그램으로 작성할 수 있다.

어떤 추출 방법을 선택하든 다음 관점에서 부족함이 없는지 확인합니다.

- 특정 목적을 실현하기 위한 유스케이스가 충분한지
- 특정 액터의 생애주기에서 유스케이스가 충분한지
- 모든 트리거에 대한 유스케이스가 도출되어 있는지
- 관계자의 승인을 받았는지

'상품을 반품한다'와 같은 유스케이스는 잊혀지기 쉽습니다. 주요 액터인 일반 사용자가 유스케이스 분석에 참여하지 않는 경우가 많기 때문입니다. 또한 반품이라는 행위 자체에 큰 목적이 있는 것도 아니고, 사용자 기업 입장에서는 예외적인 행위이기도 합니다. 하지만 콜센터나 창고 담당자라면 이런 트리거가 있다는 것을 발견할지도 모릅니다.

이렇게 추출한 유스케이스들은 목록을 만들어 관리합시다.

컨설턴트

컨설턴트는 언어의 마술사입니다. 컨설트라는 단어가 이를 대변합니다. 예를 들어 '누락 없이, 중복 없이'라는 뜻의 MECE^Mutually Exclusive and Collectively Exhaustive^나 5W1H, PDCA 등 수많은 컨설팅 용어가 있습니다. 이들은 고객에게 사고의 스킴(프레임워크)을 제공하기 위한 도구입니다. 경영이나 전략 등 모호한 세상에서 어떤 결과물을 만들어 내기 위해서는 프레임워크가 필요합니다. 프레임워크가 없으면 고객사의 미래에 대해 평생을 논의하게 될 것입니다. 그것이 재미있을지도 모르겠으나 회사가 망할 수도 있습니다. 그래서 토론을 할 때 '5W1H로 생각해보자' '로직 트리를 만들어서 포괄성을 확보하자'고 말하는 것입니다. 그러면 실제로 정해진 시간에 논의를 마무리할 수 있어 고객도 컨설턴트도 만족할 수 있습니다. 저도 꽤 유용하게 사용하고 있습니다.

여기서 재미있는 점은 컨설턴트 중에 스스로 자기 마법에 걸려버린 사람이 있다는 것입니다. 정말 모든 것을 MECE로 만들려고 하는데 MECE가 아니면 진행이 안 되는 거죠. 이건 그야말로 워터폴과 매한가지입니다. 워터폴은 외부 요인이나 명세를 스스로 결정할 수 있는 닫힌 세계에서만 성공할 수 있습니다. 이는 많은 경험을 통해 입증된 사실입니다. 그러니 좀 더 애자일하게 갑시다!

유스케이스 다이어그램

UML 초보자를 위한 책을 보면 유스케이스 다이어그램에서 유스케이스를 추출하는 방법이 나와 있습니다. 예를 들면 [그림 3-A]와 같습니다.

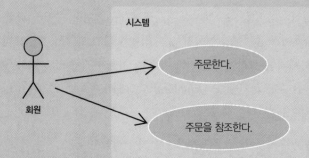

그림 3-A 유스케이스 추출 방법

유스케이스 다이어그램을 작성하면 액터인 회원과 시스템 간에 어떤 상호작용이 이루어지는지 시각적으로 표현할 수 있습니다. 시각적으로 표현함으로써 관계자들이 그릴 수 있는 상이 커지고 공유도 쉬워져 유스케이스 추출이 용이해집니다. 다만 기본적으로 관계자가 잘 찾아낼지 여부가 유스케이스 추출의 관건이기 때문에, 대규모 시스템이나 기업 시스템과 같이 어느 정도 복잡한 시스템에서는 포괄성을 담보하기에 한계가 있습니다.

반면에 B2C로 불리는 일반 소비자 대상 시스템이라면 '업무 흐름'과 같은 수단을 사용할 수 없기 때문에 유스케이스 다이어그램을 작성하는 것이 적합합니다. 막상 구글의 업무 흐름 등을 생각해보려 하면 떠올리기가 어려울 것입니다. 이렇듯 현재는 기업 시스템 개발에서 유스케이스 다이어그램을 잘 쓰지 않게 되었습니다.

3.4 개념 모델링

이제 개념 모델링에 대한 설명으로 넘어가겠습니다.

3.4.1 개념 모델이란

유스케이스와 마찬가지로 개념 모델도 요구사항 정의 과정에서 생성될 수 있습니다. 따라서 여러분이 설계자로 일하는 경우 개념 모델이 이미 만들어져 있을 수 있습니다. 다만 유스케이스와 달리 개념 모델은 설계 과정에서 업데이트될 가능성이 높습니다. 설계에서 화면 설계 등 시스템 기능을 정리하다 보면 부족한 개념이 발견되는 경우가 종종 있습니다. 설계자가 개념 모델을 업데이트할 것인지, 요구사항 정의자가 업데이트할 것인지는 상황에 따라 다르겠지만 설계자로서 알아두면 매우 유용한 지식임은 분명합니다.

유스케이스가 시스템의 동적 행위를 나타내는 것이라면, 개념 모델은 시스템의 정적 구조를 나타냅니다. 유스케이스를 작성하다 보면 회원, 주문, 배송, 반품 등의 다양한 개념이 등장합니다. 유스케이스에서는 이 개념들이 어떤 의미인지 어떤 연관성이 있는지 언급하지 않습니다. 개념들의 세부적인 내용을 굳이 언급하지 않기 때문에, 유스케이스에서는 주문이라는 것이 어떤 속성을 가지고 상품과 어떻게 연관되어 있는지에 대해서 전혀 알 수 없습니다. 예를 들어 주문과 주문 명세서의 관계처럼 주문 명세서는 상품마다 하나씩 생성되는 구조가 일반적이지만, 그 구조는 유스케이스가 아닌 개념 모델에서 밝힙니다.

앞서 말했듯이 개념 모델은 시스템의 정적 구조를 나타냅니다. 시스템 구조라고 하면 나중에 다룰 아키텍처와 동일하다고 생각할 수도 있습니다. 하지만 아키텍처가 행위를 구현하기 위한 구조라면, 개념 모델은 데이터의 구조를 나타냅니다. 개념 모델을 기반으로 데이터베이스 논리 설계를 수행하게 됩니다.

[그림 3-4]와 같이 개념 모델은 UML의 클래스 다이어그램으로 설명합니다. [그림 3-4]는 주문에 관한 개념 모델 예시입니다. 개념 모델은 한글로 작성합니다.

유스케이스에 등장한 개념을 개념 모델에 작성하는 것입니다. 유스케이스는 한글로 표기하기 때문에 개념 모델도 한글로 작성하는 것이 상호 대응적으로 생각하기 편합니다. 또한 개념 모델에서는 int나 String과 같은 속성 타입을 붙이지 않습니다. 그리고 개념 모델을 클래스 다이어그램으로 표현하는 경우 행위(메서드) 부분은 작성하지 않습니다.

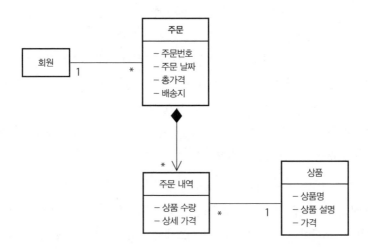

그림 3-4 개념 모델 예시

개념 모델로 표현하는 것은 기본적으로 다음 세 가지입니다.

- 개념 이름 정리하기
- 개념의 연관성 정리하기
- 개념 간 연관성의 다중성(복수성) 정리하기

겨우 이 정도의 내용만 명확하게 하는 작업이라고 생각하기 쉽지만 개념 모델링은 의외로 심오한 작업입니다. 같은 시스템의 개념 모델도 사람에 따라 작성하는 방식이 다를 수 있습니다. 실제로 저는 경험 많은 개념 모델러들이 하나의 개념에 대해 끝없이 토론하는 것을 여러 번 본 적이 있습니다.

또한 개념 모델에서 주의해야 할 점은 개념 모델이라는 표기 방식이 완벽하지 않다는 것입니다. 즉 앞서 설명한 그림의 클래스와 연관association, 집합aggregation, 컴포지선처럼 표현할 수 있는 것들만 있지 않다는 의미입니다. 또한 개념 모델로 표현할 수 있는 비즈니스 규칙도 있지만 표현할 수 없는 비즈니스 규칙은 훨씬 더 많습니다.

하지만 개념 모델의 모호함이 오히려 개념 모델을 쉽게 작성할 수 있게 해줍니다. 요구사항 정의나 외부 설계에서 파악하는 업무나 시스템 기능의 큰 틀을 알기 위해서는 개념 모델과 같은 유연하게 작성할 수 있는 표현 수단이 적합합니다. 개념 모델이 나중에 설명할 관계형 데이터베이스와 같은 엄밀성을 요구한다면, 개념 모델링은 매우 고통스러운 작업이 될지도 모릅니다.

객체지향 분석 및 설계

객체지향에 대한 설명으로 현실 세계를 그대로 객체로서 분석 및 설계한다는 이야기를 자주 듣습니다. 실제로 객체지향에 대해 설명하는 책이나 강연에서 그런 설명을 들을 수 있는데, 최근에도 그런 설명을 하는 분이 있는 것 같습니다. 저도 처음에는 그렇게 배웠고 그것을 실현하기 위해 시행착오를 겪었지만 가면 갈수록 오히려 어려운 시스템으로 느껴집니다. 특히 시스템 안에 인간 객체가 등장하는 부분부터 의심이 들기 시작하죠. 직원 객체가 시스템에 등장할 수는 있지만, 그 직원 객체의 생애주기는 그 사람의 일생과 전혀 관계가 없습니다. 회사를 그만두면 직원 객체가 사라지는데, 그건 단순히 시스템의 관심 밖이 되었다는 의미일 뿐입니다. 게다가 직원 객체에는 머리와 몸통이 없습니다. 성별이 없을 수도 있습니다. 결국 시스템으로서 관심 있는 직원을 클래스로 만들어놓은 것에 불과합니다. 이렇듯 아직 현실 세계를 그대로 진짜 객체로 만들어 성공한 사례는 들어본 적이 없습니다. 가상현실의 세계 외에는 앞으로도 없을 것 같습니다.

객체지향은 프로그래밍 레벨의 캡슐화, 상속 등에서 큰 효과가 입증되고 있습니다. 설계나 분석에서도 시스템으로서 본질적인 논의를 하는 데 큰 효과가 있는 것으로 알려졌습니다. 개념 모델도 그중 하나입니다. 다만 어디까지나 시스템으로서 대상 도메인(영역)을 어떻게 다룰 것인가를 표현하는 것일 뿐, 대상 도메인을 그대로 표현하는 것은 아닙니다.

개념 모델링이라고 하면 현실 세계를 그대로 표현하는 것처럼 들리지만 반드시 그렇지는 않습니다. 유스케이스는 시스템의 행위를 표현하고, 개념 모델은 시스템의 정적 구조만을 대상으로 합니다. 이렇게 되면 행위와 정적 구조를 따로따로 고려하기 때문에 "객체지향적이지 않아!"라고 생각할지도 모르겠습니다.

하지만 객체지향에서 말하는 캡슐화와 추상화는 서로 다릅니다. 객체지향 설계나 객체지향 분석과 같은 상위 객체지향 기법에서는 캡슐화보다 추상화가 더 유용합니다.

3.4.2 개념 모델 작성법

먼저 무엇이 개념인지 파악해야 합니다. 유스케이스 등이 어느 정도 작성되어 있다면, 유스케이스에서 개념이 될 만한 후보를 뽑아냅니다. 만약 유스케이스도 이제부터 작성해야 한다면 가장 대표적인 개념을 뽑습니다. 주문 시스템의 경우 주문이 대표적인 개념이 됩니다.

주문이라는 개념에 다음과 같은 것들이 관련되어 있다고 가정해봅시다.

- 주문
- 주문번호
- 주문 날짜
- 총가격
- 구매자
- 배송지
- 상품 수량
- 상품 가격
- 상품명
- 제품 설명

일단 '주문'을 넣어봅시다(그림 3-5). 실제로 UML 모델링 도구를 이용해 클래스 다이어그램을 작성해보면 좋습니다.

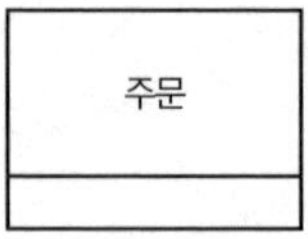

그림 3-5 '주문' 불러오기

다음으로 주문번호를 넣어봅시다(그림 3-6).

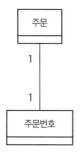

그림 3-6 '주문'과 '주문번호' 불러오기

주문번호는 각 주문을 식별하는 역할을 합니다. 주문에 반드시 하나의 주문번호만 존재한다면 주문과 주문번호는 1 대 1로 연관됩니다. 1 대 1 관계는 [그림 3-7]과 같이 속성으로 만들 수 있습니다. 그림을 보면 주문의 속성에 주문번호가 있다는 것을 직관적으로 이해할 수 있습니다. 마찬가지로 주문 날짜와 총가격도 주문의 속성으로 설정합니다.

그림 3-7 속성 부여하기

다음은 구매자와 배송지입니다. 이 시스템에서는 회원으로 등록된 회원만 주문할 수 있도록 합니다. 그러면 당연히 회원이 구매자가 됩니다. 회원은 여러 번 주문할 수 있고, 한 주문의 구매자는 회원 한 명이므로 회원과 주문은 1 대 다수가 됩니다. 회원과 주문의 관계가 1 대 1이 아니기 때문에 주문과는 다른 클래스로 설정합니다. 또한 로그인을 시키거나 다른 회원용 기능도 있을 것이기 때문에 별도의 클래스로 만드는 것이 더 좋습니다(그림 3-8).

그림 3-8 '회원' 추가하기

배송지가 단순히 주소를 문자열로 가지고 있을 뿐이라면 [그림 3-9]와 같이 주문의 속성으로 설정해도 무방합니다.

그림 3-9 '배송지' 속성 추가하기

배송지 정보가 구조화되어 있다면 [그림 3-10]과 같이 별도의 클래스로 구분하는 것이 더 알기 쉬울 수 있습니다.

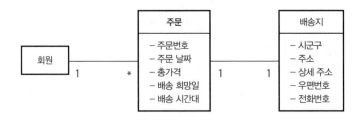

그림 3-10 '배송지'를 다른 클래스로 설정하기

회원별로 배송지를 등록할 수 있는 경우 [그림 3-11]과 같이 회원에게 배송지를 보유하게 할 수도 있습니다. 여기서는 회원에게 배송지를 여러 개 등록할 수 있도록 하고, 주문할 때 배송지 중 하나를 선택하도록 합니다. 또한 배송 희망 날짜와 배송 시간대는 주문 시 지정하도록 하고 있습니다.

어떤 모델이 배송 대상에 적합한지는 요구 사항에 따라 결정합니다.

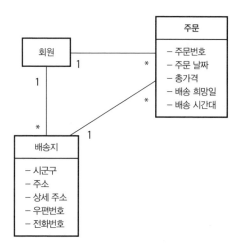

그림 3-11 '배송지'를 회원별로 등록하기

다음으로 주문의 상품 수량, 상품 가격, 상품명, 상품 설명을 검토합니다. 상품 가격과 상품명 및 상품 설명은 상품의 고유한 속성이며, 다른 주문에서도 동일한 정보를 사용합니다. 따라서 먼저 [그림 3-12]와 같이 따로 만들어놓습니다.

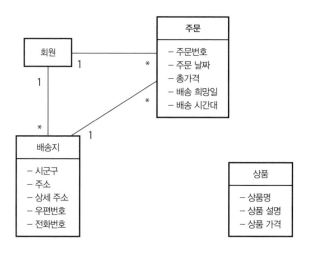

그림 3-12 '상품 가격' '상품명' 등 추가하기

주문과 상품 사이를 연관짓고 싶지만 상품 수량이 신경 쓰입니다. 상품 수량은 상품 고유의 정보가 아니라 주문과 관련된 정보입니다. 따라서 [그림 3-13]과 같이 주문과 상품을 연결하는 주문 내역 클래스를 만들어봅니다.

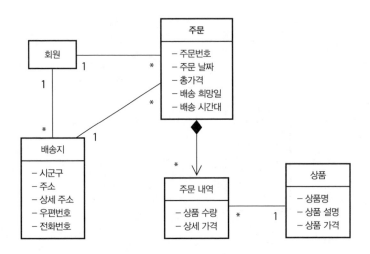

그림 3-13 '주문 내역' 클래스 추가하기

주문 내역 클래스를 두고 상품 수량을 속성으로 설정했습니다. 주문 내역 클래스는 주문에 포함된 상품 종류별로 생성되는 클래스입니다. 관련 선에 화살표와 검은색 마름모가 붙어 있는데 이것은 **컴포지션**을 표현하고 있습니다. 컴포지션은 집합 관계aggregation의 일종으로 '전체와 부분'을 표현합니다. 주문 내역은 주문의 일부분이라는 뜻입니다. 즉, 컴포지션은 전체와 부분을 나타내며 주문과 주문 내역은 생명주기를 같이합니다.

또한 가격에 대해서도 주문 내역에 중복으로 표시하도록 했습니다. 상품 클래스는 상품 마스터라고 할 수 있기 때문에 가격 인상 등으로 상품 가격이 변경될 가능성이 있습니다. 상품 클래스의 가격이 바뀌어도 주문 가격은 주문 시점의 가격 그대로이기 때문에 주문 명세서에 상세 가격이 있어야 합니다.

사실 이런 판단도 요구사항에 따라 다르겠지만 개념 모델을 작성할 때 여러 관점을 고려해서 모델링하고 궁금한 점은 사용자 기업의 업무 담당자에게 물어보면 좋습니다.

지금까지 개념 모델을 작성해봤습니다. 여기서 제시한 것은 간단한 예이지만, 다양한 판단 기준에 따라 표현되는 모델이 달라지는 것을 알 수 있습니다. 작성되는 모델이 달라지는 이유는 크게 다음과 같습니다.

- 요구사항 이해의 깊이
- 가시성
- 확장성

먼저 요구사항에 대한 이해 정도에 따라 모델이 달라집니다. 그다음은 배송지의 보유 방식과 같이 구조가 복잡한 것을 구분하여 표현하는 가시성(시각적으로 알기 쉽게 표현하는 것)에 따른 판단 기준이 있습니다. 가시성은 사람에 따라 판단이 달라질 수 있습니다. 마지막은 확장성입니다. 배송지를 회원에게 부여한 것은 범용화의 예시입니다. 추상화의 예시로 결제 정보를 추가하면 [그림 3-14]와 같습니다.

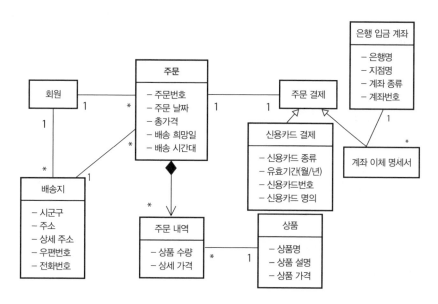

그림 3-14 '결제 정보' 추가하기

주문에 주문 결제를 추가했습니다. 주문 결제는 주문 시 회원이 선택하여 입력하는 결제 정보를 추상화한 것입니다. 결제 정보의 구체적 클래스로서 신용카드 결제와 계좌이체 결제 중 하나를 선택할 수 있도록 했습니다.

3.4.3 용어집

개념 모델링을 하다 보면 다양한 개념과 속성이 등장하게 됩니다. 당연히 개념이나 속성에는 이름이 붙습니다. 그리고 때로는 난해한 업계 용어를 개념 이름으로 채택해야 하는 경우도 있습니다. 일반인에게는 난해하더라도 업무 담당자가 평소에 사용하는 단어라면 해당 단어를 개념 이름으로 붙이는 것이 좋습니다.

하지만 난해한 업계 용어의 의미를 명확하게 정의하지 않으면, 개발 팀원들이 이해하지 못하거나 사용자 기업 측에서도 해당 업무 담당자는 알지만 다른 담당자는 모를 수 있습니다. 또한 업무 담당자마다 같은 용어를 다른 의미로 사용하고 있을 가능성도 있습니다. 이러한 문제를 해결하기 위해 용어집을 작성합니다. 용어집의 대상은 개념 모델에 등장하는 개념과 속성입니다. '전화번호'와 같이 너무 일반적인 용어는 굳이 정의할 필요가 없습니다.

3.4.4 개념 모델링의 주의점

앞서 개념 모델의 목적으로 다음 세 가지를 꼽았습니다.

- 개념 이름 정리하기
- 개념의 연관성 정리하기
- 개념 간 연관성의 다중성(복수성) 정리하기

이번 절에서는 개념의 이름을 정리할 때 주의해야 할 점을 설명합니다. 다음의 두 원칙을 사용합니다.

- 같은 의미의 두 단어가 있으면 하나로 합친다.
- 다른 의미의 한 단어가 있으면 분할한다.

예를 들어 인터뷰 도중 '주문'뿐만 아니라 '수주'라는 단어가 나왔다고 가정해봅시다. 자세히 알아보니 주문과 마찬가지로 회원에게 받는 주문을 의미하는 것 같습니다. 그렇다면 수주는 주문과 동일하다는 것을 업무 담당자와 관계자 간에 합의합니다. 반대로 주문이라는 말이 회원에 의한 주문과 상품 도매 업체에 대한 주문에 쓰인다고 가정해봅시다. 둘 다 주문이라는 단어를 쓰지만 의미는 전혀 다른 케이스입니다. 따라서 이들은 이름을 명확히 구분할 필요가 있습니다. '주문'과 '발주'도 좋고 좀 더 명확하게 '회원 주문'과 '도매 주문' 등으로 구분해도 좋습니다. 업무 담당자와 상의하여 평소 업무 시 사용하는 단어 중에서 선택하는 것이 가장 적절합니다. 익숙하지 않은 단어를 선택하면 결국 이름이 정착되지 않고 잘못 쓰이게 됩니다.

| 연관성 정리 |

개념의 연관성을 정리할 때 주의해야 할 점을 알아봅시다. 개념 모델링에 익숙하지 않은 동안에는 연관성의 선을 많이 쓰게 됩니다. 회원이 과거에 구매한 상품을 나열하는 기능이 있으면 회원과 상품을 직접적으로 연관시키고 싶겠지만 그러면 연관성이 중복됩니다. 회원과 상품은 이미 주문과 주문 내역으로 연관되어 있습니다. 여기에 회원과 상품을 연관시키면 이중으로 연관됩니다.

주문 반품/취소가 발생했을 때 주문과 주문 내역은 삭제했어도 회원과 상품 간의 연관성을 삭제하는 것을 잊어버릴 수도 있습니다. 성능을 고려하여 물리적 데이터베이스 설계에서 이러한 연관성을 부여할 가능성은 있지만, 적어도 개념 모델에서는 중복된 연관성을 부여하지 않는 것이 좋습니다.

| 연관성의 다중성(복수성) 정리 |

다음으로 개념 간 연관성의 다중성을 정리할 때 주의해야 할 점을 설명하겠습니다. 주로 주의해야 할 것은 '1 대 1' 다중성과 '다 대 다' 다중성입니다. 1 대 1 다중성에서 개념의 속성이 너무 많거나 개념의 의미가 다르면, 가시성을 고려하여 1 대 1 다중성이 될 것을 알면서도 분리하는 경우가 있습니다.

다 대 다의 다중성에서는 '정말 그 연관성이 필요한가' '연관성 사이에 새로운 개념이 존재하지 않는가'를 다시 한번 생각해볼 필요가 있습니다. 앞서 말한 회원과 상품의 연관성이라면 주문과 주문 내역을 경유하면 되므로 회원과 상품의 연관성은 불필요합니다. 혹은 회원이 구매한 상품 목록을 표시하는 목적이 회원이 구매한 상품에 대한 고객 리뷰를 작성하기 위한 것일 수도 있습니다. 그렇다면 회원과 상품 사이에 고객 리뷰라는 개념이 추가됩니다.

3.4.5 개념 모델링의 끝

개념 모델링의 끝을 어떻게 결정하느냐는 매우 어려운 문제입니다. 이미 언급했듯이 개념 모델은 요구사항 정의에서 만들어지는 경우가 많고, 설계에서는 요구사항 정의에서 개념 모델을 이어받아 업데이트하는 경우가 많습니다. 다음은 설계에서 개념 모델링의 끝을 결정하는 기준입니다.

- 유스케이스 설명에 등장하는 개념이 모두 표현되어 있는지
- 화면 설계에 등장하는 개념이 기본적으로 표현되어 있는지
- 외부 시스템 I/F에 등장하는 개념이 기본적으로 표현되었는지
- 관계자의 승인을 받았는지

첫 번째 '유스케이스 설명에 등장하는 개념이 모두 표현되어 있는지'는 요구사항 정의에서 개념 모델이 생성되지 않은 경우입니다.

객체지향 설계란 무엇일까요? 많은 책에서 UML의 클래스 다이어그램이나 시퀀스 다이어그램을 작성하는 것을 객체지향 설계라고 부르기도 합니다. 틀린 말은 아니지만 가장 중요한 '클래스가 무엇이며 어떻게 추출하고 정의하는가'에 대해서는 많이 이야기하지 않습니다. 상속, 캡슐화, 다형성은 객체지향 프로그래밍과 객체지향 설계의 중요한 기법이지만 이것만으로는 실제 시스템을 설계할 수 없을 것입니다. 실제 시스템 개발에 객체지향 설계를 적용하는 방법은 '아키텍처 편'에서 설명하겠습니다.

3.5 화면 설계

다음으로 화면 설계에 대해 설명하겠습니다.

3.5.1 화면 설계 진행 방법

화면 설계에서는 다음과 같은 것들을 작성합니다.

- UI 설계 정책
- 화면 전환도
- 화면 목록
- 화면 목업
- 화면 입력 검사 명세서

화면 설계에 대해 구체적으로 다루기 전에 먼저 화면 설계와 디자인에 대해 설명하겠습니다. 화면 설계는 시스템 담당자가 기술적인 관점에서 설계합니다. 기능 요구사항에서 정의된 기능을 시스템이 제공할 수 있도록 설계하는 것입니다. 디자인과 화면 설계의 범위가 반드시 명확한 것은 아니며, 시스템 담당자와 디자이너의 역량에 따라 달라질 수 있습니다(표 3-9). 따라서 어디까지 분담할 것인지 명확하게 합의해야 합니다.

표 3-9 시스템과 디자인의 경계

시스템 영역	중간 영역	디자인 영역
화면 항목	구성, 배치	색조
버튼, 링크		로고, 이미지
화면 전환		폰트

사용성과 관련된 것들은 시스템과 디자인의 중간 영역에 있습니다. 예를 들어 버튼을 어디에 배치할 것인가는 기능적인 측면과 디자인적인 측면을 모두 고려해야 합니다.

또한 웹 디자이너에게 디자인을 의뢰하는 경우, 디자이너의 결과물이 무엇인지 주의할 필요가 있습니다. 가급적 HTML/CSS로 납품받는 것이 중요합니다. 요즘은 웹 디자이너이지만 CSS를 작성하지 못하는 사람이 있는데, 드로잉 도구로 작성된 디자인만으로는 실제로 HTML/CSS로 만든 것을 브라우저에서 확인할 때와 느낌이 다릅니다. 웹 디자이너라도 브라우저에 따른 CSS 표시의 차이점 등을 파악해두면 좋습니다.

3.5.2 화면의 종류

화면은 대표적인 기능 명세 요소입니다. 화면은 GUI^{Graphical User Interface}를 의미하며, CUI^{Character User Interface/Character-based User Interface}와는 다릅니다. 화면은 시스템 사용자가 시각적으로 조작할 수 있기 때문에 조작성이 높은 기능을 제공할 수 있습니다. 많은 시스템에서 화면이 제공되지만 사람이 직접 조작하지 않는 백그라운드에서 동작하는 서버 프로그램에는 화면이 없는 경우도 있습니다. 화면 설계와 관련된 대표적인 클라이언트 기술을 [표 3-10]에 정리해보았습니다. 화면은 유스케이스 설명과 개념 모델을 바탕으로 업무 담당자의 의견을 청취하면서 검토합니다.

표 3-10 대표적인 클라이언트 기술

클라이언트 기술	설명
팻 클라이언트 (fat client)	클라이언트/서버형 시스템에서 클라이언트의 한 형태. 클라이언트에 전용 애플리케이션을 설치하여 사용한다. 팻 클라이언트는 클라이언트 측에서 작동하기 위한 모든 데이터와 기능을 가지고 있다. 서버가 없어도 작동할 수 있지만 클라이언트 머신의 성능에 따라 달라진다.
신 클라이언트 (thin client)	클라이언트/서버형 시스템에서 클라이언트의 한 형태. 클라이언트에 전용 애플리케이션을 설치하여 사용한다. 신 클라이언트는 팻 클라이언트와 달리 대부분의 데이터와 기능을 서버 측에 맡긴다. 클라이언트 머신의 성능이 낮더라도 서버에 네트워크를 통해 접속할 수 있다면 작동 가능하다. 고도의 처리를 하거나 다수의 클라이언트와 정보를 공유해야 하는 경우에 적합한 구조다.
리치 클라이언트 (rich client)	클라이언트/서버형 시스템에서 클라이언트의 한 형태. 클라이언트에 전용 애플리케이션을 설치하여 사용한다. 전용 애플리케이션은 클라이언트 머신의 네이티브 애플리케이션이기 때문에 고도의 조작성을 구현할 수 있다. 서버와 연동하여 필요한 데이터를 다운로드하여 작동한다. 팻 클라이언트와 신 클라이언트의 중간에 위치하며 서버와 연동하면서도 클라이언트 측에서도 어느 정도 기능을 수행할 수 있다. 윈도우 환경에서는 비주얼 베이직(Visual Basic), 닷넷(.NET) 등으로 개발된다. 자바에서는 스윙(Swing), AWT 등으로 개발된다.
웹 (Web)	인터넷 보급과 함께 널리 보급된 클라이언트. 프로토콜은 표준 규격인 HTTP/HTTPS, 표시 형식은 HTML/CSS이다. 프로토콜과 표시 형식을 표준화하여 전용 애플리케이션을 설치할 필요가 없어 범용 웹 브라우저에서 조작이 가능하다. 클라이언트인 웹 브라우저에서 자바스크립트를 구동시켜 화면 표시와 서버와의 통신을 할 수도 있다. 처음 웹 브라우저에 불러온 자바스크립트만으로 여러 페이지를 표현하는 SPA(Single Page Application)도 있다. 주요 웹 브라우저는 마이크로소프트 에지(Microsoft Edge), 구글 크롬(Google Chrome), 사파리(Safari) 등이 있다.

앞에서도 언급했듯이 이 책에서는 일반적인 웹을 사용하여 화면을 작성하는 것을 전제로 합니다.

3.5.3 UI 설계 정책 수립

UI(사용자 인터페이스) 설계 정책을 수립해봅시다. 화면 수는 큰 시스템에서는 수백~수천 개에 달합니다. 이 화면들의 디자인이나 구성 등이 제각각이라면 사용자가 사용하기 힘들 것이고, 개발할 때도 화면의 요소를 공통화할 수 없어 개발 효율이 떨어집니다. UI 디자인 정책은 개별 화면에 통일감 있는 사용성을 구현하기 위한 것입니다.

화면 설계는 고객이 가장 큰 관심을 갖는 부분입니다. 중요하기도 하지만 시각적으로 보이는 화면이라는 점이 고객에게 친근감이 들고 이미지화하기 쉬운 부분이기 때문입니다. 그래서 미팅할 때 고객의 관심이 집중되는 편이고 다양한 의견을 듣게 됩니다. 평소에는 한마디도 하지 않던 고객사 담당자도 화면 설계만 논의하면 눈을 반짝이며 의견을 내곤 합니다. 의견이 많이 나오는 것은 좋은 일이지만 때로는 수렴할 수 없을 정도로 분출되기도 합니다. 논의를 수렴하기 위해서는 정책을 결정해야 합니다.

화면 설계에서 만드는 정책을 UI 설계 정책이라고 합니다. UI 설계 정책을 먼저 만들고 그다음에 각 화면을 논의하면 같은 문제에 부딪히는 일이 없어집니다. UI 설계 정책은 다음과 같은 내용을 고려합니다.

- 전제 조건
- 화면 레이아웃 패턴
- 화면 기능 패턴
- 화면 항목 패턴

UI 설계 정책 수립은 기술적인 문제뿐만 아니라 사용성과 디자인 측면도 고려해야 합니다. 고객을 참여시키는 것이 중요하며, 필요하다면 사용성 및 디자인 전문가를 참여시키는 것도 좋은 방법입니다.

| 화면 설계의 전제 조건 |

웹의 경우 [표 3-11]과 같은 전제를 정합니다. 이는 비기능 요구사항에 포함될지

도 모르니 고객과 협의하여 결정해야 합니다.

표 3-11 화면 설계의 전제 조건

검토 항목	설명
지원 브라우저	지원 브라우저를 고려한다. 브라우저에 따라 CSS와 HTML 태그의 속성이 다르며, 자바스크립트도 브라우저에 따라 사양이 다르므로 자바스크립트를 사용하는 경우도 고려해야 한다.
디스플레이 해상도	전제하는 디스플레이 해상도를 세로와 가로로 구분하여 검토한다. 주로 시스템을 이용하는 것이 데스크톱 PC인지 노트북인지에 따라 일반적인 해상도가 다르다.
화면 레이아웃 폭	디스플레이 해상도와 관련하여 화면 레이아웃의 폭을 고정폭으로 할 것인지, 브라우저 폭에 맞춰 가변폭으로 할 것인지를 결정한다. 고정폭의 경우 구체적인 픽셀 등을 지정한다.
문자 코드	출력할 HTML 파일의 문자 코드를 결정한다. 최근에는 UTF-8이 일반적이다.

| 화면 레이아웃 패턴 |

화면 레이아웃 패턴 검토에서는 헤더, 푸터, 메뉴, 바디 등 화면의 공통 레이아웃을 설계합니다. 예를 들면 [그림 3-15]와 같은 화면 레이아웃을 생각해볼 수 있습니다. 헤더와 푸터는 대부분의 시스템에 있지만 메뉴 배치 방식은 시스템마다 다를 것입니다. 또한 콘텐츠나 기능의 수와 구성에 따라 메뉴의 배치도 고려해야 합니다.

예시에는 상단에 헤더가 있습니다. 헤더에는 이 시스템의 로고와 제목이 표시될 것입니다. 이외에도 로그인이나 도움말과 같은 기본 기능에 대한 링크를 배치할 수도 있습니다.

메뉴는 두 가지입니다. 헤더 아래에는 메인 메뉴가 있습니다. 메인 메뉴에는 이 시스템의 콘텐츠와 기능에 대한 링크가 있을 겁니다. 사이드 메뉴를 하위 메뉴로 사용하고, 선택한 메인 메뉴에 따라 메뉴 항목을 전환하는 것이 좋습니다.

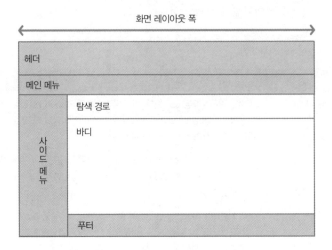

그림 3-15 화면 레이아웃 예시

하단에는 푸터가 있는데 이를 사이드 메뉴 아래까지 폭을 넓혀도 좋을 것입니다. 푸터도 헤더와 마찬가지로 사용할 수 있습니다. 로고나 제목을 표시하거나 도움말과 같은 기본 기능에 대한 링크를 배치할 수도 있습니다.

이러한 헤더, 메인 메뉴, 사이드 메뉴, 푸터는 각 화면에 공통적으로 표시됩니다. 반면 탐색 경로와 본문은 표시하는 페이지에 따라 내용이 달라집니다. 탐색 경로는 웹사이트 내에서 현재 표시하고 있는 페이지의 위치를 계층 구조의 맨 위에 링크로 표시하는 것입니다. 흔히 볼 수 있는 탐색 경로는 다음과 같습니다.

[메인] → [주문하기] → [주문 조회]

바디에는 해당 페이지의 콘텐츠가 표시됩니다. 콘텐츠의 양이 많으면 바디가 세로로 길어지고 브라우저에서 스크롤을 하게 됩니다.

| 화면 기능 패턴 |

화면 기능 패턴에서는 검색 화면, 목록 화면, 등록·업데이트 화면 등의 기능에 따라 화면 레이아웃의 바디 구성과 화면 전환을 하나의 패턴으로서 검토하게 됩니다(표 3-12).

표 3-12 화면 기능 패턴

화면 기능 패턴	설명
검색 화면 패턴	정보 검색 조건을 입력하는 화면 패턴
목록 화면 패턴	정보를 목록으로 표시하는 화면 패턴
등록 및 업데이트 화면 패턴	정보 등록 및 업데이트 화면 패턴. 확인 화면과 완료 화면을 포함
삭제 화면 패턴	정보를 삭제하는 화면 패턴. 확인 화면과 완료 화면을 포함

예를 들어 검색 화면 패턴은 [그림 3-16]과 같은 것을 생각해볼 수 있습니다. 검색 조건은 표 형식으로 되어 있으며, 항목 이름과 항목 입력 필드가 짝을 이루고 있습니다.

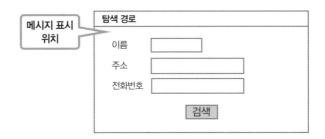

그림 3-16 검색 화면 예시

[검색] 버튼은 검색 조건 아래 중앙에 배치되어 있습니다. 검색 조건이 많을 경우 스크롤되어 숨겨질 가능성이 있습니다. 따라서 버튼 배치에 대해서도 통일된 정책이 필요합니다. 검색 화면 패턴에는 검색 조건이 아무것도 입력되지 않은 부정확한 조건일 때 오류 메시지를 표시하도록 합니다. 이 경우에는 메시지 표시 위치나 메시지 색상 등도 명확하게 규정해야 합니다.

목록 화면 패턴의 예시는 [그림 3-17]과 같이 생각해볼 수 있습니다. 목록 화면의 건수가 많은 경우 페이지 제어를 하는 경우가 있습니다. 구글에서 검색하면 전체 중 몇 건부터 몇 건까지를 표시하고, 다음 페이지를 보고 싶다면 링크를 누르도록 되어 있습니다. 이것과 비슷한 구조를 만들어야 합니다. 페이지 제어를 할 때는 단순히 '이전' '다음'만을 표시할 것인지, 몇 개의 페이지 번호를 나란히 표시하고 링크를 표시할 것인지 등 표시 방법도 다양합니다. 이 표시 방식에 따라 프로그램 제작도 달라집니다.

탐색 경로		
< 이전		다음 >
이름	주소	전화번호
< 이전		다음 >

그림 3-17 목록 화면 예시

페이지 번호에 링크를 붙이는 표시 방법의 경우 [그림 3-18]과 같이 구성할 수 있습니다.

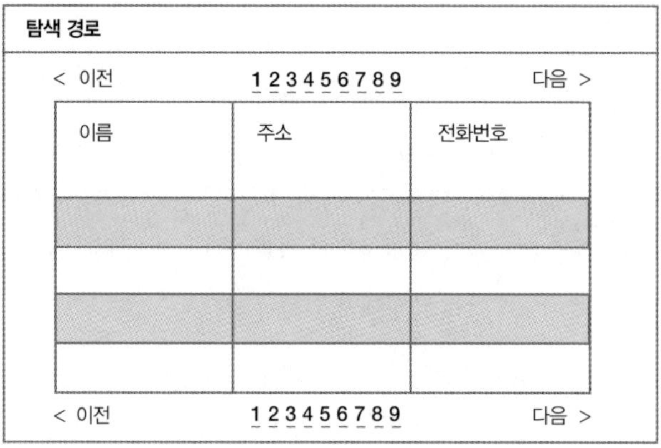

탐색 경로		
< 이전　　1 2 3 4 5 6 7 8 9　　다음 >		
이름	주소	전화번호
< 이전　　1 2 3 4 5 6 7 8 9　　다음 >		

그림 3-18 페이지 번호에 링크를 표시하는 예시

이외에도 목록 화면 패턴에서 고려해야 할 내용으로는 목록의 각 행을 번갈아가며 색상으로 구분할 것인지 여부 등이 있습니다. 각 행을 색상으로 구분하면 보기 편해집니다. 검색 패턴의 결과로 목록 화면 패턴이 표시되는 경우가 많을 것이므로 두 패턴을 조합하여 화면 전환 패턴을 정의합니다. 이를 UML 상태 다이어그램으로 나타내면 [그림 3-19]와 같습니다.

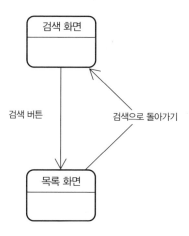

그림 3-19 화면 전환의 정의

등록 화면 패턴은 [그림 3-20]과 같습니다. 업데이트 화면 패턴도 이와 거의 동일합니다. 등록할 정보를 입력하고 등록 버튼을 누르면 확인 화면이 나타나며, 입력한 등록 정보를 확인할 수 있도록 합니다. 또한 확인 후에는 완료 화면이 표시되게 합니다.

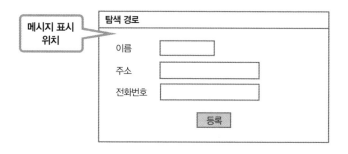

그림 3-20 등록 화면 예시

확인 화면 패턴은 [그림 3-21]과 같습니다.

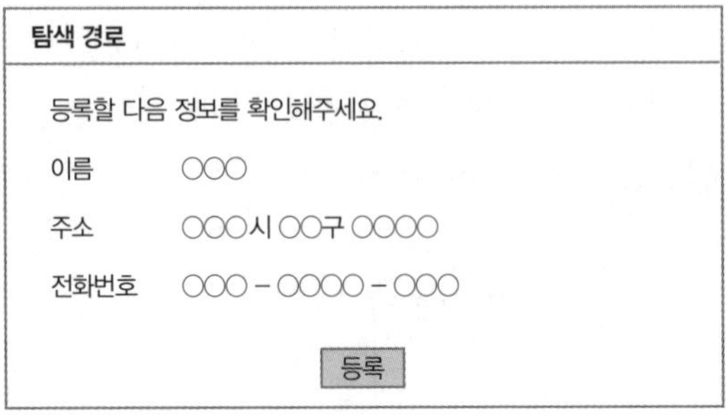

그림 3-21 확인 화면 예시

완료 화면 패턴은 [그림 3-22]와 같습니다.

그림 3-22 완료 화면 예시

완료 화면 패턴에서는 메시지를 표시하는 것뿐이지만, 이와 함께 메인 페이지 등
으로 화면 전환을 하기 위한 링크를 배치하는 경우가 있습니다. 이것도 각 화면에
서 통일되지 않으면 사용성이 떨어지므로 UI 설계 정책에서 검토합니다. 경우에
따라서는 연속적으로 등록하기 위해 등록 화면으로 전환하는 경우도 있습니다.
이 부분은 사용자 관점에서 검토해보기 바랍니다. 등록 화면, 확인 화면, 완료 화
면의 화면 전환은 [그림 3-23]과 같습니다.

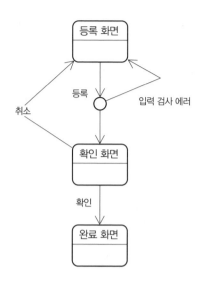

그림 3-23 등록 화면, 확인 화면, 완료 화면 간 전환

| 화면 항목 패턴 |

화면 항목 패턴에서는 화면에 배치할 항목의 형식을 고려합니다. 항목에는 표시 항목과 입력 항목이 있습니다. 입력 항목으로는 '전화번호를 3개의 입력 항목으로 할 것인지, 1개의 입력 항목으로 할 것인지' '시군구를 리스트 박스에서 선택하게 할 것인지, 직접 입력하게 할 것인지' 등 입력 항목을 화면상에 어떤 형식으로 나타낼지 검토합니다. 입력 항목에 입력된 값의 유효성을 검사할 경우는 여기서 검토하지 않습니다. 화면 항목 패턴의 예시는 [표 3-13]과 같습니다.

표 3-13 화면 항목 예시

항목		설명
전화번호	입력	지역번호, 전화번호 앞자리, 전화번호 뒷자리 세 가지 입력 항목으로 설정
	표시	지역번호, 전화번호 앞자리, 전화번호 뒷자리를 반각 하이픈으로 구분하여 표시
시군구	입력	리스트 박스에서 표시 및 선택
		리스트 박스는 시군구 코드(한국행정구역코드)의 오름차순으로 함
	표시	텍스트 표시하기
주소	입력	시군구, 읍면동, 상세 주소 세 가지로 입력 항목 구성
	표시	시군구, 읍면동, 상세 주소를 반각 공백으로 구분하여 표시

UI 설계 정책이 완성되었다면 실제로 HTML/CSS를 활용해 각 패턴의 템플릿을 만들어보는 것이 좋습니다. 디자인도 함께 담아두면 더욱 좋습니다. 나중에 화면 목업을 만들지만 미리 템플릿을 준비해두는 것이 효율적입니다. 또한 HTML 파일을 브라우저에서 고객에게 보여줌으로써 UI 설계 정책의 미비점을 발견할 수도 있습니다.

3.5.4 화면 전환도 작성

UI 설계 정책의 화면 기능 패턴과 유스케이스 설명을 사용하여 화면 전환 다이어그램을 작성합니다. 시나리오를 구현하기 위해 어떤 화면이 필요하고 그 화면들이 어떻게 연관되어 있는지를 그림으로 표현합니다. 화면 전환 다이어그램을 작성하는 목적은 다음과 같습니다.

- 유스케이스 명세를 구현할 수 있는 화면을 도출한다.
- 유스케이스 명세를 구현할 수 있는 화면 전환을 도출한다.
- 사용자 편의성을 고려한 화면 전환을 도출한다.

화면 전환도에는 유스케이스 명세의 주요 시나리오와 확장 시나리오를 구현하는 화면과 화면 전환을 작성합니다. 화면에는 화면 이름과 관리를 위한 화면 ID를 붙입니다. 화면 이름과 화면 ID는 개발 프로젝트별로 명명 규약을 정해야 합니다. 예를 들어 '회원 가입 화면'과 같이 '주어+동사+화면'의 형식으로 붙이면 좋습니다. 화면 ID는 'MEM-0001'과 같이 회원 계열 화면을 나타내는 'MEM'과 일련번호의 조합이 좋을 수 있습니다.

화면 전환도는 어떤 클라이언트 기술을 사용하느냐에 따라 작성 방법이 조금 달라집니다. 일반 웹에서 화면은 HTML 페이지를 의미합니다. 화면 전환은 폼이나 링크를 가리킵니다. 이는 웹이라면 암묵적으로 화면 전환이 서버 호출을 요청한다는 것을 의미합니다.

리치 클라이언트나 웹에서도 RIA^{Rich Internet Application}[4]의 경우에는 화면 전환을 하지

---

4 기존 웹 브라우저에서 멀티미디어나 그래픽 성능 등을 보강하기 위해 사용하는 확장 프로그램

않고 한 화면에서 처리나 표시가 바뀌는 경우가 있습니다. 화면 조작에 따라 어떤 클라이언트 프로세스가 호출되는지, 서버가 호출되는지가 달라집니다.

화면 전환도 작성에는 비지오^{Visio}와 같은 도구를 사용해도 좋고, UML의 상태 다이어그램 같은 것을 응용해도 좋습니다. 화면 전환도는 자주 업데이트되기 때문에 사용하기 편한 도구를 선택해야 합니다. 특히 화면 간 연관성을 쉽게 바꿀 수 있는 도구를 선택하는 것이 좋습니다. 그런 의미에서 엑셀이나 파워포인트는 추천하지 않습니다. 또한 조건에 따라 전환 대상 화면을 바꾸는 경우도 있는데, 화면 전환의 분기를 표현할 수 있는 도구가 있으면 더욱 좋습니다.

Ajax

Ajax는 'Asynchronous JavaScript+XML'의 약자입니다. 보통 에이잭스 혹은 아작스라고 읽습니다. 자바스크립트를 이용해 비동기 데이터 통신을 하는 기술입니다. 더 자세히 말하면, 자바스크립트로 데이터를 비동기적으로 다운로드하여 사용자 조작에 따라 필요한 데이터만 가져갈 수 있도록 하는 기술입니다. 또한 자바스크립트와 CSS를 적극적으로 활용함으로써 유연한 UI를 제공할 수 있게 해줍니다. 자바스크립트, CSS는 예전부터 있던 기술이지만 응용 방법이 Ajax로 확장된 것입니다.

Ajax로 인해 웹 화면 디자인도 기존과 달라졌습니다. 기존에는 화면 전환을 하지 않으면 화면에 표시되는 정보는 거의 변하지 않았습니다. 화면 전환을 할 때 어떤 정보를 보여줄지만 고민하면 되었는데, 이제는 사용자의 화면 조작에 따른 화면 표시 및 서버로의 데이터 수집까지 고려할 필요가 있습니다. 이는 리치 클라이언트의 설계 방식에 더 가까워졌다고 할 수 있겠습니다.

3.5.5 화면 목록 작성

화면 전환도에 등장한 화면들을 정리하여 화면 목록을 작성합니다. 화면 목록에서는 화면 ID를 부여하여 관리하는 것이 좋습니다.

3.5.6 화면 목업 작성

UI 디자인 정책과 화면 전환도를 작성했다면, 구체적인 화면 이미지를 만들어야 합니다. 목업은 '실물 크기의 모형'이라는 뜻입니다. 화면 디자인에서도 HTML 파일을 작성하여 화면 목업을 만듭니다. 화면 목업의 목적은 다음과 같은 것들을 구체적으로 검토하는 것입니다.

- 화면 항목을 명확히 한다.
- 화면 항목의 배치를 명확히 한다.
- 화면 전환을 확인한다.
- 구현 전 화면 시안을 확인한다.

화면 항목은 개념 모델과 대응시키면서 부족한 부분을 확인합니다. 주문 화면이라면 개념 모델의 주문 클래스가 가지고 있는 속성이나 관련 기능이 포함되어 있는지를 확인합니다. 만약 개념 모델에 부족함이 있는 것으로 확인되면 개념 모델을 업데이트합니다.

화면 목업을 제작하는 시점에서 화면 항목과 화면 전환, 기타 화면 전반에 대한 명세를 최대한 확정하고 싶을 것입니다. 이후에는 화면 입력 검사 명세서 작성과 내부 설계를 진행하게 되는데, 고객 입장에서는 이해하기 어려운 내용이 될 수도 있습니다. 따라서 화면 목업을 통해 확인하는 것이 고객과 개발자 모두에게 도움이 됩니다.

화면 목업은 실제로 HTML 링크(⟨a⟩)나 폼(⟨form⟩)을 작성하여 화면 전환이 가능하도록 해야 합니다. 이렇게 하면 화면 목업의 조작성이 훨씬 높아집니다. 덕분에 고객도 꼼꼼히 확인할 수 있게 됩니다.

3.5.7 화면 입력 검사 명세서 작성

화면 목업을 따라 화면 입력 항목의 입력 검사 명세를 정리합니다. 화면 입력 항목에는 문자열을 입력하는 항목뿐만 아니라 선택 형태인 리스트 박스, 체크 박스, 라디오 버튼 등도 포함됩니다.

화면 항목을 세로축으로 하고 [표 3-14]와 같은 검사 항목을 가로축으로 하여 표를 만들면 좋습니다.

표 3-14 화면 항목의 가로축 검사 항목

검사 항목	설명
포맷	문자열, 숫자, 리스트 박스, 체크 박스, 라디오 버튼 등
기본값	입력 항목에 기본값으로 표시되는 값
	목록 상자에서 초기 선택된 값
필수	입력이 필수인지 선택인지 여부
최소(문자, 숫자)	문자열인 경우 최소 문자 수. 숫자인 경우 최솟값
최대(문자, 숫자)	문자열인 경우 최대 문자 수. 숫자인 경우 최댓값
사용 가능한 문자	전/반각, 영문, 숫자, 기호 등의 범위

화면 항목은 비슷한 항목이 많기 때문에 입력 검사 명세도 중복되지 않도록 합니다. 예를 들어 회원 주소나 직원 주소 모두 같은 '주소'인 것은 변함이 없으므로, 주소라는 표준 검사 명세를 정리해두면 좋습니다. 각 담당자가 그 표준 검사 명세를 참조하여 일관된 명세를 만들 수 있습니다.

입력 항목에 따라 여러 항목의 값 사이에 연관성이 있을 수 있습니다. 예를 들면 설문 양식처럼 특정 답변을 체크 박스로 선택한 사람만 해당 입력 항목의 입력을 필수로 해야 하는 경우입니다. 입력 검사 명세서에는 이러한 항목 간 검사 명세에 대해서도 기술합니다.

입력 검사 명세에서 주의가 필요한 것은 데이터베이스의 정보를 이용하여 수행하는 체크입니다. 예시로는 입력된 값이 데이터베이스에 등록되어 있지 않은지 확인하는 등의 케이스가 있습니다. 이렇듯 데이터베이스를 사용하지 않으면 할 수 없는 항목은 화면 설계의 입력 검사 명세가 아니라 비즈니스 규칙의 범위입니다.

3.6 외부 시스템 I/F 설계

외부 시스템 I/F는 네트워크, 파일 교환 등을 통해 외부 시스템과 데이터를 교환하는 부분입니다. I/F는 인터페이스interface의 약자입니다. 웹 역시 HTTP 프로토콜을 사용하는 웹 브라우저와의 외부 시스템 I/F입니다. 다만, 웹 브라우저와의 연동 방법은 이미 확립된 것이 있기 때문에 다시 설계할 필요는 없습니다. 여기서 말하는 외부 시스템 I/F는 개발하고자 하는 시스템에서 자사의 핵심 시스템에 대해, 혹은 타사의 거래 시스템이나 결제 시스템 등에 대해 개별적인 방법으로 연동하는 것을 가정하고 있습니다.

외부 시스템 I/F의 방식에는 몇 가지가 있습니다. 먼저 동기 또는 비동기 방식이 있습니다. 동기식은 요청과 처리가 동시에 수행되는 것이고, 비동기식은 요청된 타이밍보다 늦게 처리가 수행되는 것을 말합니다. 동기화의 대표적인 것은 웹 API, 비동기화의 대표적인 것은 Pub/Sub 등의 메시징 서비스나 파일 연동이 있습니다. 어떤 방식을 선택할지는 시스템의 비기능 요구사항에 따라 결정됩니다. 결과를 실시간으로 반환해야 한다면 동기화를, 처리 시간이 오래 걸린다면 비동기 메시징 서비스를, Batch 처리와 같이 데이터양이 많고 처리 시간이 오래 걸린다면 파일 연동을 선택하는 등의 설계 판단을 합니다.

주목해야 할 것은 웹 API, 비동기 메시지(Pub/Sub 등), 파일 연동 등입니다. 웹 API는 웹 서비스를 개발하기 위해 주로 HTTP를 이용한 외부 시스템 I/F 방식입니다. 웹 API의 형태로는 REST[Representational State Transfer]나 SOAP[Simple Object Access Protocol]가 일반적입니다. 더불어 REST 제약 조건을 따르는 것을 RESTful이라고 합니다. RESTful이라고 하면 URI로 리소스를 표현하는 유니폼 인터페이스[uniform interface]가 유명하지만, 확장성을 보장하기 위해서는 **무상태성**(상태 비저장)[stateless]이 중요합니다. 무상태성은 요청과 요청 사이에 HTTP 세션[HTTP Session] 등을 통해 상태를 유지하지 않는 것을 의미합니다. REST에서는 XML보다 JSON[JavaScript Object Notation]을 응답 형식으로 사용하는 경우가 많으며 XML을 사용하는 SOAP보다 다루기 쉽다는 장점이 있습니다.

일반적으로 외부 시스템 I/F는 개발에 위험을 동반합니다. 상대방 시스템의 I/F 가 명확하게 정의되어 있으면 좋겠지만, 독자적인 프로토콜이거나 개발 중인 경 우에는 이쪽 시스템 개발에도 영향을 미치기 때문입니다. 가능한 한 빨리 명확한 명세를 입수하고 가능한 한 빨리 프로토타입 프로그램으로 통신 테스트를 하는 것이 좋습니다. 상대방이 제공한 I/F 명세대로 만들었다고 해서 반드시 잘 동작하 는 것은 아닙니다.

외부 시스템 I/F를 설계할 때는 다음과 같은 항목을 고려합니다.

- 연결 대상
- 프로토콜 및 수단
- 타이밍
- 인터페이스 항목 명세
- 인증 및 보안
- 예외 처리

최근에는 REST뿐만 아니라 GraphQL이라는 API도 등장했습니다. 고급 쿼리를 지원하기 때문에 클라이언트에서 데이터를 유연하게 가져올 수 있습니다. 기능이 많다는 장점이 있는 대신 서버 구현이 다소 복잡해집니다.

자기 시스템과 상대 시스템 간에 순차적인 데이터 교환이 발생한다면 시퀀스 다 이어그램 등을 통해 어떤 교환이 이루어지는지 정리합니다.

외부 시스템 I/F는 연결 상대방의 사정에 따라 변경될 수 있습니다. 따라서 외부 시스템 I/F를 설계할 때는 외부 시스템 I/F에 의존하는 처리를 공통화하고 한정 하도록 합니다. 네트워크에 접속하는 클래스, 시퀀스를 제어하는 클래스, 송수신 데이터를 읽고 쓰는 클래스, 예외 처리를 하는 클래스 정도로 공통화, 한정하여 설계하는 편이 좋습니다. 송수신하는 데이터 패턴에 따라 클래스를 정의해두면 네트워크 연결 방식이 변하지 않는 한 클래스의 수는 그리 많지 않을 것입니다.

또한 외부 시스템 I/F에서는 장애 발생 시 예외 처리를 어떻게 할 것인가도 중요 합니다. 네트워크나 파일 교환에 의한 I/F에서는 데이터베이스와 같은 트랜잭션 구조가 없습니다. 따라서 네트워크에서 통신 중 회선이 다운되거나, 파일 출력 중 디스크가 꽉 찬 경우 등 처리를 중단할 수밖에 없는 경우가 있습니다. 처리가 중단되면 데이터를 반쯤 전송한 상태에서 네트워크 연결이 차단됩니다. 예외 처리로 단순히 처리를 중단하고 로그를 기록할 것인지, 아니면 시스템이 자동으로 재전송하는 기능을 포함시킬 것인지 등을 검토합니다. 자동으로 재전송하는 방법은 여러 가지가 있겠지만 예를 들어 비동기 메시징 서비스와 같은 메커니즘이 필요할 수 있습니다. 서버 프로그램처럼 병렬로 처리되는 경우에는 재전송할 때 메시지 순서를 관리해야 합니다. 여러 개의 메시지를 재전송해야 할 때는 재전송하는 메시지와 장애 복구 후 정상적으로 처리되고 있는 메시지의 순서를 제어해야 합니다. 그렇지 않으면 메시지 순서가 섞일 수 있습니다. 이 경우 JMS^{Java Message} ^{Service} 제품 도입 등을 고려하는 것이 좋습니다. 물론 메시지 내용에 따라서는 순서가 뒤바뀌는 현상이 발생해도 문제가 발생하지 않기도 합니다.

3.7 Batch 설계

Batch(배치)는 서버 프로그램처럼 메모리에 상주하지 않으며, 일정 시간이 되었을 때나 수동으로 실행되는 프로그램입니다. 서버 프로그램에서 실시간으로 처리하기에는 시간이나 부하가 너무 많이 걸리는 처리를 Batch 프로그램을 써서 야간이나 다른 처리 부하가 적은 시간대에 실행합니다. 대규모 시스템에서는 다수의 Batch 프로그램을 정해진 순서와 시간대에 실행해야 하는 경우가 있습니다. 그럴 때는 Batch 프로그램 작업 스케줄 관리 제품을 도입할 수도 있습니다.

Batch 설계의 주요 항목은 다음 네 가지입니다.

- 실행 타이밍
- 실행 제어, 작업 제어
- 트랜잭션
- 복구

Batch 설계에서 어려운 점은 성능과 예외 처리입니다. Batch는 정해진 시간 내에 대량의 데이터를 처리하기 때문에 성능을 충분히 고려해야 합니다. Batch에서 처리하는 내용은 대부분 대량의 데이터베이스를 조작하거나 대량의 파일을 조작하는 등 시간이 매우 많이 소요되는 계산 처리입니다. 보통 이 중에서도 데이터베이스 처리를 가장 많이 합니다. 데이터베이스 처리는 SQL을 어떻게 작성하느냐에 따라 성능이 크게 달라집니다.

또한 Batch를 어떤 프로그래밍 언어로 작성할지 궁금할 것입니다. 기본적으로 어떤 언어로 작성하느냐는 크게 영향을 미치지 않는 편입니다. 결국 데이터베이스 조작이나 파일 조작과 같은 I/O 처리가 성능의 대부분을 결정하기 때문에 자바에서도 별 문제가 되지 않습니다.

데이터베이스를 조작하는 Batch의 트랜잭션 범위는 성능과 예외 처리에 영향을 미칩니다. 트랜잭션 범위가 너무 크면 수천, 수만 건을 처리해도 커밋이 되지 않습니다. 따라서 Batch 처리가 중간에 다운되면 모든 것이 롤백됩니다. 이렇게 되면 복구가 여러 번 실행될 수도 없고 정해진 시간 내에 끝나지 않는 Batch 처리가 되어버립니다. 반대로 트랜잭션 범위가 너무 작으면 성능이 저하됩니다. 데이터베이스 작업은 커밋할 때마다 데이터베이스가 갱신되기 때문에 커밋 횟수가 많으면 데이터베이스 갱신도 많이 일어납니다. 수백 건, 수천 건 등 정해진 건수를 처리한 시점에 커밋하도록 합시다.

3.8 장표 설계

각종 보고서, 서면 등의 장표 출력을 설계합니다. 장표도 시스템 기능 중 하나이며 종류가 몇 가지 있습니다. 예를 들면 입력을 목적으로 하는 장표와 출력을 목적으로 하는 장표가 있습니다. 출력을 목적으로 하는 장부에도 업무를 수행하기 위해 필요한 전표와 같은 장부, 보고서나 분석 결과를 출력하는 장부 등이 있습니다. 각각의 종류에 따라 출력 내용, 출력 형식, 출력 방법, 출력 빈도 등이 다릅니다. 출력 방법으로는 웹에서 PDF 파일을 내려받거나, 웹의 HTML 페이지에 장표 이미지 파일을 표시하거나, 화면 지시에 따라 프린터에서 인쇄하는 등의 방법이 있습니다. 장표에는 출력 형식 관리, PDF 파일 및 이미지 파일 생성, 실제 프린터에서 인쇄하는 등 자바와 같은 프로그래밍 언어의 표준 API에서 제공되지 않는 기능이 필요합니다. 장표 작성을 위한 패키지 제품도 판매되고 있으니 이를 활용하는 것도 좋은 방법입니다.

3.9 데이터베이스 논리 설계

다음으로 데이터베이스 논리 설계의 포인트를 설명합니다.

3.9.1 데이터베이스 논리 설계 개요

개념 모델을 바탕으로 데이터베이스 논리 설계를 수행합니다. 데이터베이스 논리 설계에서는 데이터베이스에 생성할 테이블과 테이블의 칼럼 그리고 그 칼럼이 테이블에서 키가 되는지 등을 설계합니다. 데이터베이스 논리 설계에서는 논리 ER 다이어그램을 작성하는데, ER 다이어그램은 Entity Relationship Diagram의 약자로 ERD라고 부르기도 합니다. ER 다이어그램에는 몇 가지 표기법이 있지만 IDEF 1X 표기와 IE 표기를 사용하는 것이 일반적입니다. 이 책에서는 IDEF 1X 표기를 채택하였습니다.

실제로 ER 다이어그램을 작성할 때는 ER 다이어그램 작성 도구를 사용하는 것이 좋습니다. 대부분의 ER 다이어그램 작성 도구는 IDEF 1X 표기와 IE 표기를 모두 지원하기 때문에 표기를 잘못하는 일이 없습니다. 또한 기본키primary key (PK)와 외래키foreign key (FK)를 자동으로 판단하여 표기해 주거나, 오라클Oracle, MySQL 등 주류 데이터베이스 제품의 DDL[5]을 자동 생성해주는 것도 있습니다. 개념 모델을 이미 만들어놓았기 때문에 데이터베이스 논리 설계는 그리 어렵지 않습니다. 데

---

5 저자_ Data Definition Language(데이터 정의 언어)의 약자로, CREATE DATABASE나 CREATE TABLE 등의 명령어가 있습니다.

이터베이스 논리 설계의 목적은 개념 모델로 표현된 모델을 관계형 데이터베이스에서 다룰 수 있는 형태로 다시 작성하는 것입니다.

데이터베이스 논리 설계에서는 논리 ER 다이어그램을 작성하여 관계를 정규화합니다. 정규화란 데이터의 중복성을 제거하고, 데이터에 일관성을 부여하여 불일치 없이 관리하는 방법입니다. 이 방법을 적용한 결과를 정규화라고 하며 1차 정규화부터 5차 정규화까지 있습니다. n차 정규화의 수가 많을수록 좋은 설계지만 일반적으로는 1차 정규화부터 3차 정규화까지 수행합니다.

각 정규화는 하위 단계의 정규화를 만족합니다. 정규화는 알고 보면 매우 상식적인 것입니다. 다만 상식적이어도 중요한 개념이기 때문에 한 번쯤은 확실히 이해하고 넘어가야 합니다. 이 책에서도 기본인 1차 정규화부터 3차 정규화까지 간단히 설명하고, 더 나아가 완전한 정규화인 보이스코드 정규화에 대해 설명합니다.

데이터베이스를 다룰 때 우리는 흔히 테이블, 행, 열이라는 용어를 사용합니다. 하지만 원래 관계형 데이터베이스 이론에서는 다른 용어를 사용합니다. 테이블을 관계relation, 행을 튜플tuple, 열을 속성attribute이라고 부릅니다.

에드거 F. 커드는 1968년에 관계형 모델을 발표했습니다. 이것이 현재 관계형 데이터베이스의 기본 이론이 되었습니다. 이 이론은 수학의 집합론을 데이터베이스에 적용한 것입니다. 예를 들어 SQL에서 JOIN(결합)이라고 쓰는 것도 두 개의 집합을 결합하는 것을 의미합니다. 에드거 F. 커드의 이론에서는 데이터를 테이블과 같은 '표 형식'이 아니라 '관계'로 여기고, 행은 술어에 의한 명제를 표현하는 튜플로 봅니다. 열은 관계에 수반되는 속성입니다. 이러한 이론은 관계형 데이터베이스를 정확하게 이해하는 데 중요합니다. 하지만 초보자에게는 난해하기 때문에 이 책에서는 테이블, 행, 열이라는 용어를 사용하여 설명을 이어가도록 하겠습니다.

데이터베이스 논리 설계에서는 다음과 같은 중요한 키워드가 등장합니다.

- 후보키
- 함수 종속(완전 함수 종속, 부분 함수 종속)
- 이행 함수 종속

이 키워드들은 앞으로 조금씩 알아보겠습니다.

3.9.2 관계의 정규화

이제 관계의 정규화를 구체적으로 살펴보겠습니다.

| 1차 정규화 |

1차 정규화는 테이블의 모든 칼럼(열)이 더 이상 분할할 수 없는 칼럼으로 구성된 테이블을 말합니다. 그렇다면 분할할 수 없는 칼럼이란 무엇일까요? 간단히 말해 반복 구조가 없는 테이블을 말합니다. 더 이상 분할할 수 없는 값은 **스칼라값**이라고 합니다.

[그림 3-24]와 같은 '직원' 테이블이 있다고 가정해봅시다. 이 회사에서는 직원이 여러 프로젝트에 배정될 수 있습니다. 칼럼으로 프로젝트명 1, 프로젝트명 2, 프로젝트명 3을 가지고 있습니다.

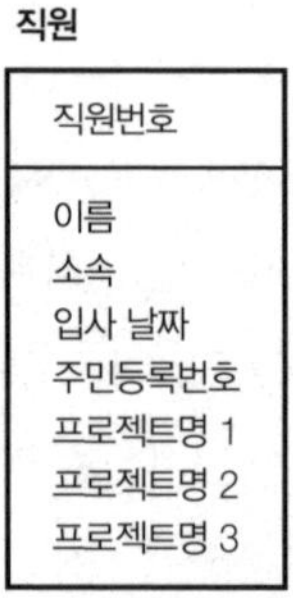

직원

직원번호
이름 소속 입사 날짜 주민등록번호 프로젝트명 1 프로젝트명 2 프로젝트명 3

그림 3-24 직원 테이블

보고 있으면 기분이 불편해지는 테이블이죠. 소속된 프로젝트 이름을 칼럼으로 가지고 있습니다. 이 직원 테이블은 프로젝트 이름의 구조가 반복되기 때문에 1차 정규화가 아닙니다. 1차 정규화로 만들기 위해서는 [그림 3-25]와 같이 프로젝트를 별도의 테이블로 만들어야 합니다.

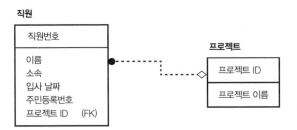

그림 3-25 1차 정규화

1차 정규화에 대한 개념은 직관적으로 쉽게 이해할 수 있을 겁니다. [그림 3-24]와 같이 프로젝트 이름이 3개나 되는 것은 누가 봐도 중복된 구조이기 때문입니다. 그러면 예를 들어 XML 문서가 문자열 칼럼에 그대로 등록되어 있다면, 그것은 스칼라값이라고 할 수 있을까요? XML 문서를 더 이상 분할할 수 없을까 고민해보면 XML 태그 단위 등으로 분할할 수 있을 듯합니다. 더 나아가 태그를 문자 단위로 분할할 수도 있습니다. 그런데 XML 문서를 태그 단위, 더 나아가 문자 단위로 분할하여 데이터베이스에 저장하는 것이 과연 좋은 설계일까요?

1차 정규화는 반드시 모든 것을 세분화하라는 의미가 아닙니다. 특별한 이유가 없다면 XML 문서는 단일한 값으로 하나의 칼럼에 등록하는 것이 좋습니다. XML 문서의 값을 관계로 사용하지 않는다는 것이 전제 조건입니다. [그림 3-26]과 같이 XML 문서를 그대로 저장할 수 있는 칼럼 이름을 붙이면 명확해집니다.

그림 3-26 XML 문서를 그대로 저장하기

데이터베이스 이론

관계형 데이터베이스 이론과 관련된 참고 도서를 하나 소개하겠습니다. 관심이 있는 분은 『데이터베이스 설계와 관계형 이론(개정2판)』(에이콘출판, 2021)이라는 책을 한번 읽어보기 바랍니다.

이 책은 SQL로만 관계형 데이터베이스를 바라보던 사람에게 그야말로 눈이 번쩍 떠지는 책입니다. 관계형 데이터베이스 이론은 오래되었으면서도 여전히 새로운 이론입니다.

객체지향 데이터베이스도 관계형 데이터베이스 이론과는 또 다른 이론입니다. 객체지향 데이터베이스는 객체를 그대로 저장할 수 있다는 장점이 있습니다. 객체지향 데이터베이스를 사용하면 **O/R 매핑**object relational mapping과 같은 구조가 필요 없습니다. 객체지향 데이터베이스를 옹호하는 사람들은 관계형 데이터베이스가 한계에 다다랐다고 말합니다.

하지만 소개한 책의 관계형 데이터베이스 이론을 읽어보면 관계형 데이터베이스 이론에 문제가 있는 것이 아니라, 이론의 구현인 관계형 데이터베이스 제품이 한계에 다다른 것이 아닌가 하는 생각이 듭니다. 상속 등도 관계의 일종이라고 생각하는 것은 객체지향 측면으로 봐도 자연스럽지 않을까요?

O/R 매핑에서 문제가 되는 것은 상속에서 JOIN을 사용할 때의 성능입니다. 차라리 객체지향 프로그래밍에 맞게 튜닝된 관계형 데이터베이스가 등장하면 좋을지도 모르겠습니다. 실제로 현재 객체지향 데이터베이스를 구현할 때는 관계형 데이터베이스의 노하우를 활용하고 있을 것입니다. 이러한 니즈가 충분히 퍼져 나간다면 언젠가 누군가로부터 구현이 될지도 모르겠네요.

| 2차 정규화 |

2차 정규화는 1차 정규화이지만 모든 비식별자non-key 칼럼이 모든 후보키에 대해 완전 함수 종속적인 테이블을 말합니다. 달리 말하면, 모든 비식별자 칼럼이 모든 후보키에 대해 부분 함수 종속적이지 않은 테이블입니다.

후보키, 완전 함수 종속, 부분 함수 종속이라는 새로운 용어가 등장했네요. **후보키**는 해당 행을 고유하게 식별할 수 있는 칼럼 또는 칼럼의 집합을 말합니다. 후보키 중 하나가 기본키가 될 수 있습니다. 행에는 반드시 하나 이상의 후보키가 존재합니다. 예를 들어 [그림 3-27]의 '직원' 테이블에는 몇 개의 후보키가 있습니다.

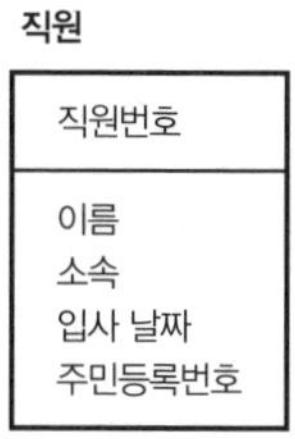

직원

직원번호
이름 소속 입사 날짜 주민등록번호

그림 3-27 '직원' 테이블

먼저 기본키인 직원번호는 당연히 후보키가 될 수 있습니다. 또한 주민등록번호
도 후보키입니다. 주민등록번호는 정부에서 제대로 관리하고 있는 한 고유하게
식별할 수 있기 때문입니다. 이 두 개는 단독 칼럼으로 후보키가 됩니다. 또한 소
속 부서에 동명이인이 없는 경우 소속 ID와 이름도 후보키가 될 수 있습니다.

다음으로 완전 함수 종속과 부분 함수 종속을 알아보겠습니다. **함수 종속**이란 A
가 결정되면 B도 반드시 결정되는 관계를 말합니다. 이는 'A → B'로 표기할 수
있으며 A를 결정항, B를 종속항이라고 합니다. 앞서 언급한 후보키로 예를 들면,
직원번호가 결정되면 직원이 결정되기 때문에 '직원은 직원번호에 함수 종속된다'
라고 합니다. 마찬가지로 직원은 주민등록번호에 함수 종속됩니다. 또한 직원은
소속 ID와 이름에도 함수 종속됩니다.

또한 직원번호가 결정되면 입사 연도도 결정되기 때문에 입사 연월일은 직원번호
에 종속되어 있습니다. 소속명도 직원번호에 함수 종속되어 있습니다. 여기서 부
분 함수 종속이 등장합니다. 앞의 예에서 소속명은 소속 ID에 함수 종속되어 있
습니다. 소속 ID는 후보키의 부분 집합입니다. 이처럼 결정항인 후보키의 일부
에 함수 종속하는 것을 **부분 함수 종속**이라고 합니다. 후보키에 대해 부분 함수
종속이 되면 2차 정규화가 아닙니다(그림 3-28). 2차 정규화로 만들려면 [그림
3-29]와 같이 분할하면 됩니다.

비식별자 칼럼이 후보키에 부분 함수 종속되어서는 안 된다.

그림 3-28 부분 함수 종속

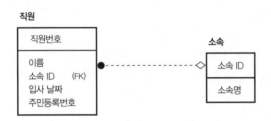

그림 3-29 2차 정규형

2차 정규화는 후보키에 대한 부분 함수 종속을 금지하고 있습니다. 따라서 소속에 동명이인이 허용된다면 소속 ID는 후보키의 일부가 아니게 되므로 [그림 3-29]의 테이블은 그대로 2차 정규화라고 할 수 있습니다.

| 3차 정규화 |

3차 정규화는 어떤 테이블이 2차 정규화에 속하면서도 모든 비식별자 속성이 모든 후보키에 비추론적으로 **완전 함수 종속**되는 경우의 테이블을 말합니다(그림 3-30).

비식별자 칼럼이 비식별자 칼럼에 기능적으로 종속되어서는 안 된다.

그림 3-30 완전 함수 종속

2차 정규화는 후보키에 대한 부분 함수 종속을 금지하는 반면, 3차 정규화는 후보키에 대한 전이적 함수 종속을 금지합니다.

앞서 설명한 바와 같이 함수 종속이란 A가 결정되면 반드시 B도 결정되는 관계를 말합니다. 이는 'A → B'로 표기했습니다. 추론적 함수 종속은 'A → B → C'로 표기하며 A가 결정되면 B가 결정되고, 나아가 B가 결정되면 C도 결정되는 관계입니다.

앞서 설명한 2차 정규화의 예를 들어 설명하겠습니다. 직원의 후보키에는 '직원번호' '주민등록번호' '소속 ID와 이름' 세 가지가 있다고 했습니다. 마지막 '소속 ID와 이름'이 후보키가 될 수 있는 경우는 같은 소속에 동명이인을 배치하지 않을 때입니다. 같은 소속에 동명이인을 배치하는 경우 '소속 ID와 이름'은 후보키가 아닙니다. 이 경우에도 3차 정규화를 사용하면 깔끔하게 정리할 수 있습니다(그림 3-31).

직원

직원번호
이름 소속 ID 소속명 입사 날짜 주민등록번호

그림 3-31 3차 정규화

직원번호, 소속 ID, 소속명은 **전이적 함수 종속** 관계에 있습니다. 직원번호가 결정되면 소속 ID가 결정되고, 소속 ID가 결정되면 소속명이 결정됩니다. 즉 '직원번호 → 소속 ID → 소속명'으로 관계를 표기할 수 있습니다(그림 3-32).

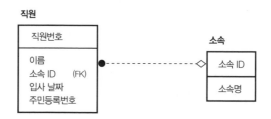

그림 3-32 전이적 함수 종속성

이제 2차 정규화와 동일하게 분할할 수 있게 되었습니다. 소속 ID와 소속명이 후보키가 아니더라도 3차 정규화로 정리할 수 있습니다.

| 보이스코드 정규화 |

보이스코드 정규화는 어떤 테이블에 존재하는 모든 함수 종속성 결정항이 후보키인 테이블을 말합니다. 2차 정규화와 3차 정규화에서는 충족되지 않는 경우가 있는데 [그림 3-33]과 같이 후보키가 비식별자 칼럼에 함수 종속되는 경우입니다. 후보키가 단일 칼럼이라면 이런 경우가 있을 수 없지만 여러 칼럼으로 구성된 경우는 다릅니다. 비식별자 칼럼에 후보키의 일부가 함수 종속되어 있기 때문입니다.

그림 3-33 보이스코드 정규화

이외에도 4차 정규화와 5차 정규화가 있지만 모두 세 가지 개념과 관련된 테이블을 정리하기 위한 것입니다. 때문에 애초에 두 가지 개념에만 관련 테이블을 작성하는 경우라면 필요하지 않습니다.

여기서 중요한 것은 개념 모델을 만들면 정규화된 모델을 쉽게 만들 수 있다는 점입니다. 개념 모델에서는 개념을 세세한 단위로 정의하고자 하기 때문에 개념 간의 연관성 역시 세세하게 정리하는 접근 방식을 취하게 됩니다. 이는 결과적으로 정규화하기 쉬운 접근 방식이기도 합니다.

3.9.3 논리 ER 다이어그램 작성

데이터베이스 논리 설계에서는 개념 모델을 기반으로 논리 ER 다이어그램을 작성합니다. 개념 모델에서 논리 ER 다이어그램을 작성할 때 주로 주의해야 할 점은 다음과 같습니다.

- 기본키 결정하기
- 관계를 외래키로 설정하기
- 다 대 다의 관계를 관계 테이블로 만들기
- 상속을 관계형으로 구현하기

이들에 대해 순서대로 설명하겠습니다.

| 기본키 결정하기 |

먼저 개념 모델을 보면서 논리 ER 다이어그램을 작성해봅시다. 개념 모델의 각 개념을 논리 ER 다이어그램의 테이블로 작성합니다. ER 다이어그램 작성 도구에 따라 테이블을 **엔터티**^{entity}라고 부르기도 하는데, 같은 의미라고 생각하면 됩니다. 개념 모델에서의 개념 속성도 논리 ER 다이어그램의 테이블에 추가합니다.

예를 들어 개념 모델에 주문이라는 개념이 있다고 가정합시다. 이를 그대로 논리 ER 다이어그램의 테이블로 만듭니다(그림 3-34). 논리 ER 다이어그램은 한글로 적어도 무방합니다. 개념 모델의 개념과 같은 이름을 테이블에 붙이고, 주문번호 등의 속성도 그대로 테이블에 추가합니다. 다만 속성에서 한 가지 신경 쓰이는 것은 배송 시간대입니다. 데이터베이스에 익숙한 사람이라면 시간대처럼 시간의 시작과 끝의 범위를 나타내는 형이 데이터베이스 제품에 존재하지 않는다는 것을 알 수 있을 것입니다. 따라서 여기서는 배달 시간대 시작 시간과 배달 시간대 종료 시간처럼 두 개의 칼럼으로 나누어 정의합니다(정의 내용은 [그림 3-35] 참고).

주문
주문 번호
주문 날짜
총가격
배송 희망일
배송 시간대

그림 3-34 '주문'을 나타내는 개념 모델

이제 슬슬 기본키를 결정해봅시다. 정규화 설명에서 후보키를 소개했습니다. 후보키는 해당 행을 고유하게 식별할 수 있는 칼럼 혹은 칼럼의 집합을 말합니다. 후보키 중 하나가 기본키가 될 수 있습니다. 행에는 반드시 하나 이상의 후보키가 존재합니다.

그렇다면 주문 테이블의 기본키는 어떤 것이 좋을까요? 후보키는 주문번호입니다. 주문번호는 업무상 주문을 고유하게 식별하기 위해 시스템에서 부여한 번호입니다. 주문번호는 고객인 회원에게도 통보되며, 화면에서 주문 조회 시에도 표시되고 실제 주문 상품을 납품할 때에도 납품서에 인쇄됩니다. 기본키는 한번 번호가 부여되면 다시는 바꿀 수 없습니다. 그렇다면 주문번호는 변경될 수 없는 것일까요?

기본키를 부여하는 방법에는 인조키^{artificial key}와 자연키^{natural key}가 있습니다. **인조키**는 시퀀스 등의 연속된 번호를 시스템이 자동으로 부여하여 기본키로 사용합니다. **자연키**는 주문의 주문번호처럼 실제로 해당 테이블에 존재하는 칼럼을 조합하여 기본키로 삼습니다. 테이블의 모든 칼럼이 후보키가 될 수 있는 경우에는 인조키를 붙일 수 있습니다. 그 외의 다른 경우에도 인조키를 붙일 수 있습니다. 자연키의 단점은 기본키라는 변경할 수 없는 것에 업무나 도메인에 의존하는 칼럼을 사용하면, 업무나 도메인을 변경했을 때 치명적인 문제가 될 수 있다는 점입니다. 주문번호를 기본키로 사용하면 주문번호의 형식이 변경된 경우나, 같은 주문이라도 주문번호를 변경하는 비즈니스 규칙이 있는 경우 문제가 발생합니다.

반대로 자연키는 데이터베이스에서 고유한 제약 조건을 보장할 수 있지만, 인조키에서는 프로그램으로 보장해야 한다는 단점이 있습니다. 또한 인조키는 연속되는 번호로 된 경우가 많기 때문에 시스템 외부의 사용자나 외부 시스템에는 공개하지 않는 것이 좋습니다. 예상치 못한 보안 문제가 발생할 수 있기 때문입니다.

인조키와 자연키 중 어느 것이 더 좋은지에 대한 논의는 끝이 없습니다. 나중에 설명할 O/R 매핑 도구들도 대부분 인조키와 자연키를 모두 지원합니다. 하지만 O/R 매핑에 더 잘 어울리는 것은 인조키입니다. 인조키의 경우 키를 나타내는 클래스를 Integer와 같이 프로그래밍 언어에 내장되어 있는 것으로 사용할 수 있습니다. 자연키의 경우 기본키를 하나의 클래스로 취급하려면 새로 클래스를 정의해야 합니다. 따라서 이 책에서는 인조키를 사용하여 설계를 진행합니다.

이번에는 주문 테이블에 인조키에 의한 기본키로서 주문 ID를 정의하겠습니다 (그림 3-35).

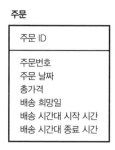

그림 3-35 인조키에 의한 주문 ID 정의

| 관계를 외래키로 설정하기 |

개념 모델의 개념들 사이에는 관계가 있습니다. [그림 3-36]의 개념 모델에는 주문과 회원, 주문과 주문 내역, 주문 내역과 상품 사이에 관계가 있습니다.

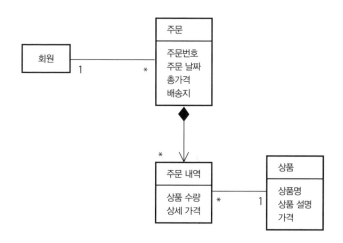

그림 3-36 개념 모델 관계 예시

개념 모델의 개념 간 관계는 논리 ER 다이어그램의 외래키로 표현됩니다(그림 3-37).

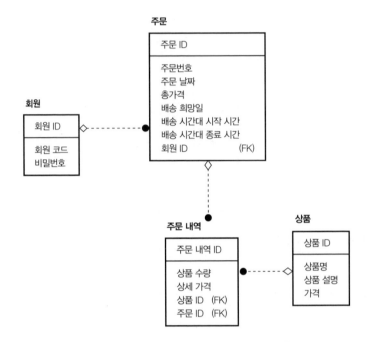

그림 3-37 관계를 나타내는 ER 다이어그램

외래키에서는 참조 대상 테이블의 기본키를 가집니다. 주문 테이블에서는 회원 ID를 갖습니다. 반대로 주문 내역에는 주문 ID가 외래키로 존재합니다. 기본키는 해당 행의 참좃값을 가리키기 때문에 외래키를 가짐으로써 상대방을 참조할 수 있습니다.

| 다 대 다의 관계를 관계 테이블로 만들기 |

개념 모델에서는 다 대 다의 관계를 쉽게 설명할 수 있습니다. 하지만 기본적으로 개념 모델의 관계는 일 대 다의 관계가 바람직합니다. 어쩔 수 없이 다 대 다로 하는 경우도 있지만 가급적이면 개념 모델에서 '정말 그 관계가 필요한가?'를 생각해보는 것이 좋습니다. 다른 개념을 통해 간접적으로 관계를 정할 수 있다면 굳이

다 대 다의 관계를 가질 필요가 없습니다(그림 3-38).

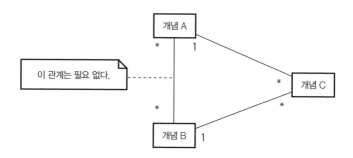

그림 3-38 일 대 다의 관계로 만들기

관계형 데이터베이스에서 다 대 다 관계는 관계 테이블을 생성하여 구현할 수 있습니다. 관계 테이블은 관계시키고자 하는 두 테이블 사이에 있으며, 두 테이블의 기본키를 모두 가지고 있는 테이블입니다.

예를 들어 [그림 3-39]와 같이 테이블 A와 테이블 B가 있고 이들이 다 대 다로 관계되어 있다고 가정해봅시다. 관계형 데이터베이스에서는 두 테이블의 기본키를 모두 가지고 있는 '테이블 AB'를 생성하여 관계 테이블로 만듭니다. 이렇게 하면 다 대 다를 구현할 수 있습니다.

그림 3-39 다 대 다의 관계

| 상속을 관계형으로 구현하기 |

다음으로 개념 모델의 상속을 관계형 데이터베이스에서 구현해봅시다. 객체지향 데이터베이스를 사용할 수 있다면 상속도 그대로 저장할 수 있지만, 아직까지는 관계형 데이터베이스가 주류이기 때문에 어쩔 수 없습니다. 상속을 구현하는 방법은 크게 세 가지가 있습니다.

- 추상 클래스와 구상 클래스별로 테이블 만들기
- 구상 클래스마다 테이블 만들기
- 클래스 계층별로 범용 테이블을 만들고, 유형을 나타내는 칼럼을 추가적으로 준비하기

O/R 매핑 도구 중에는 이러한 처리를 자동으로 해주는 것도 있습니다. 예를 들어 하이버네이트Hibernate로도 이와 동일한 지정이 가능합니다. 그럼 이제 상속을 구현하는 세 가지 방법에 대해 설명하겠습니다.

| 추상 클래스와 구상 클래스별로 테이블 만들기 |

첫 번째는 상속을 테이블 간의 관계로 대체하는 방법입니다(그림 3-40). 클래스별로 테이블을 생성하기 때문에 개념 모델을 직관적으로 표현할 수 있고 정규화가 충분하게 이루어집니다.

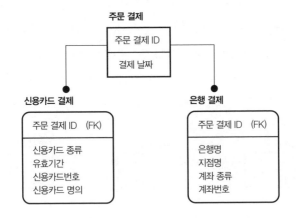

그림 3-40 추상 클래스와 구상 클래스별로 테이블 만들기

이 방법은 구상 클래스 수가 증가하거나 변경된 경우에도 테이블 변경이 용이합니다. 반면에 SELECT를 할 때 구상 클래스와 추상 클래스에 해당하는 테이블을 JOIN하여 가져오기 때문에 성능에 다소 문제가 있는 편입니다.

| 구상 클래스마다 테이블 만들기 |

두 번째는 상속의 개념을 버리고 구상 클래스마다 추상 클래스의 데이터를 포함하여 테이블을 만드는 방법입니다(그림 3-41). 하나의 구상 클래스가 하나의 테이블에 대응하기 때문에 매우 간단합니다. 하지만 다형성을 표현할 수 없다는 단점이 있습니다. 예를 들어 추상 클래스에서 데이터나 어떠한 관계를 가지고 있더라도 이 방법으로는 각 테이블에 분산되어 추가됩니다.

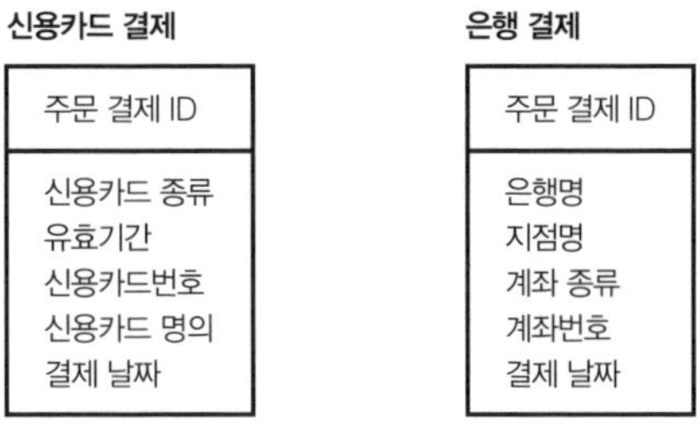

신용카드 결제

주문 결제 ID
신용카드 종류 유효기간 신용카드번호 신용카드 명의 결제 날짜

은행 결제

주문 결제 ID
은행명 지점명 계좌 종류 계좌번호 결제 날짜

그림 3-41 구상 클래스마다 테이블 만들기

| 클래스 계층별로 범용 테이블을 만들고, 유형을 나타내는 칼럼 준비하기 |

마지막으로 상속의 클래스 계층을 하나의 테이블로 표현하는 방법입니다. 다형성도 표현할 수 있고 성능에도 문제가 없습니다. 다만 나중에 구상 클래스를 추가하는 것이 조금 어려운 편입니다. 또한 구상 클래스 수가 많으면 칼럼이 많아져 복잡해질 수 있습니다. 그리고 구상 클래스의 칼럼은 NULL 허용으로 설정해야 합니다.

이 방법에서는 테이블의 레코드가 구체적으로 어떤 클래스를 나타내는지 표현하기 위해 종류를 나타내는 칼럼이 필요합니다. [그림 3-42]의 예시에서 주문 결제 유형이 거기에 해당하는 칼럼입니다.

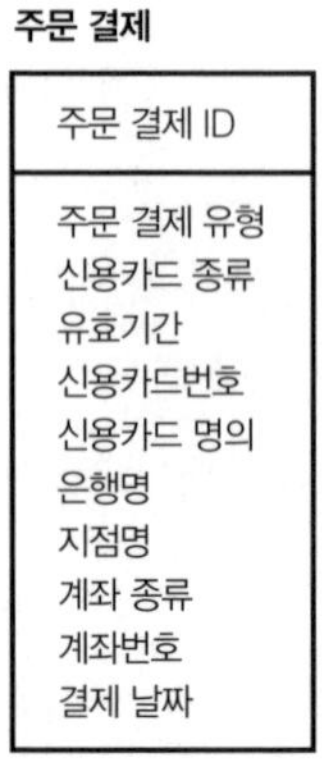

주문 결제

주문 결제 ID
주문 결제 유형 신용카드 종류 유효기간 신용카드번호 신용카드 명의 은행명 지점명 계좌 종류 계좌번호 결제 날짜

그림 3-42 범용 테이블을 만들고 추가로 유형을 나타내는 칼럼을 준비

이상의 세 가지 방법을 정리하면 [표 3-15]와 같습니다. 어떠한 방법이든 장단점이 있다는 것을 알 수 있습니다.

표 3-15 상속의 구현 방법

상속의 구현 방법	성능	다형성	구상 클래스 추가
추상 클래스와 구상 클래스별로 테이블 만들기	× (JOIN 필요)	○ (문제없음)	○ (문제없음)
구상 클래스마다 테이블 만들기	○ (문제없음)	× (사용 불가)	○ (문제없음)
클래스 계층별로 범용 테이블을 만들고 유 형을 나타내는 칼럼을 추가적으로 준비하기	○ (문제없음)	○ (문제없음)	× (추가하기 어려움)

어떤 방법을 선택할지는 해당 데이터가 다형성이 필요한지 또는 구상 클래스가 추가될지 여부에 따라 검토하면 됩니다.

개념 모델을 바탕으로 ER 다이어그램을 작성하면 [그림 3-43]과 같이 됩니다. 이 예시에서는 상속을 구현하는 방법으로 '클래스 계층별로 범용 테이블을 만들고, 유형을 나타내는 칼럼을 추가적으로 준비하는 방법'을 채택하였습니다.

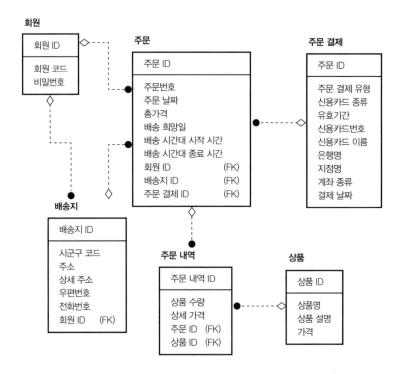

그림 3-43 개념 모델로 만든 ER 다이어그램

여기까지 인터페이스 설계와 데이터베이스 논리 설계까지 끝났으므로 외부 설계가 완료되었다고 할 수 있습니다. 이제부터는 인터페이스 설계와 데이터베이스 논리 설계를 바탕으로 시스템을 구성하는 프로그램을 어떻게 개발할 것인가를 검토합니다. 즉, 내부 설계를 진행합니다.

데이터베이스 논리 설계에서는 가능한 한 정규화된 모델을 생성합니다. 상속을 구현하는 방법에 따라 다소 중복될 수 있지만, 3차 정규화 또는 보이스코드 정규화까지 수행하도록 합시다. 데이터베이스 제품 구현을 전제로 성능까지 고려한 설계를 하는 것은 데이터베이스 물리 설계 단계입니다.

3.10 NoSQL 데이터베이스 설계

앞서 '데이터베이스 논리 설계'에서는 RDB[Relational Database]를 전제로 한 설계에 대해 설명하였습니다. 현재도 RDB는 데이터 저장소로 중요한 역할을 하고 있지만 다른 대안으로 NoSQL 데이터베이스를 들 수 있습니다. NoSQL 데이터베이스라는 단어의 의미는 'SQL만이 아닌[Not only SQL]'이라는 것으로, 쉽게 말해 RDB 이외의 데이터베이스를 말합니다. RDB는 정규화된 정형 데이터를 저장하는 반면 NoSQL은 반정형 데이터나 비정형 데이터를 저장할 수 있습니다. 또한 NoSQL은 확장성이 높고 고성능입니다. 대신 트랜잭션 제어를 생략하고(4.4.5절 트랜잭션 제어 참고) ACID를 일부 완화한 방식입니다. 인터넷에는 NoSQL에서도 잠금을 사용하면 ACID를 구현할 수 있다는 글도 있지만, 잠금을 남용하면 NoSQL의 장점을 잃게 되고 RDB보다 성능이 떨어질 수 있습니다. 항상 NoSQL이 RDB보다 성능이 좋은 것은 아니므로 각각의 특성에 맞게 적용해야 합니다.

ACID 특성

ACID는 신뢰할 수 있는 트랜잭션이 충족해야 할 조건으로 다음 네 가지 단어의 머리글자를 딴 것입니다.

- Atomicity(불가분성, 원자성)

  트랜잭션 내에서 이루어진 처리는 모두 완료되거나, 모두 완료되지 않거나 둘 중 하나여야 합니다. 부분적으로 완료되는 경우는 없습니다.

- Consistency(일관성)

  트랜잭션 내에서 이루어진 데이터 변경에서 제약 조건을 완벽하게 충족해야 합니다. 불일치하는 데이터나 부정한 상태가 없습니다.

- Isolation(독립성)

  트랜잭션 내 중간 과정 바깥에서 볼 수 없으며 결과만 보입니다. 온전히 중간 과정을 보여주지 않는 것은 성능과 트레이드오프가 되기 때문에 RDB 등에서는 어느 정도까지 보여 줄 것인지를 격리 수준으로 지정할 수 있습니다.

- Durability(지속성)

  트랜잭션이 성공적으로 커밋되면 결과가 영구적으로 유지됩니다. 설령 시스템 장애가 발생하더라도 말입니다.

NoSQL은 종류가 몇 가지 있습니다. 키-값 데이터베이스(또는 키-값 저장소key-value store), 문서document 데이터베이스(또는 문서 지향 데이터베이스), 그래프graph 데이터베이스 등이 있습니다. 또한 키-값에는 인메모리in-memory 데이터베이스도 있는 등 NoSQL의 종류는 매우 다양합니다. 실제로 개별 NoSQL 제품에 따라 특성도 기능도 전혀 다르기 때문에 적절한 제품을 선택하고 그에 맞는 설계를 해야 합니다. 예를 들어 키-값 데이터베이스에서도 문서 모델을 저장할 수 있는 케이스가 있어 NoSQL의 종류에 따른 경계가 모호합니다. 현대의 데이터베이스 설계는 유스케이스에 따라 RDB로 할 것인지, NoSQL로 할 것인지, NoSQL 이외의 제품으로 할 것인지 선택하는 것이 가장 중요합니다.

키-값 데이터베이스는 키와 값의 단순한 구조로 파티셔닝에 대응하기 쉽고, 대규모 스케일아웃(수평적 확장)이 가능합니다. **파티셔닝**은 데이터베이스 내부에서 데이터를 분할하는 것을 말합니다. 유스케이스로는 IoTInternet of Things의 수많은 기기에서 발생하는 짧은 시간 단위의 데이터를 수집하는 데 적합합니다. 그 외에도 사용자 세션으로 행동 이력 등을 추적하는 데에도 용이합니다.

문서 데이터베이스는 JSON을 저장할 수 있으며 유연한 구조의 데이터를 가질 수 있습니다. 예를 들어 사용자 정보와 같이 속성이 증가하고 변경되는 경우나, 다양한 데이터 소스에서 서로 다른 속성을 가진 콘텐츠를 수신하는 경우에도 적합합니다. 또한 문서 데이터베이스는 확장성이 뛰어나 소위 말하는 빅데이터를 처리할 수도 있습니다. 사용자 정보와 같은 비즈니스 객체를 대량의 빅데이터로 저장하고 처리할 수 있다는 것은 큰 장점입니다.

빅데이터와 관련하여 데이터를 저장하는 거대한 그릇을 **데이터 레이크**Data Lake라고 합니다. 데이터 레이크는 반구조적 데이터나 비구조적 데이터를 저장하는 경우가 많으며, 데이터 레이크에서 정규화된 구조적 데이터를 RDB에 다시 넣습니다.

3.11 비기능 요구사항 정의 및 시스템 설계

다음으로 비기능 요구사항과 시스템 설계에 대해 이야기해보겠습니다. 먼저 비기능 요구사항부터 설명하겠습니다.

3.11.1 비기능 요구사항이란

비기능 요구사항 정의는 유스케이스나 개념 모델에서 수행하는 기능 요구사항 정의에 대한 비기능 요구사항을 정의하는 것을 말합니다. 시스템 사용자에게는 기능 요구사항을 실현하는 것이 시스템을 이용하는 목적입니다. 비기능 요구사항은 시스템 사용자가 기능을 이용할 때 부가적으로 필요한 시스템의 품질이나 성능을 말합니다. 이를 명문화하기 위해 서비스 수준 협약(SLA)으로 계약을 체결하거나 서비스 수준 목표(SLO)로 목표를 설정합니다.

또한 많은 기업에서는 **비즈니스 지속성 계획**business continuity plan을 수립하여 재난이나 대규모 시스템 장애가 발생한 비상시에도 사업을 지속할 수 있도록 대책을 마련하고 있습니다. 비상시에도 사업을 지속할 수 있도록 운영 설계를 고려한 비기능 요구사항을 정의해야 합니다.

비기능 요구사항은 기능 요구사항에 비해 무시되기 쉽습니다. 기능 요구사항에 누락되어 있고, 누락된 기능이 중요한 것이라면 업무 수행이 불가능해집니다. 비기능 요구사항 정의에서 다루는 내용은 시스템에 부하가 많이 걸리거나 시스템을 장시간 운영해야만 발견할 수 있는 문제입니다. 이 때문에 쉽게 무시되곤 합니다. 하지만 비기능 요구사항에서 정의되는 내용은 시스템 전체에 영향을 미치기 때문에 문제가 발생하면 복구에 많은 시간이 소요될 수 있습니다. 비기능 요구사항 정의의 내용은 부하 테스트나 운영 테스트의 입력이 되는 정보입니다. 따라서 비기능 요구사항을 제대로 정의하지 않으면 부하 테스트나 운영 테스트도 제대로 이루어지지 않습니다.

비기능 요구사항은 기능 요구사항과 달리 사용자 기업의 의견 청취만으로는 도출할 수 없습니다. 기능 요구사항은 시스템 사용자인 사용자 기업 담당자에게 어떤 기능을 원하는지 물어보면 됩니다. 그러나 비기능 요구사항은 품질이나 성능에 관한 것이기 때문에 사용자 기업 담당자에게 물어봐도 명확한 답을 얻을 수 없을 것입니다. 따라서 비기능 요구사항은 시스템 개발 회사 측에서 주도적으로 검토해야 합니다.

그렇다면 비기능 요구사항은 구체적으로 어떤 것일까요? 이에 대한 대답은 꽤나 모호합니다. 기능 요구사항 이외의 것을 말하지만 그것만으로는 분명하지 않습니다. 그래서 비기능 요구사항의 기준으로 'ISO/IEC 9126 품질 특성 모델'[6]이 일반적으로 널리 알려져 있습니다.

ISO/IEC 9126은 시스템의 품질 특성을 포괄적으로 정의합니다. ISO/IEC 9126의 품질 특성을 활용하면 포괄적인 비기능 요구사항을 검토할 수 있습니다. 사용자 기업과 품질 특성에 대한 의견 청취를 진행하여 중점적으로 대응해야 할 품질 특성과 특별한 대응이 필요 없는 품질 특성을 명확히 할 수 있습니다. 이처럼 ISO/IEC 9126은 유용하지만 용어 정의가 어려운 부분도 있어 이해하기 어렵다고 생각할 수 있습니다. 하지만 최대한 알기 쉽게 설명하겠습니다.

먼저 ISO/IEC 9126에는 '품질 모델'이라는 용어가 있습니다. 여기서 말하는 품질은 시스템이 본래 갖추어야 할 특성을 의미합니다. 그런 의미에서 기능 요구사항과 비기능 요구사항 모두 품질이라고 할 수 있습니다. 실제로 ISO/IEC 9126을 살펴보면, 정의하고 있는 품질 특성이 매우 광범위하며 기능 요구사항과 비기능 요구사항을 모두 포괄하고 있습니다. 품질이라고 하면 버그나 결함만을 떠올리기 쉽지만 ISO/IEC 9126에서는 더 넓은 의미로 품질을 정의합니다.

ISO/IEC 9126에서는 시스템의 품질 특성을 [표 3-16]과 같이 정의하고 있습니다. 영문 명칭이 더 의미가 알기 쉬운 경우도 있기 때문에 영문도 함께 표기하였습니다.

....

6 저자_ SQuaRE(Software product Quality Requirements and Evaluation)에 의해 ISO/IEC 25000:2005로 통합되어 ISO/IEC 25010 품질 모델로 계승되고 있습니다.

표 3-16 ISO/IEC 9126의 품질 특성

품질 특성	정의
기능성(functionality)	지정된 조건에서 사용했을 때 명시적 및 묵시적 요구를 충족시키는 기능을 수행하는 소프트웨어 제품의 능력
신뢰성(reliability)	지정된 조건에서 사용했을 때 지정된 성능 수준을 유지하는 소프트웨어 제품의 능력
사용성(usability)	지정된 조건에서 사용했을 때 사용자가 이해하고 학습할 수 있으며 매력적으로 느껴질 수 있는 소프트웨어 제품의 능력
효율성(efficiency)	지정된 조건에서 소프트웨어 제품이 사용 자원의 양과 관련하여 적절한 성능을 제공하는 능력
유지보수성(maintainability)	소프트웨어 제품이 변경에 대응할 수 있는 능력. 변경은 환경, 요구사항 및 기능 명세의 변화에 대응하는 소프트웨어의 수정, 개선 또는 개조를 포함
이식성(portability)	한 환경에서 다른 환경으로 이식할 수 있는 소프트웨어 제품의 능력

이처럼 ISO/IEC 9126에서는 기능성, 신뢰성, 사용성, 효율성, 유지보수성, 이식성의 6가지로 시스템 특성을 정의하고 있습니다. 하지만 이 정의만으로는 이해하기 어렵습니다. 품질 특성에는 더욱 세분화된 품질 부특성이 있습니다. 이를 바탕으로 다음 절부터 이어지는 품질 특성들을 자세히 살펴봅시다.

| 기능성 |

기능의 정의와 부특성을 [표3-17]에 정리했습니다. 기능 요구사항과 비기능 요구사항으로 구분할 때, 기능 요구사항은 기능성의 품질 부특성인 적합성이 해당됩니다. 따라서 그 외의 모든 품질 특성과 품질 부특성은 비기능 요구사항이라고 할 수 있습니다.

보안성이 기능성에 포함되는 것에 대해 거부감이 있을 수 있습니다. 그러나 암호로 보호하거나 통신을 암호화한다는 의미에서 보안도 '명시적, 묵시적 필요성에 부합하는 기능'이라고 할 수 있습니다.

표 3-17 기능성

품질 특성	정의	
기능성 (functionality)	지정된 조건에서 사용했을 때 명시적 및 묵시적 요구를 충족시키는 기능을 수행하는 소프트웨어 제품의 능력	
품질 부특성	적합성 (suitability)	소프트웨어 제품이 지정된 작업 및 사용자 목표에 적합한 기능 집합을 제공하는 능력
	정확성 (accuracy)	소프트웨어 제품이 필요한 정확도로 올바른 결과나 효과 또는 일치하는 결과나 효과를 생성하는 능력
	상호운용성 (interoperability)	소프트웨어 제품이 지정된 하나 이상의 시스템과 상호 작용할 수 있는 능력
	보안성 (security)	권한이 없는 사람이나 시스템이 정보 및 데이터를 읽거나 수정할 수 없고, 권한이 있는 사람이나 시스템이 정보 및 데이터에 대한 접근을 거부당하지 않도록 정보 및 데이터를 보호할 수 있는 소프트웨어 제품의 능력
	기능 준수성 (functionality compliance)	소프트웨어 제품이 기능 관련 표준, 협정 또는 법규 및 이와 유사한 규정을 준수하는 능력

| 신뢰성 |

[표 3-18]에 신뢰성의 정의와 부특성을 정리하였습니다.

표 3-18 신뢰성

품질 특성	정의	
신뢰성 (reliability)	지정된 조건에서 사용했을 때 지정된 성능 수준을 유지하는 소프트웨어 제품의 능력	
품질 부특성	성숙성 (maturity)	소프트웨어 장애로 인한 고장을 방지할 수 있는 능력
	결함 수용성 (fault tolerance)	소프트웨어 장애 또는 지정된 인터페이스에 침해가 발생했을 때 지정된 성능 수준을 유지하는 능력
	복구 용이성 (recoverability)	소프트웨어 제품이 지정된 성능 수준을 재구축하고 장애의 영향을 직접적으로 받은 데이터를 복원하는 능력

시스템의 신뢰성은 중요합니다. 비기능 요구사항 정의에서도 신뢰성은 충분히 고려해야 합니다.

최근 시스템은 개발 효율을 높이기 위해 다양한 미들웨어와 프레임워크, 라이브러리를 조합하여 구축합니다. 사용하는 미들웨어나 프레임워크, 라이브러리의 마이너 버전이나 리비전이 낮은 경우에는 성숙도가 낮을 수 있습니다. 대표적인 성숙성 지표로는 **평균 장애 간격**Mean Time Between Failure (MTBF)입니다. MTBF와 비슷한 말로 MTTFMean Times To Failure가 있는데 MTTF는 수리가 불가능한 것에 대해 사용됩니다. 일반적으로 소프트웨어는 수리가 가능하기 때문에 MTBF를 사용하며 MTBF와 MTTF의 계산 방법은 동일합니다.

평균 장애 간격(MTBF) = 시스템의 총가동 시간 / 고장 횟수

복구 용이성은 장애가 발생한 후 얼마나 빨리 정상 작동하도록 복구할 수 있는지를 의미합니다. 대표적인 복원력 지표로는 MTTR과 가동률이 있는데, MTTR은 **평균 복구 시간**Mean Time To Repair (MTTR)을 의미하며 장애 발생 후 평균적으로 얼마나 빨리 복구할 수 있는지를 나타냅니다. 가동률은 가용성availability의 지표이기도 합니다.

가동률 = MTBF / (MTBF + MTTR)

1년 동안 장애 없이 운영되는 시스템이 있고, 1년에 한 번만 장애가 발생한다고 가정해봅시다. 이 장애를 복구하는 데 1시간이 걸린다면 가동률은 다음과 같습니다.

- MTBF = 365일 × 24시간 = 8760시간
- MTTR = 1시간
- 가동률 = MTBF / (MTBF + MTTR) = 8760 / (8760 + 1) = 99.99%

복구 용이성을 높이기 위해서는 시스템 복구에 대한 고려가 필요합니다. 장애 종류와 발생 부위에 따라 어떤 절차로 복구할 것인지 운영 절차를 포함하여 설계합니다. 예를 들어 데이터베이스가 다운되었을 때 어떻게 데이터를 정상으로 되돌릴 수 있는지를 검토합니다. 이는 백업 방법 등의 운영 설계와도 관련이 있습니다. 최근에는 지진이나 화재와 같은 대규모 재해로부터 데이터를 보호하기 위한 재해복구 등도 고려되고 있습니다.

결함 수용성은 fault tolerance라고도 하고 이를 줄여서 FT라고 부르기도 합니다.

이는 장애가 발생해도 시스템 전체가 다운되지 않고 계속 동작하는 특성을 말합니다. 장애가 발생해도 계속 동작하기 위해서는 시스템 이중화를 하는 것이 정석입니다. 하드웨어에서도 하드디스크가 손상되면 데이터가 손실되기 때문에 여러 개의 하드디스크를 가상으로 하나의 하드디스크로 보이도록 RAID로 구성합니다. 그러면 하드디스크 한 대가 손상되더라도 다른 한 대에 동일한 데이터가 쓰여져 있기 때문에 데이터가 손실될 염려가 없습니다.

비슷한 개념으로 소프트웨어에서도 서버를 다중화로 구성합니다. 구체적으로는 웹 서버나 웹 애플리케이션 서버를 동일한 구성으로 여러 대를 배치합니다(그림 3-44). 하지만 클라이언트 입장에서는 중복된 것을 모른 채 중복된 시스템에 접속하고 싶을 것입니다. 그래서 두 가지 방법을 사용합니다. 여러 대의 중복된 서버군을 하나의 서버로 보이게 하는 것입니다. 한 가지 방법은 로드 밸런서^{load} ^{balancer}를 배치하여 클러스터링을 하는 것이고, 다른 하나는 중복된 서버군으로 세션을 유지하는 방법입니다.

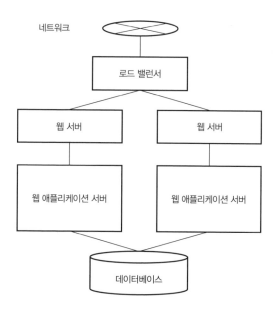

그림 3-44 서버 다중화 구성

세션 유지는 HttpSession과 같이 클라이언트로부터의 처리 상태를 서버가 유지하는 경우에 문제가 됩니다. 예를 들어 웹 애플리케이션 서버를 서버 A와 서버 B 두 대에 다중화했다고 가정해보겠습니다. 그런 다음 클라이언트에서 접속하여 로드 밸런서에 의해 처리가 서버 A에 할당됩니다. 다음으로 같은 클라이언트에서 접속하였고 이번에는 로드 밸런서에 의해 서버 B로 전달되었다고 합시다. 이때 서버 A에서 처리한 HttpSession의 정보는 서버 B로 전달되지 않습니다. 서버 A에서 로그인을 하고 로그인 상태를 HttpSession에 저장하고 있는 경우에는 서버 B에서 다시 로그인해야 합니다. 이 문제를 해결하기 위해서는 [표 3-19]의 두 가지 방법이 있습니다.

표 3-19 스티키 세션과 세션 공유

대책	설명
스티키 세션	로드 밸런서에서 요청을 배분할 때 동일한 세션의 요청을 동일한 서버로 배분하여 세션을 지속할 수 있다.
세션 공유	클러스터링된 모든 서버 간에 세션 정보를 공유함으로써 어떤 서버에 어떤 요청이 배정되더라도 세션을 지속할 수 있다.

스티키 세션은 애플리케이션에 특별한 메커니즘이 필요하지 않고 성능도 우수합니다. 반면 로드 밸런서가 스티키 세션을 지원해야 하며 서버가 장애로 다운될 경우 세션 정보가 손실될 수 있다는 단점이 있습니다.

일반적으로 다중화 및 클러스터링은 신뢰성뿐만 아니라 부하 분산으로 인한 시간적 효율(성능)을 향상시킬 수 있습니다.

| 사용성 |

사용성의 정의와 부특성을 [표 3-20]에 정리했습니다. 사용성이란 말 그대로 '사용하기 쉬움'을 의미합니다. 사용성에는 이해 용이성, 학습성, 운영성, 친밀성, 사용 준수성이 있습니다.

표 3-20 사용성

품질 특성		정의
사용성 (usability)		지정된 조건에서 사용했을 때 사용자가 이해하고 학습할 수 있으며 매력적으로 느껴질 수 있는 소프트웨어 제품의 능력
품질 부특성	이해 용이성 (understandability)	사용자가 소프트웨어가 적절한지, 특정 작업과 사용 조건에서 어떻게 사용할 수 있는지 이해할 수 있도록 하는 능력
	학습성 (learnability)	사용자가 사용법을 학습할 수 있도록 하는 능력
	운영성 (operability)	사용자가 쉽게 조작하고 제어할 수 있도록 하는 능력
	친밀성 (attractiveness)	소프트웨어 제품이 사용자에게 매력적일 수 있도록 하는 능력
	사용 준수성 (usability compliance)	소프트웨어 제품이 사용성 표준, 협정, 스타일 가이드 또는 법규를 준수할 수 있는 능력

| 효율성 |

효율성의 정의와 부특성은 [표 3-21]과 같습니다.

표 3-21 효율성

품질 특성		정의
효율성 (efficiency)		지정된 조건에서 소프트웨어 제품이 사용 자원의 양과 관련하여 적절한 성능을 제공하는 능력
품질 부특성	시간 효율성 (time behaviour)	소프트웨어 제품이 명시된 조건하에서 기능을 수행할 때 적절한 응답 시간, 처리 시간 및 처리율을 제공하는 능력
	자원 활용성 (resource utilization)	명시된 조건하에서 기능을 수행할 때 적절한 양과 종류의 자원을 사용하는 능력
	효율 준수성 (efficiency compliance)	소프트웨어 제품이 효율성에 관한 표준 또는 협정을 준수하는 능력

효율성은 성능에 관한 품질 특성입니다. 효율이 좋으면 결과적으로 성능도 좋아

질 것이라는 뜻입니다. 우리가 보통 성능이나 퍼포먼스라고 부르는 것은 효율성의 품질 부특성인 시간 효율성이라는 것을 알 수 있습니다. 시간 효율성의 지표로는 처리량throughput과 대기(또는 지연)latency 시간이 있습니다(표 3-22).

표 3-22 처리량 및 대기 시간

지표	설명
처리량	단위 시간당 시스템이 응답을 반환할 수 있는 횟수
대기 시간	시스템이 하나의 요청에서 응답을 반환하는 데 걸리는 시간

일반적으로 대기 시간이 짧을수록 처리량이 높아집니다. 하지만 서버의 CPU 사용량, 메모리 사용량 등 리소스가 한계에 도달하거나 네트워크 대역폭이 부족할 경우, 대기 시간만 높거나 처리량만 낮을 수 있습니다. 시간 효율성을 평가하기 위해서는 처리량과 대기 시간을 모두 조사해야 합니다.

| 유지보수성 |

유지보수성의 정의와 부특성은 [표 3-23]과 같습니다.

표 3-23 유지보수성

품질 특성		정의
유지보수성 (maintainability)		소프트웨어 제품이 변경에 대응할 수 있는 능력. 변경은 환경, 요구사항 및 기능 사양의 변화에 대응하는 소프트웨어의 수정, 개선 또는 개조를 포함
	품질 부특성	
	분석 용이성 (analyzability)	소프트웨어의 결함이나 고장의 원인을 쉽게 진단하고 수정해야 할 부분을 쉽게 식별할 수 있는 능력
	변경 용이성 (changeability)	소프트웨어 제품의 능력으로 지정된 수정이 가능한 능력
	안정성 (stability)	소프트웨어 수정으로 인한 예기치 않은 동작을 방지하는 능력
	테스트 용이성 (testability)	수정된 소프트웨어의 유효성 검증을 가능하게 하는 능력
	유지보수 준수성 (maintainability compliance)	유지보수성 관련 표준 또는 협정을 준수하는 능력

유지보수성은 시스템의 변경 용이성을 나타내는 품질 특성입니다. 최근 시스템 개발 현장에서는 이 유지보수성을 중요하게 여기고 있습니다. 자세한 내용은 '아키텍처 편'에서 설명하겠습니다.

| 이식성 |

이식성의 정의와 부특성을 [표 3-24]에 정리했습니다.

표 3-24 이식성

품질 특성		정의
이식성 (portability)		한 환경에서 다른 환경으로 이식할 수 있는 소프트웨어 제품의 능력
품질 부특성	환경 적응성 (adaptability)	대상 소프트웨어와 관련하여 그 목적을 위해 준비된 것 이외의 다른 조치나 수단을 취하지 않고 지정된 다른 환경에 적응할 수 있는 능력
	설치 용이성 (installability)	소프트웨어 제품이 지정된 환경에 쉽게 설치될 수 있는 능력
	상호 공존성 (co-existence)	소프트웨어 제품이 자원을 공유하는 공통된 환경에서 다른 독립적인 소프트웨어와 공존할 수 있는 능력
	치환성 (replaceability)	동일한 환경에서 동일한 목적을 가진 다른 지정된 소프트웨어 제품을 대체할 수 있는 능력
	이식 준수성 (portability compliance)	소프트웨어 제품이 이식성 표준 또는 협약을 준수할 수 있는 능력

일반 서버 시스템에서 이식성은 중요하지 않습니다. 설치 용이성이 다소 중요할 수도 있지만 서버 시스템이라면 한번 설치하면 그만입니다. 이식성은 패키지 소프트웨어나 클라이언트 애플리케이션 등 다양한 환경에서 실행되는 소프트웨어에만 필요합니다.

이상으로 시스템 품질 특성에 대해 간략히 설명했습니다. 비기능 요구사항 정의로 고려해야 할 내용은 기능 품질 부특성의 적합성을 제외한 모든 내용입니다. 단, 앞서 언급했듯이 일반 기업 시스템에서 이식성은 중요하지 않습니다.

이러한 품질 특성을 바탕으로 비기능 요구사항을 정의합니다. 신뢰성과 효율성에 대해서는 사용자 기업 담당자가 구체적인 목표치를 제시하는 것이 좋습니다. 처리량, 대기 시간, 가동률에 대해서는 구체적인 수치를 목표로 설정합니다.

기능성의 부특성인 보안성에 대해서는 공개된 보안 가이드라인 등을 참고하여 검토할 필요가 있습니다. 웹 애플리케이션의 경우 일본 정보처리추진기구(IPA)의 보안센터(https://www.ipa.go.jp/security)에서 작성한 '安全なウェブサイトの作り方(안전한 웹사이트 만들기)'[7]를 참고하면 좋습니다. 해당 사이트에서는 다음과 같은 보안 문제를 설명합니다.

- SQL 인젝션
- OS 커맨드 인젝션
- 경로명 매개변수 미확인, 디렉터리 접근 공격directory traversal attack
- 세션 관리 미흡
- 크로스 사이트 스크립팅(XSS)
- 크로스 사이트 요청 위조(CSRF)
- HTTP 헤더 인젝션
- 메일 헤더 인젝션
- 버퍼 오버플로
- 접근 제어 및 승인 제어의 부재

먼저 이러한 일반적인 보안 문제에 대한 대응을 검토하고, 그다음에는 시스템 고유의 보안 문제를 추가적으로 검토하는 것이 좋습니다.

또한 사용성에 대해서는 UI 디자인 정책 등을 통해 학습성, 이해 용이성, 운영성을 고려한 정책을 만듭니다. 자세한 내용은 화면 설계 설명에서 이미 언급했으니 참고하기 바랍니다.

----

7 국내는 정부의 '소프트웨어 개발보안 가이드'를 참고(https://www.mois.go.kr/frt/bbs/type001/common
   SelectBoardArticle.do;jsessionid=TjAX2IwVk6hpONx8dKSZ4VTj.node10?bbsId=BBSMSTR_0000
   00000000015&nttId=88956).

3.12 시스템 인프라 설계 및 배치 설계

비기능 요구사항 정의 내용을 바탕으로 시스템 인프라 설계를 수행합니다(그림 3-45). 시스템 인프라 설계는 시스템을 구현하기 위해 네트워크와 하드웨어를 구성하는 것입니다.

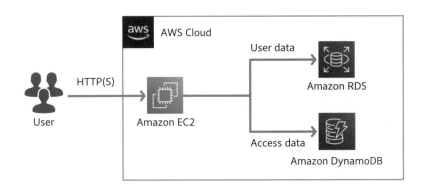

그림 3-45 AWS 아키텍처 다이어그램(클라우드 사례)

인프라 설계에서 중요한 점은 보안성, 신뢰성, 효율성입니다. 이를 바탕으로 네트워크 설계와 머신 구성을 검토합니다. 시스템 인프라 설계를 누가 할 것인가는 개발 프로젝트에 따라 달라질 수 있습니다. 여기에는 네트워크나 하드웨어, OS에 대한 전문 지식도 필요합니다. 만약 개발 프로젝트에서 하지 않을 경우 전문 벤더에게 아웃소싱을 맡깁니다.

시스템을 개발했으면 시스템을 서버 머신 등에 배치해야 합니다. 여기서 시스템을 서버 머신 등에 어떻게 배치할 것인지를 설계하는 것이 **배치 설계**입니다. 이 배치 설계를 개발이 끝난 후에 간단히 진행하면 된다고 생각했다면 오산입니다. 그러면 너무 늦습니다. 배치 설계는 개발이 시작되기 전에 해야 합니다. 배치 방법에 따라 구현 방법에 영향을 미치기 때문입니다.

예를 들어 자바에는 WAR, EAR 등의 웹 애플리케이션을 배치하는 방법이 있습니다. 자바에서는 배치하는 것을 **디플로이먼트**라고 합니다. 시스템 전체를 하나의

WAR로 할 것인지, 아니면 서브시스템별로 WAR로 할 것인지에 따라 내부 설계와 구현에 영향을 미칩니다. WAR마다 ClassLoader[8]가 다르기 때문에 WAR 사이에서는 클래스 인스턴스 공유가 쉽지 않은 편입니다. 서브시스템의 독립성이 높은지, 아니면 의존성이 강한지에 따라 WAR 구성을 고려합니다. 이러한 이유로 배치 설계는 내부 설계와 함께 이루어져야 합니다.

먼저 배치 설계를 하려면 시스템 인프라 설계가 어느 정도 완료되어 있어야 합니다. 시스템 인프라 설계가 끝난 후 배치 설계를 할 것인지, 아니면 시스템 인프라 설계와 배치 설계를 동시에 할 것인지는 경우에 따라 다릅니다. 기본적으로 애플리케이션 배치가 시스템 인프라 설계에 영향을 미치지는 않습니다. 다만 드물게 애플리케이션 배치가 시스템 인프라 설계에 영향을 미치는 경우가 있습니다. 따라서 시스템 인프라 설계와 함께 애플리케이션 배치 설계도 가능한 한 빨리 검토하는 것이 좋습니다.

- - - - - - - - - - - - - - - - - - - -

8 저자_ 클래스의 로드를 담당하는 객체

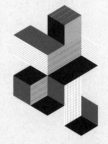

내부 설계 방법

4장에서는 내부 설계 방법에 대해 설명합니다. 내부 설계는 상세 설계라고도 부릅니다. 외부 설계에서는 시스템과 사용자 및 다른 시스템과의 상호작용, 입출력을 결정했습니다. 데이터베이스 논리 설계에 따라 데이터가 어떻게 저장될지도 큰 틀에서 결정되어 있습니다. 내부 설계에서는 시스템의 입력과 출력, 데이터베이스에 저장하는 사이에 이루어지는 시스템 내부 처리를 설계합니다. 또한 구체적인 소프트웨어 내부 프로그램이나 데이터 처리 방법, 관리 방법, 병렬 처리 방법, 트랜잭션 방법 등도 설계합니다. 그리고 데이터베이스 물리 설계도 수행합니다. 이외에도 필요에 따라 CRUD 설계[1] 등도 진행합니다.

4.1 내부 설계란?

먼저 내부 설계의 목적을 확인해봅시다(그림 4-1). 이미 설명한 바와 같이 '설계편'에서는 자바로 웹 시스템을 개발하는 것을 전제로 하고 있습니다. 또한 오픈소스 프레임워크로 스프링 부트와 마이바티스^{MyBatis}를 사용합니다. 스프링 부트는 스프링 프레임워크를 사용한 애플리케이션을 쉽게 단독으로 실행할 수 있도록 만든 것입니다. 구태여 말하자면 WAR 파일을 톰캣 등에 배포할 필요가 없습니다. 프로그램 설계에서도 스프링 부트와 마이바티스나 하이버네이트를 사용하여 설계를 진행할 수 있습니다. 단, 스프링 부트와 마이바티스 또는 하이버네이트 자체

---

1 CRUD 설계 혹은 CRUD Matrix는 현재는 거의 사용되고 있지 않습니다.

를 설명하는 것이 이 책의 목적은 아니므로 각 제품에 관해서는 간략히 언급하는 정도로만 설명하겠습니다.

[표 4-1]은 내부 설계에서 수행하는 작업과 결과물을 나타냅니다.

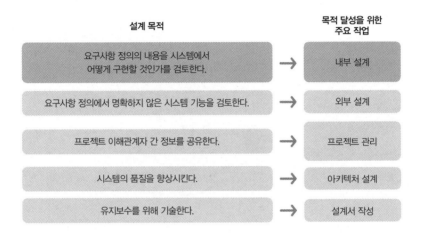

그림 4-1 내부 설계의 목적

표 4-1 내부 설계 작업 및 결과물

프로세스	작업	결과물
내부 설계	화면 프로그램 설계	Controller 목록
		Controller 설계서
		화면 공통 요소 설계서
	비즈니스 로직 프로그램 설계	비즈니스 로직 설계서
	데이터베이스 프로그램 설계	엔터티 클래스 다이어그램
		CRUD 설계서 (필요에 따라 작성)
	데이터베이스 설계	물리 ER 다이어그램
		테이블 정의서

강건성 분석

강건성 분석robustness analysis은 유스케이스 설명이나 개념 모델과 같은 요구사항 정의 결과물을 기반으로 객체지향적 분석을 하기 위한 기법입니다. 강건성 분석을 통해 유스케이스 기술이나 개념 모델에서 클래스를 추출할 수 있습니다.

강건성 분석에서는 클래스를 바운더리boundary, 엔터티entity, 컨트롤control 세 가지로 분류합니다(그림 4-A, 그림 4-B).

바운더리는 시스템과 외부와의 인터페이스를 나타냅니다. 이 책에서 말하는 시스템 기능에 해당합니다. 구체적으로는 화면이나 장표, 외부 시스템 I/F 등이 포함됩니다.

엔터티는 시스템 내부에 영속화되는 도메인 객체를 나타냅니다. 도메인 객체는 나중에 자세히 설명하겠지만 개념 모델에서 파생된 데이터와 동작을 가진 객체를 말합니다. 엔터티는 보통 데이터베이스와 같은 영구 저장소에 저장되는 것이 일반적입니다.

컨트롤은 바운더리에서 호출된 시스템이 수행하는 처리입니다. 바운더리에서 호출되어 엔터티를 업데이트하는 경우가 많습니다.

눈치챈 분도 있겠지만 강건성 분석의 세 가지 클래스는 MVC 모델의 Model, View, Controller와 유사합니다. 사실 이 세 가지 역할도 크게 다르지 않으며 UI와 데이터베이스를 가진 시스템의 일반적인 설계 스타일이라고 할 수 있습니다.

그림 4-A 강건성 다이어그램의 아이콘

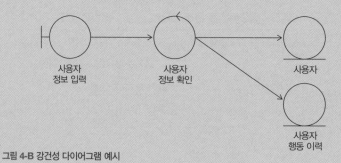

그림 4-B 강건성 다이어그램 예시

4.2 화면 프로그램 설계

이제 본론으로 들어가겠습니다. 먼저 화면 프로그램 설계에 대해 생각해봅시다.

4.2.1 스프링 부트로 개발

화면 설계에서 작성한 화면 전환도, 화면 목업, 화면 항목 정의서를 바탕으로 화면의 프로그램 설계를 진행합니다.

여기서는 오픈소스 프레임워크인 스프링 부트를 사용합니다. 자바 세계에서 프레임워크를 사용하지 않고 웹 시스템을 개발하는 경우는 드뭅니다. 자바에서는 오래 전부터 J2EE^Java2 Enterprise Edition의 Servlet API가 제공되어 왔습니다. Servlet API는 HTTP 프로토콜 수준의 API로 HTTP 요청과 HTTP 응답, 쿠키와 URL Rewriting을 이용한 HTTP 세션 관리 등의 기능을 제공합니다. JSP는 HTML을 동적으로 생성하기 위한 구조로, HTML 태그와 동적인 표시를 위한 JSP 태그를 작성합니다. Servlet과 JSP는 웹 시스템 개발을 위한 기본적인 기능을 제공하지만 비교적 낮은 수준의 기능이기 때문에 효율적인 웹 시스템 개발에는 충분하지 않습니다.

여기서 스프링 부트와 같은 프레임워크가 등장합니다. 자바 커뮤니티의 장점은 자바의 표준 API 중 사용하기 어려운 것이 있으면 누군가가 더 좋은 것을 오픈소스로 제공해준다는 점입니다. 아파치 소프트웨어 재단^Apache Software Foundation, JBoss를 비롯한 많은 오픈소스 커뮤니티에서 프레임워크를 제공하고 있습니다. 또한 자바를 개발한 오라클^Oracle은 이들의 오픈소스 활동을 수용하고 있습니다. 예를 들어 하이버네이트처럼 EJB3^Enterprise JavaBeans 3 명세에 포함된 것도 있습니다. 이런 다양성과 포용력이 자바 커뮤니티의 장점입니다.

스프링 부트의 기본은 화면 요청에 따라 Controller라는 특정 처리를 하는 클래스가 호출되는 것입니다. 어떤 요청 URL이 왔을 때 어떤 Controller의 구현 클래스가 호출될 것인지를 @RequestMapping 어노테이션으로 지정합니다. 또한

Controller가 어떤 처리를 한 후에 어떤 화면을 표시할 것인지도 지정할 수 있습니다. 이를 통해 처리가 성공했을 때와 오류가 발생했을 때 등 처리 결과에서 표시할 화면이나 메시지를 전환할 수 있습니다. 기본적으로 스프링 부트에서는 JSP가 아닌 Thymeleaf라는 템플릿 엔진을 사용합니다.

스프링 MVC를 기반으로 하는 스프링 부트는 MVC 모델을 따르는 웹 애플리케이션 프레임워크입니다. MVC 모델은 일종의 GUI를 가진 애플리케이션의 소프트웨어 아키텍처 중 하나로, GUI 애플리케이션의 처리 역할을 크게 Model, View, Controller로 구분하는 것이 특징입니다. MVC 모델은 원래 프로그래밍 언어인 스몰토크Smalltalk에서 사용되던 방식이며, 현재 많은 GUI 애플리케이션에 영향을 미치고 있습니다. 원래는 리치 클라이언트 등 웹 이전의 GUI 애플리케이션을 위한 아키텍처였습니다. 리치 클라이언트 등과 달리 웹에서는 버튼이나 링크를 누르는 이벤트와 서버 처리 사이, 서버 처리와 화면 표시 사이에 네트워크가 존재하기 때문에 기술적으로 완전히 동일한 것은 아닙니다. 그래서 웹의 MVC 모델을 MVC 모델 2 등으로 부르기도 합니다. 또한 PAC^{Presentation Abstraction Control} 등의 개념도 제시되었지만 이러한 차이는 그다지 중요하지 않습니다. 중요한 것은 처리를 Model, View, Controller 세 가지로 역할 분담하여 생각하는 것입니다. 각각의 역할이 명확해지면서 애플리케이션 구조가 복잡하지 않게 됩니다.

Model은 비즈니스 로직과 엔터티를 합친 것이며, 엔터티는 데이터베이스의 데이터를 객체로 표현한 것입니다. 비즈니스 로직과 엔터티를 합쳐서 도메인이라고 부르기도 합니다. 도메인은 시스템이 관심 있는 대상의 영역이라는 의미입니다. 비즈니스 로직과 엔터티의 관계는 비즈니스 로직에 대한 설명에서 자세히 다룹니다. 또한 모델과 비즈니스 로직과 엔터티를 합친 도메인도 함께 다룰 것입니다.

View는 GUI 화면을 의미합니다. 웹에서는 JSP나 Thymeleaf, HTML 또는 HTML을 표시하는 웹 브라우저가 View에 해당합니다. View에서는 Model 정보를 표시합니다.

Controller는 Model과 View를 제어합니다. 화면의 이벤트(요청)를 적절한 Model에 중개하고 Model의 결과를 View에 표시하기도 합니다. 이 MVC 삼박자가 협력하여 효율적으로 처리하게 됩니다.

웹 애플리케이션을 개발할 때 MVC 모델을 염두에 두어야 합니다. Struts와 스프링 프레임워크가 사바 웹 애플리케이션 프레임워크의 사실상 표준[2]이 된 이후 한동안은 프레임워크를 직접 제작하는 일도 없었습니다. 하지만 Struts도 시간이 지날수록 규모가 커지면서 복잡해졌고, 스프링 부트는 개발자들의 의견을 반영해 심플하게 개발할 수 있도록 재구성되었습니다.

스프링 부트의 MVC는 [그림 4-2]와 같습니다.

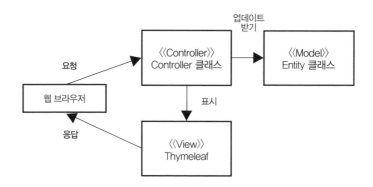

그림 4-2 스프링 부트에서의 MVC

스프링 부트로 프로그래밍하는 것은 다음과 같습니다.

- Controller 클래스
- Entity 클래스
- Thymeleaf 파일

스프링 부트는 많은 설정을 어노테이션으로 지정할 수 있습니다. 예를 들어 @RestController 어노테이션을 지정하는 것만으로 Controller가 REST 요청을 처리할 수 있도록 지정할 수 있습니다. 스프링 부트를 사용하면 RESTful 시스템을 쉽게 구축할 수 있습니다.

---

2 de facto standard. 공인기관에서 인정한 표준은 아니지만 많은 사람이 사용하고 있어서 실질적인 표준 혹은 업계 표준으로 부릅니다.

4.2.2 화면 전환 다이어그램에서 Controller 추출

화면 전환 다이어그램에서 링크나 폼으로 되어 있는 화면 전환은 Controller가 호출되거나 정적 HTML 등으로의 화면 전환입니다. 화면 전환 다이어그램에서 컨트롤러를 모두 추출합니다. 파악된 Controller는 Controller 목록으로 정리합니다.

아주 간단한 예시로 [그림 4-3]과 같은 화면 전환 다이어그램이 있다고 가정하겠습니다. 여기서 Controller를 도출해봅시다. 화면 전환은 2개입니다. 검색 버튼에 의해 검색 화면에서 목록 화면으로 전환되는 것과, 뒤로 가기 링크에 의해 목록 화면에서 검색 화면으로 전환되는 것입니다. 검색 버튼 때문에 전환되는 것은 화면 목업을 통해 확인할 수 있지만 일반적으로는 버튼(《input type="submit" ...》)과 폼(《form action="..." ... 》)으로 구현됩니다.

여기서 검색 조건을 받아 검색한 결과를 목록으로 반환하는 Controller가 하나 도출됩니다. 검색으로 돌아가는 링크 전환도 화면 목업에 따라 다르지만 일반적으로는 링크(《a href="..." ... 》)로 구현됩니다. 이때 검색 화면을 표시하는 Controller가 도출됩니다. 특별히 입력되는 정보가 없을 수도 있으나 이전 검색 조건을 세션에서 가져와 표시할 수도 있습니다.

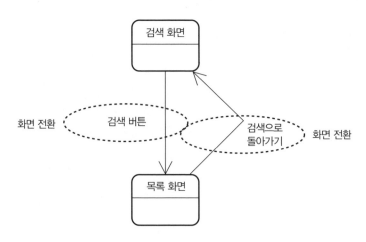

그림 4-3 화면 전환 다이어그램 예시

4.2.3 Controller 설계

Controller 목록에 나열된 각 Controller에서 수행할 처리를 설계합니다. Controller가 수행하는 처리는 주로 다음과 같습니다.

- 요청 파라미터의 유효성 체크
- 요청 파라미터 획득
- 비즈니스 로직 호출
- 응답에 대한 데이터 설정
- 화면 전환

Controller 설계서는 UML의 시퀀스 다이어그램으로 작성하는 것이 좋습니다. 하지만 시퀀스 다이어그램에서는 분기를 기술하기 어렵기 때문에 간단히 작성할 때는 액티비티 다이어그램으로 작성하는 것이 유리합니다. 문장으로 설명해야 할 내용이 있으면 다이어그램에 메모를 남깁시다. 워드 등으로 보충 자료를 만드는 방법도 있겠지만 여러 문서에 정보가 흩어져 있는 것은 좋지 않습니다.

비즈니스 로직에 대해서는 4.3절에서 다루겠습니다.

스프링 부트를 정상적으로 실행하고 있다면 Controller 클래스의 인스턴스는 여러 요청으로 공유됩니다. 동시에 동일한 Controller가 호출되면 동일한 Controller 클래스의 인스턴스가 동시에 실행됩니다. 즉 Controller 클래스는 스레드 세이프 thread safe하게 만들어야 합니다. 스레드 세이프라고 하면 어려운 기술처럼 들릴 수도 있으나, 단순히 멤버 속성을 만들지 않으면 됩니다. Controller는 상태를 갖지 않도록 생성합니다.

4.2.4 화면 공통 요소 설계

화면 디자인에서는 UI 설계 정책을 만들었습니다. UI 설계 정책에서는 공통 헤더, 공통 푸터, 공통 메뉴 등을 정의했습니다. 그 외에 화면 표시 항목의 포맷도 정의했습니다. 이를 공통 요소로 삼아 설계를 진행합니다.

공통 헤더, 공통 푸터, 공통 메뉴 등은 Thymeleaf HTML 파일을 생성합니다. 그리고 각 화면에서 해당하는 공통 Thymeleaf HTML 파일을 호출합니다.

4.2.5 HTTP 세션 설계

HTTP 세션은 HTTP라는 무상태stateless 프로토콜에서 상태를 유지하기 위한 메커니즘입니다. HTTP 세션 메커니즘을 사용하지 않으면 HTTP 요청이 올 때마다 완전히 다른 요청으로 처리됩니다. 이러면 로그인과 같은 인증을 구현할 수 없고 전자상거래 사이트에서 장바구니를 구현할 수도 없습니다.

HTTP 요청 간에 관계를 부여하기 위해서는 요청에 동일한 ID를 부여하면 됩니다. 이를 세션 ID라고 하는데, HTTP 세션은 웹 브라우저의 각 요청마다 요청 정보에 이 세션 ID를 부여함으로써 이루어집니다. 세션 ID를 부여하는 가장 일반적인 방법은 쿠키를 사용하는 것입니다.

쿠키는 HTTP와 관련된 기술로, 웹 브라우저에 작은 정보를 기록할 수 있습니다. 쿠키는 기록된 서버의 도메인 정보를 가지고 있으며 동일한 도메인에만 전송됩니다. 이 웹 브라우저의 동작으로 인해 다른 서버가 작성한 쿠키를 참조할 수는 없습니다. 서버가 이 쿠키에 세션 ID를 기록하면, 웹 브라우저는 HTTP 요청이 있을 때마다 서버가 기록한 쿠키만 전송하게 됩니다. 서버는 쿠키에서 세션 ID를 가져와 메모리에 보유하고 있는 세션 정보를 연결합니다.

이러한 HTTP 세션은 웹 시스템 개발에 필수적인 기능입니다. HTTP 세션 설계에서는 HTTP 세션에 어떤 정보를 저장하고, 그 정보가 어디서 생성되고, 어디서 폐기되는지 등 세션 정보의 생애주기를 설계합니다.

HTTP 세션은 보안뿐만 아니라 성능 및 안정성을 위한 클러스터링과 같은 비기능 요구사항과도 관련이 있습니다. 세션 정보는 웹 애플리케이션에 의해 메모리에 저장되고 관리됩니다. 웹 애플리케이션 서버를 클러스터로 구성한 경우 세션 정보를 보관, 관리하는 메모리 공간이 서버별로 나뉩니다. 때문에 로드 밸런서의 라운드 로빈Round Robin (RR) 등으로 요청이 불규칙적으로 서버에 할당될 경우, 처음 접속한 서버와 다른 서버에 세션 정보가 없는 경우가 발생합니다. 라운드 로빈은 로드 밸런서가 여러 서버에 순차적으로 처리를 할당하는 것을 말합니다. 이 문제를 해결하기 위해 서버 간 세션 정보를 공유합니다. 레디스^{Redis}와 같은 인메모리 캐시를 사용하여 서버 간 세션 정보를 공유하는 것이 일반적입니다. 스프링 부트를 사용하고 있다면 스프링 세션^{Spring Session}을 이용하여 쉽게 세션 정보를 공유할 수 있습니다.

보안 관점에서 제3자 쿠키를 금지하려는 움직임도 있습니다. 제3자 쿠키는 사용자가 브라우저를 통해 방문한 웹사이트의 도메인과 다른 도메인의 쿠키를 말합니다. 사용자가 방문한 웹사이트와 동일한 도메인의 쿠키는 **퍼스트 파티 쿠키**^{first-party cookie}라고 합니다. 앞서 설명한 HTTP 세션은 퍼스트 파티 쿠키를 통해 이루어집니다. 금지하려는 것은 제3자 쿠키이며 퍼스트 파티 쿠키는 앞으로도 계속 사용할 수 있을 것으로 예상됩니다.

세션 정보 설계는 이 클러스터 구성에서 세션 관리 방법에 영향을 받습니다. 세션을 공유할 때 세션 정보가 너무 크면 공유를 위한 처리에 시간이 오래 걸립니다. 대용량 세션 정보를 데이터베이스에 저장하거나 통신으로 전송하는 데 시간이 오래 걸리기 때문입니다. 따라서 세션을 공유하는 경우 세션에 저장하는 정보를 최소한으로 줄여야 합니다.

4.3 비즈니스 로직 프로그램 설계

비즈니스 로직은 유스케이스 작성이나 비즈니스 규칙으로 작성된 업무에 관한 시스템의 처리입니다. 업무에 관한 처리라는 의미에서 **도메인 로직**이라고 부르기도 합니다.

비즈니스 로직을 프로그래밍하는 방법에는 몇 가지 패턴이 있습니다. 마틴 파울러의 저서 『엔터프라이즈 애플리케이션 아키텍처 패턴』(위키북스, 2015)에서 설명하는 트랜잭션 스크립트와 도메인 모델을 소개합니다.

4.3.1 트랜잭션 스크립트 패턴

트랜잭션 스크립트transaction script에서는 비즈니스 로직을 Service 클래스의 메서드로 만듭니다. Service 클래스는 적절한 업무 단위로 생성되는 클래스입니다. 예를 들면 주문 관련 비즈니스 로직을 제공하는 OrderService와 같습니다. Service 클래스는 비즈니스 로직의 메서드를 여러 개 가질 수 있으며 유스케이스 단위로 생성할 수도 있습니다. 예를 들어 OrderService에는 order나 listOrder, cancelOrder 등의 메서드가 있습니다. 이 트랜잭션 스크립트의 특징은 도메인의 정보가 엔터티와 트랜잭션 스크립트에 분산되어 있다는 점입니다. 객체지향에서는 데이터와 처리를 하나의 클래스로 관리하고 캡슐화하는 것이 일반적입니다. 트랜잭션 스크립트에서는 이 캡슐화의 장점인 명세 변경에 대한 강점을 잃는 대신 캡슐화를 하지 않기 때문에 쉽게 설계할 수 있습니다.

트랜잭션 스크립트는 비즈니스 로직을 메서드로만 모아놓았을 뿐입니다. 기본적으로 속성 등의 상태는 없습니다. EJBEnterprise JavaBeans의 무상태 SessionBean에 비즈니스 로직을 구현하는 것과 비슷한 느낌입니다. 다만 이 트랜잭션 스크립트의 Service 클래스는 **POJO**로 해도 무방합니다. POJO는 Plain Old Java Object의 약자입니다. 이른바 단순한 자바 객체를 말합니다. 이는 특별한 인터페이스나 슈퍼 클래스를 구현할 필요가 없다는 것을 의미합니다.

트랜잭션 스크립트를 채택하는 이유는 설계가 간단하기 때문입니다. 트랜잭션 스크립트의 접근 방식은 절차형 언어의 접근 방식과 유사합니다. 엔터티를 어떻게 처리할 것인지에만 집중하면 설계할 수 있습니다. 또한 트랜잭션 스크립트의 세분화에 대해서도 크게 신경 쓸 필요가 없습니다. 주요 엔터티 단위로 해도 좋고 유스케이스 단위 등 개발 프로젝트에서 관리하기 쉬운 단위면 됩니다. 대규모 시스템 개발에서 자동으로 설계를 하고 싶다면 이 트랜잭션 스크립트를 적용하여 균일한 설계를 할 수 있을 것입니다.

반면에 트랜잭션 스크립트에서는 비즈니스 로직의 처리를 공통화하도록 설계하는 것이 어렵습니다. 설령 처리를 공통 요소로 잘라낼 수 있다고 하더라도 그 공통 요소를 사용하게끔 설계하면 결국 난이도가 높아집니다. 만약 그 공통 요소를 사용할 수 있다고 해도 엔터티와 얽혀서 캡슐화를 하는 것이 아니기 때문에 유지 보수에 문제를 일으키는 설계가 될 수 있습니다. 그 대신 구조가 단순해지기 때문에 설계를 단순화할 수 있습니다.

트랜잭션 스크립트에서는 엔터티와 관련된 다형성을 구현할 수 없습니다. 엔터티는 개념 모델을 사용하여 상속과 같은 객체 구조를 설계합니다. 그럼에도 이에 대응하는 처리인 비즈니스 로직이 트랜잭션 스크립트이기 때문에 캡슐화되지 않고 조각조각 배치되어 문제가 될 수 있습니다.

트랜잭션 스크립트를 적용하기 위해서는 어떤 단위의 Service 클래스를 생성하고 거기에 메서드를 추가하면 됩니다. DI^{dependency injection} 컨테이너와 함께 사용하면 유지보수성을 높일 수 있습니다. 이 경우에는 인터페이스를 정의합니다. 대부분의 경우 트랜잭션 스크립트에서는 비즈니스 로직을 포함하도록 트랜잭션 영역을 지정하는 것이 좋습니다. DI 컨테이너를 결합하면 비즈니스 로직에 영향을 주지 않고 트랜잭션 관리를 추가할 수 있습니다.

아키텍처 설계에 참고할 만한 책

앞서 언급했던 『엔터프라이즈 애플리케이션 아키텍처 패턴』은 아키텍처 설계를 처음 접하는 사람이 읽기에는 조금 어려울 수 있습니다. 내용으로는 업무 애플리케이션^{enterprise application}을 위한 기본적이고 실용적인 아키텍처 패턴을 소개하고 있습니다. 쉽지 않겠지만, 많은 오픈소스 프레임워크와 실제 기업 시스템에서 활용되고 있는 패턴을 정리하여 설명하고 있으니 한 번쯤 읽어보기를 권합니다.

4.3.2 도메인 모델 패턴

도메인 모델^{domain model}은 엔터티에 비즈니스 로직을 부여합니다. 엔터티는 캡슐화와 다형성을 구현할 수 있습니다. 개념 모델에서 추출된 엔터티에 자연스러운 형태로 비즈니스 로직을 배치할 수 있습니다. 도메인 모델에서는 엔터티 간에 강한 종속성이 발생합니다. 엔터티에 시스템의 중요한 정보가 집중되어 있기 때문에 시스템의 변경 요구사항이 엔터티에 국한됩니다. 반면에 엔터티가 복잡해질 가능성도 있습니다. 따라서 Strategy 패턴(전략 패턴) 등을 사용하여 비즈니스 로직을 별도의 클래스로 분리하는 것이 좋습니다.

트랜잭션 관리는 엔터티에 부여하거나 Facade 클래스를 준비합니다.

4.3.3 트랜잭션 스크립트 vs. 도메인 모델

트랜잭션 스크립트(그림 4-4)와 도메인 모델(그림 4-5) 중 어느 것이 더 나은지에 대한 논의는 오랫동안 지속되어 왔습니다. 객체지향을 있는 그대로 받아들인다면 캡슐화를 통해 데이터베이스 테이블의 변경이나 비즈니스 로직의 변경을 숨길 수 있습니다. 이는 도메인 모델의 사고방식이며 트랜잭션 스크립트는 처리와 데이터를 분리하여 처리한다는 점에서 전통적인 절차형에 가깝습니다. 이는 객체지향과는 다른 개념입니다. 그러나 일부에서는 이러한 트랜잭션 스크립트의 접근 방식이 점점 더 많이 사용되고 있습니다. 특히 자바 쪽 세계에서 그런 경향이 있는 것 같습니다. EJB에서 시작된 EntityBean과 SessionBean의 역할 분담이나, 레이어 아키텍처에서 서비스 계층이라는 비즈니스 로직에 특화된 계층의 등장이 대표적인 예시입니다.

트랜잭션 스크립트를 추진하는 사람들은 트랜잭션 스크립트[3]가 기존의 절차형과는 다르다고 말합니다. 확실히 현재의 트랜잭션 스크립트는 역할이 세분화되어 있고 중복된 코드가 등장하지 않습니다. 또한 트랜잭션 스크립트를 적용하는 업무 시스템에는 그다지 복잡한 비즈니스 로직이 없고 기껏해야 사칙연산 정도일 것입니다. 그 정도의 복잡도라면 굳이 캡슐화할 필요가 없습니다.

객체지향이나 절차형이라는 용어에 실제 프로그래밍 언어의 이미지가 덧씌워져 있는 것도 사실입니다. 절차형이라고 하면 C나 코볼^{COBOL}과 같은 오래된 프로그

---

3 저자_ 트랜잭션 스크립트를 추진하는 사람들은 트랜잭션 스크립트와 같은 부정적인 이름으로 부르지 않으나, 여기서는 쉽게 설명하기 위해 트랜잭션 스크립트라고 부르기로 하겠습니다.

래밍 언어의 느낌이 나기도 합니다. 절차형을 자바로 개발하는 것은 코볼과는 다를 수 있습니다. 또한 아직도 관계형 데이터베이스가 주류인 상황도 영향을 미쳤을 수도 있겠습니다. 관계형 데이터베이스로 영속화할 것을 생각하면 데이터는 단순하게 만드는 것이 좋습니다.

도메인 모델을 개발하기 위해서는 약간의 기술이 필요합니다. 도메인 모델에 비즈니스 로직을 추가하다 보면 도메인 모델이 거대해지거나 다른 도메인 모델을 많이 호출하여 오히려 복잡해질 수 있습니다. 이럴 때는 적절한 설계 패턴 등을 도입하여 도메인 모델의 구조를 단순화하면서 처리를 추가하도록 해야 합니다.

트랜잭션 스크립트는 설계하기 쉬우나 비즈니스 로직이 세분화되어 있습니다. 또한 공통화하기 위해서는 설계 기준이 필요하며 동일한 도메인 모델에 대한 조작을 정리할 필요도 있습니다. 이러면 도메인 모델과 동일해 보일 수도 있겠지만 도메인 모델에 비즈니스 로직을 넣지 않는 것만으로 도메인 모델을 단순하게 유지할 수 있습니다.

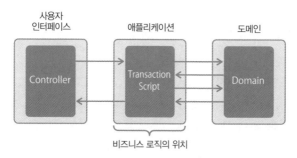

단순한 구조이나 애플리케이션 레이어에 비즈니스 로직이 있다.

그림 4-4 DDD 레이어에서의 트랜잭션 스크립트

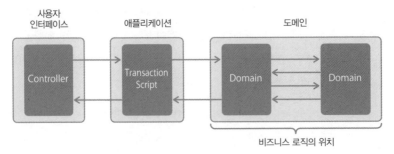

비즈니스 로직의 위치

구조는 복잡하나 도메인 레이어에 비즈니스 로직이 있다.

그림 4-5 DDD 레이어에서의 도메인 모델

결국 객체지향 캡슐화라는 개념의 장점과 단점을 모두 고려한 후, 비즈니스 로직과 데이터를 어떻게 캡슐화하느냐가 관건이 될 것 같습니다. 많은 경우 데이터베이스의 테이블에 변경이 생기면 비즈니스 로직에도 영향을 미치는 것이 일반적이기 때문에 도메인 모델에 더 큰 메리트가 있는 것으로 보입니다. 다만 트랜잭션 스크립트를 채택했을 때 캡슐화가 불가능하다는 단점이 있는 만큼, 이를 다른 설계 기법으로 보완할 수 있다면 좋을 것 같습니다. 이 트레이드오프는 개발 프로젝트에 따라 판단할 수밖에 없습니다.

트랜잭션 스크립트와 도메인 모델

이 논쟁은 아직 결론이 나지 않은 듯합니다. 지극히 주관적이나 역시 자바로 개발할 일이 많은 사람은 트랜잭션 스크립트를 선호하는 경향이 있는 것 같습니다. 자바에서는 비즈니스 로직의 세분화가 강하게 진행되는 편입니다. 개인적으로는 지나치다는 생각이 들 정도입니다. EJB나 Struts, DI 등 자바 커뮤니티가 제공하는 다양한 프레임워크의 영향으로 보입니다. 프레임워크를 이용해 시스템을 개발하다 보면 자연스럽게 그 프레임워크가 가지고 있는 설계 사상 같은 것을 이어받아 설계하게 됩니다. 이는 좋은 일이며 우수한 개발자일수록 프레임워크의 설계 사상을 민감하게 느끼고 거기에 맞추려고 노력합니다.

또한 언어 사양에 따른 문제도 있을 수 있습니다. 자바에서는 다중 상속이 불가능하기 때문에 상속(is-a) 구조 이상으로 공통화를 하려면 연관(has-a) 관계로 부품 클래스를 가져야 합니다. 통상 재사용성을 고려한다면 상속 관계 구조보다는 연관 관계로 구조를 설계해야 합니다. 특히 자바의 인터페이스를 활용한 연관 관계는 재사용성을 높이는 설계 기법에서 많이 활용됩니다.

4.4 데이터베이스 프로그램 설계

다음으로 데이터베이스 프로그램 설계에 대해 설명하겠습니다. 프레임워크는 하이버네이트와 마이바티스를 전제로 하겠습니다.

4.4.1 O/R 매핑의 필요성

데이터베이스 프로그램 설계에서는 O/R 매핑 object relational mapping 프레임워크로 하이버네이트나 마이바티스 등을 사용합니다. 그렇다면 왜 O/R 매핑이 필요할까요?

물론 예전에는 O/R 매핑을 사용하지 않았지만 자바도 JDBC Java Database Connectivity 라는 데이터베이스 제품에 연결하기 위한 API를 제공하고 있습니다. 지금도 개발 프로젝트에 따라서는 JDBC를 사용하고 있을 것입니다. 하지만 JDBC가 하는 일은 ① 연결하기, ② 전달받은 SQL 실행, ③ String이나 Integer와 같은 기본 클래스로 결과를 가져오는 것뿐이며 SQL을 조립하고 결과를 객체에 저장하는 것은 프로그램이 해야 합니다.

데이터베이스 논리 설계 부분에서 객체 세계와 데이터베이스 관계의 세계에는 임피던스 불일치 impedance mismatch 가 존재합니다. 이전 장에서 관계에서 상속을 구현하는 방법과 다 대 다 관계형 관계 테이블로 표현하는 방법을 설명했습니다. 또한 오브젝트에서 SQL을 조립하고 그 결과를 객체에 저장하는 것도 임피던스 불일치입니다. 물론 임피던스 불일치는 자바뿐만 아니라 모든 프로그래밍 언어에서 발생할 수 있습니다.

임피던스 불일치에 대한 대책이 없었던 것은 아닙니다. 자바에서도 EJB Enterprise JavaBeans 가 오래전부터 존재했습니다. EJB에는 SessionBean, EntityBean, MessageBean이 있습니다. EntityBean은 데이터베이스에 저장하는 영속화 객체를 분산 객체 환경에서 처리할 수 있도록 한 것입니다. EntityBean은 O/R 매핑의 기능도 포함하고 있습니다. EJB를 실행하기 위해서는 전용 EJB 컨테이너를 탑재한 웹 애플리케이션 서버 제품이 필요했습니다. 이처럼 EJB는 너무 많은 기능을 가지고 있고, 복잡하고 너무 무거워서 사용할 수 있는 상황이 제한적이었기에 실용적이지 않았습니다.

EJB에 대한 반성 사례도 있었기에 오픈소스 기여자들에 의해 경량 O/R 매핑 도구가 개발되었습니다. 그중 하나가 하이버네이트입니다. 하이버네이트의 설계 사상은 EJB 3.0에도 반영되어 있습니다. 마이바티스는 아파치 소프트웨어 재단에서 아이바티스iBatis로 불리던 것을 독립시킨 것입니다. 이외에도 [표 4-2]와 같은 O/R 매핑 도구를 사용할 수 있습니다.

표 4-2 주요 오픈소스 O/R 매핑 도구

도구	개발 회사	라이선스
하이버네이트(Hibernate)	레드햇(Red Hat), JBoss	LGPL
마이바티스(MyBatis)	The MyBatis Team	아파치 라이선스 2.0
스프링 데이터(Spring Data)	VM웨어(VMWare), The Spring Team	아파치 라이선스 2.0

O/R 매핑 도구의 중요한 역할이 있습니다. 특정 데이터베이스 제품에 프로그램이 직접적으로 의존하지 않도록 하는 것입니다. 데이터베이스 제품마다 SQL 문장이 약간씩 다릅니다. O/R 매핑 도구가 데이터베이스 제품에 따른 SQL의 차이를 흡수하거나 격리하여 숨겨줍니다. 이를 통해 데이터베이스 제품 버전 업, 다른 데이터베이스 제품으로 변경, 여러 데이터베이스 제품에서 동작하게 만들기 등을 프로그램 변경 없이 진행할 수 있습니다. 이처럼 O/R 매핑 도구는 매우 유용한 도구입니다.

O/R 매핑 도구가 제공하는 일반적인 기능을 다시 한번 살펴보겠습니다.

- 객체와 테이블 매핑
- 영속화 객체의 생애주기 관리(커넥션 관리, SQL 실행)
- 트랜잭션 관리
- 병렬성 및 잠금 제어

4.4.2 DAO 패턴 사용하기

데이터베이스 프로그래밍 분야의 발전은 O/R 매핑뿐만 아니라 설계 패턴도 발전하고 있는데, DAO 패턴이 바로 그것입니다.

DAO는 Data Access Object의 약자입니다. 책『코어 J2EE 패턴(개정2판)』(피어슨에듀케이션코리아, 2004)에 소개된 패턴입니다. 마틴 파울러의『엔터프라이즈 애플리케이션 아키텍처 패턴』에서는 테이블 데이터 게이트웨이[Table Data Gateway]로 소개되었습니다. 영속화되는 객체에서 영속화 처리를 분리하여 DAO 클래스로 은폐하기 위한 패턴입니다(그림 4-6).

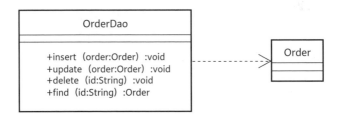

그림 4-6 DAO 패턴

또한 DAO 인터페이스를 정의하고 DAO 구현 클래스를 분리하여, DAO 구현과 독립적으로 사용할 수 있습니다. 여러 O/R 매핑 대상을 변경하거나 다른 영속화 대상으로 변경하는 것이 가능해집니다. DAO 패턴을 사용하면 영속화할 객체를 POJO로 취급할 수 있습니다. 그렇다면 이 POJO의 객체는 어떤 것일까요? 데이터베이스에 영속화되는 객체이므로 개념 모델에 등장하는 객체가 가장 적합할 것입니다. 개념 모델을 기반으로 생성되는 데이터베이스에 영속화되는 객체를 **엔터티**라고 부릅니다. 업무 시스템이라면 업무와 관련된 객체가 엔터티가 됩니다. 실제로 DAO 패턴의 역할은 하이버네이트나 마이바티스와 같은 ORM[object relational mapping]이 담당합니다. ORM을 활용하여 엔터티와 영속화 처리를 분리합시다.

4.4.3 엔터티 클래스 다이어그램 작성

지금까지 O/R 매핑과 DAO의 개념에 대해 설명했습니다. 이제부터는 데이터베이스 프로그래밍 설계를 구체적으로 진행해보겠습니다.

먼저 개념 모델을 기반으로 엔터티의 클래스 다이어그램을 작성합니다. 대부분 개발 프로젝트의 명명 규약에 따라 개념 모델의 클래스 다이어그램에서 클래스 이름과 속성 이름을 영문으로 만든 후 접근자 메서드를 추가합니다. 접근자 메서드는 클래스의 속성에 대한 getter 메서드와 setter 메서드입니다. 보통 자바에서는 set[속성명], get[속성명]이라고 붙입니다. 이런 이름이 중복이라고 생각한다면 설계 문서에서 '클래스 다이어그램에 접근자 메서드를 생략하겠다'라고 결정해도 문제없습니다. 이 경우에도 엔터티를 개발할 때는 접근자 메서드를 구현해야합니다. 개념 모델의 엔터티 클래스 다이어그램을 작성할 때 중요한 점은 클래스 간 연관성을 어떻게 부여하느냐입니다.

개념 모델에서 엔터티 클래스 다이어그램을 생성하려면 다음과 같은 동작을 수행합니다.

- 개념 모델의 한글 클래스명을 영어 클래스명으로 변경하기
- 개념 모델의 한글 속성명을 영어 속성명으로 변경하기
- 접근자 메서드 추가하기
- 클래스 간 연관성에 방향(화살표) 부여하기

개념 모델에서 클래스 간 연관성은 대부분 화살표로 표시되지 않았습니다. 이는 개념 모델에서는 연관성의 방향이 중요하지 않았기 때문입니다. 엔터티 클래스 다이어그램에서는 이 연관성의 방향성이 중요합니다. 연관 방향성은 클래스를 구현할 때 어느 클래스가 상대 객체에 대한 참조, 즉 속성을 가지고 있는지를 표현합니다. 엔터티 클래스 다이어그램에서 연관성을 화살표로 표시합니다. 일 대 일 관계라면 상대 클래스를 속성으로, 일 대 다 관계면 상대 클래스를 담은 컬렉션을 속성으로 갖습니다. 연관성 화살표의 방향을 결정하는 것은 쉽지 않습니다.

엔터티 관련 화살표를 결정하기 위해서는 프로그램이 어떤 엔터티를 중심으로 동

작할 것인지를 생각해야 합니다. Order와 OrderDetail이 헤더와 디테일의 관계라면 헤더인 Order를 먼저 호출하고 Order에서 OrderDetail을 호출하는 것이 자연스러울 것입니다. 이 경우에는 화살표가 Order에서 OrderDetail로 갑니다.

그렇다면 Order와 Member의 관계는 어떨까요? Member가 Order를 소유하고 있다고 생각하면 Member에서 Order로 일 대 다 관계의 화살표를 작성하는 것이 자연스러워 보입니다. 하지만 이 경우 실제 처리는 어떨까요? 예를 들어 Member의 Order 상태를 나열하는 화면이 있다고 가정해봅시다. 로그인한 Member 객체가 있다고 가정했을 때 Member에서 getOrders 메서드를 호출할까요? 물론 Order 건수가 적다면 이렇게 해도 되겠지만 실제로는 건수가 많거나 페이지 제어를 해야 할 수도 있습니다. 이 경우 Member에서 getOrders 하는 것보다 Order를 직접 조건부로 find하는 것이 좋아 보입니다. 즉, SQL의 SELECT를 order 테이블에 WHERE를 붙여서 실행합니다. 이렇게 하면 필요한 건수만 가져갈 수 있기 때문에 페이지 제어도 가능합니다.

회원 주문 내역 화면에서는 Order를 중심으로 처리합니다. 구체적인 처리 방법을 의식하면서 설계하는 것이 악습처럼 느껴질 수도 있습니다. 하지만 설계는 구현 방법을 기술하는 것이 목적이기 때문에 구현을 의식하는 것은 잘못된 것이 아닙니다. 엔터티의 연관성은 처리를 고려하여 설계하지 않으면 검토할 수 없습니다. 따라서 일단 필요한 최소 연관성만 설계하고 처리 설계에 맞춰 추가 및 조정하는 것이 좋습니다.

4.4.4 DAO 클래스 다이어그램 작성

DAO^{Data Access Object}를 설계해봅시다. 기본적으로 하나의 엔터티에 대해 하나의 DAO를 작성합니다. DAO에는 CRUD 메서드와 find 메서드를 작성합니다.

CRUD는 Create, Read, Update, Delete의 머리글자를 딴 것으로 생성, 읽기, 갱신, 삭제 등의 기본적인 데이터베이스 작업을 의미합니다.

다음으로 find 메서드를 DAO에 작성합니다. 엔터티의 연관성과 마찬가지로 비즈니스 로직의 처리에 따라 추가해 나갑니다. 따라서 DAO 역시 일단 필요한 최소 연관성만 설계하고 처리 설계에 따라 추가 및 조정하는 것이 좋습니다.

4.4.5 트랜잭션 제어

데이터베이스 프로그래밍에서 트랜잭션 제어를 고려하는 것은 중요합니다. 데이터베이스의 트랜잭션은 데이터베이스 제품에서 대부분 제공하는 기능으로, 데이터베이스에 대한 조작을 하나의 단위로 확정하는 구조입니다. 트랜잭션이 있기 때문에 데이터베이스 작업이 중간에 오류가 발생하더라도 반영되지 않고 롤백할 수 있습니다. 데이터베이스의 데이터 무결성을 항상 유지할 수 있는 것입니다.

하이버네이트나 마이바티스와 같은 O/R 매핑 도구도 트랜잭션을 지원합니다. 실제로는 사용하는 데이터베이스 제품의 트랜잭션 기능을 사용하며 하이버네이트나 마이바티스는 이를 래핑한 기능을 제공합니다. 예를 들어 주문을 등록하는 처리를 생각해봅시다. 엔터티로는 Order와 OrderDetail 두 개를 생성하여 데이터베이스에 등록해야 하는데 DAO의 create 메서드를 사용하여 등록합니다.

예를 들어 다음과 같은 프로그램을 작성한다고 가정합시다.

```
Order order = new Order();
order.setXXX;
OrderDetail orderDetail = new OrderDetail();
orderDetail.setXXX;
order.setOrderDetail(orderDetail);
OrderDao.create(order);
```

Order와 OrderDetail을 생성하고 DAO의 create 메서드를 호출하여 등록합니다. 이때 OrderDao.create 메서드에서 트랜잭션이 필요합니다. 예제에서는 Order와 OrderDetail 두 개의 엔터티를 데이터베이스에 등록하고 있습니다. 즉 발행되는 SQL은 INSERT INTO ORDER와 INSERT INTO ORDER_DETAIL 두 가지입니다. 이 SQL은 하이버네이트에 의해 순차적으로 실행됩니다. 첫 번째

SQL 직후에 어떤 오류가 발생하면 두 번째 SQL이 실행되지 않습니다. 첫 번째 SQL로는 Order만 등록되어 데이터베이스에 불일치한 데이터가 생성됩니다. 따라서 이 두 개의 SQL을 하나의 트랜잭션으로 실행합니다. 이를 **트랜잭션 범위**scope 라고 합니다.

두 개의 SQL이 실행되는 간격은 매우 짧은 시간이며, 요즘 CPU라면 순식간에 처리할 것이라고 생각할지도 모르겠습니다. 물론 처리는 순식간이지만 실제 시스템에서는 그 순간에 장애가 발생하는 경우가 드물지 않습니다. 특히 데이터베이스 작업처럼 외부로 I/O가 발생하는 처리[4]에서는 CPU의 처리 속도에 비해 처리 시간이 매우 오래 걸립니다. 인간에게는 한순간이지만 시스템에게는 상당한 시간입니다.

트랜잭션은 프로그램에서 시작과 종료를 지정합니다. 종료에는 데이터베이스 작업을 확정하는 **커밋**commit과 데이터베이스 작업을 취소하는 **롤백**rollback이 있습니다. 한번 커밋하면 데이터베이스에 반영되고 롤백한 작업은 완전히 취소됩니다. 시스템이 다운되는 등 커밋이 이루어지지 않는 상황에서는 데이터베이스에 의해 자동으로 롤백됩니다.

트랜잭션을 설계하기 위해서는 다음 두 가지 사항에 주의해야 합니다.

- 트랜잭션 격리 수준
- 트랜잭션 범위

트랜잭션 격리 수준은 여러 개의 트랜잭션이 동시에 실행될 때 각 트랜잭션의 표시 여부를 수준으로 지정하는 것입니다. 트랜잭션의 표시 여부란 무엇일까요? 서버 시스템에서는 웹 브라우저와 같은 클라이언트로부터 동시에 요청이 들어올 수 있습니다. 어느 정도 규모가 큰 시스템이라면 100개, 1000개의 요청을 동시에 처리하는 것은 흔한 일입니다. 서버 시스템에서는 동시에 들어오는 요청을 처리하기 위해 스레드를 할당하거나 프로세스를 실행하여 처리하도록 합니다. 스레드는 멀티스레드 등과 같이 하나의 프로세스가 여러 가지 처리를 동시에 수행하기

---

4 저자_ 실제로 I/O가 발생할지 여부는 데이터베이스 드라이버에 따라 다릅니다.

위한 구조입니다.

웹 애플리케이션 서버는 **스레드 풀**thread pool을 탑재하고 있습니다. 스레드 풀은 여러 개의 스레드 인스턴스를 보유하고 있으며, 요청이 들어올 때마다 빈 스레드를 요청에 할당해줍니다. 실제로 요청을 처리하는 것은 이 할당된 스레드입니다(그림 4-7).

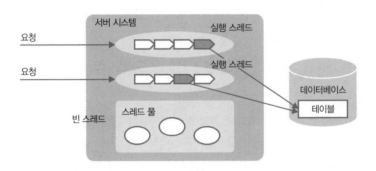

그림 4-7 요청 처리

프로세스를 시작하는 것도 스레드와 비슷한 이유에서 시작되지만, 프로세스가 스레드보다 독립성이 높다는 장점이 있습니다. 다만 일반적으로 스레드 풀의 스레드를 사용하는 것보다 프로세스 실행에 시간이 더 오래 걸립니다. 프로세스는 독립성이 높기 때문에 복잡한 스레드 프로그램을 개발할 필요도 없고, 설령 한 프로세스에 문제가 발생하더라도 다른 프로세스에 영향을 미치지 않습니다.

스레드, 프로세스 모두 병렬로 처리할 수 있습니다. 스레드는 특별한 처리를 하지 않는 한 독립적으로 실행됩니다. 특별한 처리란 자바의 synchronized와 같은 동기화 블록으로 처리하거나 스레드 간에 동일한 객체의 인스턴스를 공유하는 것 등을 말합니다. 이런 처리를 하지 않으면 병렬로 동작 중인 다른 처리를 의식하지 않고 실행됩니다. 하지만 문제가 하나 있는데 바로 데이터베이스입니다.

멀티스레드로 처리하더라도 데이터베이스만은 여러 개의 병렬 처리가 동기화됩니다. 물론 각 스레드의 처리가 서로 다른 테이블을 조작하는 것이라면 병렬로 처리되어도 됩니다. 문제는 같은 데이터베이스의 같은 테이블을 조작할 때입니다.

그렇다면 무엇이 문제일까요? 앞서 트랜잭션에서는 커밋을 하지 않으면 데이터베이스 작업이 반영되지 않는다고 설명했습니다. 데이터베이스 작업이 반영되지 않는다는 것은 데이터가 갱신되지 않는다는 것을 의미합니다. 당연히 커밋하지 않은 데이터는 다른 스레드의 트랜잭션에서 참조할 수 없습니다. 설령 같은 테이블의 레코드를 참조하더라도 갱신 전의 데이터가 보일 것입니다. 이처럼 트랜잭션 간 커밋 유무에 따라 데이터가 어떻게 보이는지를 지정하는 것이 트랜잭션 격리 수준입니다.

SQL-92에서는 격리 수준을 다음과 같이 정의하고 있습니다.

- READ_UNCOMMITTED
- READ_COMMITTED
- REPEATABLE_READ
- SERIALIZABLE

앞서 언급한 '커밋하지 않은 데이터는 다른 트랜잭션에서 참조할 수 없다'는 말은 READ_COMMITTED 격리 수준을 지정한 경우입니다. 이름에서 알 수 있듯이 COMMITTED인 데이터를 READ할 수 있다는 뜻입니다.

그렇다면 READ_UNCOMMITTED 격리 수준에서는 어떻게 될까요? 이름에서 알 수 있듯이 UNCOMMITTED인 데이터도 READ할 수 있게 됩니다. 즉, 다른 트랜잭션이 커밋하지 않은 데이터 갱신도 참조할 수 있다는 뜻입니다. 커밋되지 않은 데이터 갱신은 불일치하며 불확실한 것입니다. 이렇게 커밋되지 않은 데이터를 참조하는 것을 '**더티 리드**dirty read'라고 합니다. 격리 수준의 READ_UNCOMMITTED에서는 더티 리드가 발생한다고 표현합니다. 격리 수준 READ_COMMITTED에서는 더티 리드가 발생하지 않습니다.

[그림 4-8]은 더티 리드의 예를 나타냅니다.

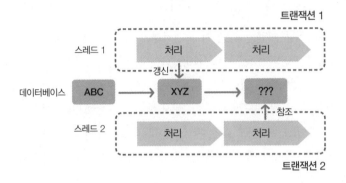

그림 4-8 더티 리드

보다시피 스레드 1과 2가 있고 각각 처리를 수행합니다. 데이터베이스에 ABC라는 데이터가 있고 각 스레드의 처리에서 데이터를 조작합니다. 먼저 스레드 1이 트랜잭션 범위 내에서 ABC를 XYZ로 갱신합니다. 트랜잭션 1이 커밋하기 전에 트랜잭션 2가 같은 데이터를 참조했다고 가정해봅시다. 이때 참조할 수 있는 데이터값은 무엇일까요? 격리 수준이 READ_UNCOMMITTED라면 XYZ를 참조할 수 있습니다. 격리 수준이 READ_COMMITTED인 경우에는 ABC를 참조할 수 있습니다.

다음으로는 스레드 2가 동일한 트랜잭션에서 데이터베이스의 동일한 데이터를 두 번 참조했다고 가정해봅시다. 동시에 스레드 1이 같은 데이터를 갱신하고 있습니다. 스레드 2의 두 번째 참조는 어떤 값이 될까요? 포인트는 트랜잭션 1이 커밋된 후 트랜잭션 2가 데이터를 참조하고 있다는 점입니다(그림 4-9).

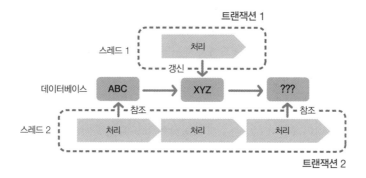

그림 4-9 참조 타이밍

이것은 **논 리피터블 리드**non-repeatable read 문제입니다. 격리 수준이 READ_COMMITTED
면 커밋된 데이터를 참조하는 것이 가능하기 때문에 두 번째에 XYZ를 가져올 수
있습니다. 이때 문제가 발생합니다. 스레드 2에서는 동일한 트랜잭션에서 동일한
데이터를 두 번 참조했음에도 불구하고 두 번째 참조에서 ABC와 XYZ라는 서로
다른 값이 된 것입니다. 이렇게 되면 트랜잭션의 데이터 무결성을 유지할 수 없습
니다. 여기서 격리 수준을 REPEATABLE_READ로 설정하면 두 번의 참조에서
동일하게 ABC를 값으로 가져올 수 있게 됩니다.

여기까지는 동일한 데이터를 갱신(UPDATE)하고 참조(SELECT)하는 경우의
이야기입니다. 한 걸음 더 나아가 생각해봅시다. 예를 들어 데이터(행)를 생성
(INSERT)하고 삭제(DELETE)하는 경우는 어떨까요(그림 4-10)?

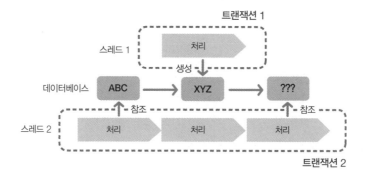

그림 4-10 데이터를 생성하고 삭제하는 경우

이 문제를 **팬텀 리드**phantom read라고 합니다. 격리 수준 REPEATABLE_READ로 두 번 참조하는 경우, 첫 번째 참조에는 존재하지 않던 행이 두 번째 참조에는 존재하게 됩니다. 이 경우에도 트랜잭션의 데이터 무결성이 유지되지 않습니다. 여기서 격리 수준을 SERIALIZABLE로 설정하면 두 번의 참조 모두 존재하지 않는 데이터를 참조할 수 없게 됩니다.

트랜잭션의 격리 수준을 [표 4-3]에 정리했습니다. 트랜잭션이 발생하지 않는 경우(NONE)도 포함하고 있습니다.

표 4-3 격리 수준

종류	트랜잭션	격리 수준		
		더티 리드	논 리피터블 리드	팬텀 리드
NONE	없음	발생	발생	발생
READ_ UNCOMMITTED	있음	발생	발생	발생
READ_ COMMITED	있음	발생 안함	발생	발생
REPEATABLE_ READ	있음	발생 안함	발생 안함	발생
SERIALIZABLE	있음	발생 안함	발생 안함	발생 안함

많은 데이터베이스 제품은 REPEATABLE_READ와 SERIALIZABLE을 구현하기 위해 많은 처리 시간과 리소스를 소모합니다. 이는 커밋된 데이터도 트랜잭션 단위로 데이터 사본을 관리해야 하기 때문입니다. 또한 트랜잭션으로 데이터베이스를 조작하는 방법을 고안하면 같은 데이터를 여러 번 참조할 필요가 없습니다. 한 번 참조한 데이터는 트랜잭션이 끝날 때까지 메모리 안에 보관하면 됩니다. 이렇게 생각하면 대부분의 프로그램에서 격리 수준을 READ_COMMITTED로 설정하면 된다는 것을 알 수 있습니다. 실제로도 많은 데이터베이스 제품의 격리 수준 기본값은 READ_COMMITTED입니다.

4.4.6 데이터베이스 잠금

격리 수준은 다른 트랜잭션이 변경한 데이터가 어떻게 보이는지를 제어하기 위한 것입니다. 만약 동일한 데이터를 변경하는 경우에는 어떻게 될까요? 격리 수준은 보이는 방식만 제어하기 때문에 다른 트랜잭션이 해당 데이터를 업데이트하는 것을 제어할 수 없습니다. 이를 위한 메커니즘을 **잠금**lock이라고 합니다.

잠금에도 테이블의 행 단위로 잠금을 획득하는 것과 테이블 단위로 잠금을 획득하는 것이 있습니다. 그 외에도 업데이트용 잠금, 참조용 잠금 등 종류가 다양합니다. 최근 데이터베이스 제품들은 잠금의 범위를 최소화하기 위해 처리 대기 시간을 최소화하여 성능 향상과 **교착 상태**deadlock를 방지하고 있습니다.

실제 잠금의 구조는 데이터베이스 제품에 따라 상당히 다릅니다. 자주 사용되는 잠금으로 SELECT의 업데이트 잠금 획득이 있습니다. 예를 들어 상품의 재고 데이터에 대한 업데이트를 하고 싶다고 가정해봅시다. 재고 수를 업데이트하려면 데이터베이스에 저장된 현재 재고 수를 조회(SELECT)하고, 조회한 재고 수에서 구매 수를 뺀 다음, 그 결과를 데이터베이스에 갱신(UPDATE)하면 됩니다. SELECT에서 UPDATE까지 처리하는 사이에 다른 트랜잭션에 의해 재고 수가 갱신되면 불일치가 발생합니다(그림 4-11).

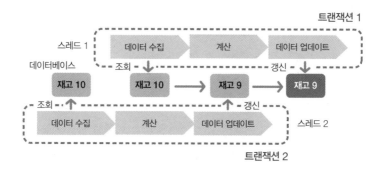

그림 4-11 불일치 발생

가령 트랜잭션의 격리 수준을 SERIALIZABLE로 설정하더라도 데이터 업데이트는 가능하기 때문에 여전히 문제가 발생합니다. 이 문제는 잠금을 획득하여 해결할 수 있습니다. 첫 번째 SELECT에서 업데이트 잠금을 획득하면 됩니다. SELECT * FROM order FOR UPDATE라는 SQL을 실행합니다. 일반 SELECT문에 FOR UPDATE가 붙어 있는 형식입니다. 실제 작성 방법은 데이터베이스 제품에 따라 약간 다르지만, 하이버네이트나 마이바티스 등의 ORM을 사용하고 있다면 그 차이를 보완해줄 것입니다. 획득한 잠금은 트랜잭션이 종료될 때 자동으로 해제됩니다. 비즈니스 로직 처리를 설계할 때 발행하는 SQL에서 잠금에 대해 검토합시다.

4.4.7 커넥션 풀

서버 프로그램은 대량의 요청을 처리하기 위해 데이터베이스 연결을 재사용합니다. 데이터베이스 연결을 재사용하는 구조를 **커넥션 풀**connection pool이라고 부릅니다. 특정 스레드가 데이터베이스 처리를 할 때 커넥션 풀에서 비어 있는 데이터베이스 커넥션을 가져옵니다. 커넥션 풀에서 데이터베이스 커넥션을 획득한 시점에 데이터베이스 커넥션은 OPEN 상태입니다. 데이터베이스 커넥션을 획득하는 과정은 시간이 걸리므로 데이터베이스 커넥션을 재사용하면 성능이 크게 향상될 수 있습니다.

대부분의 커넥션 풀은 초기 커넥션 수, 최대 커넥션 수, 추가 커넥션 수를 설정할 수 있습니다. 커넥션 풀을 초기화할 때 초기 커넥션 수만큼 데이터베이스 커넥션을 획득합니다. 서버 프로그램의 요청 처리가 스레드에 의해 수행되면, 필요에 따라 데이터베이스가 연결된 커넥션 풀을 가져옵니다. 커넥션 풀은 사용되지 않는 커넥션을 반환합니다. 만약 사용되지 않는 커넥션이 없다면 추가 커넥션 수만큼 데이터베이스 커넥션을 생성합니다. 요청 처리 스레드에서 연결 사용이 완료되었다면 그대로 커넥션 풀로 이동합니다. 커넥션 풀은 반환된 데이터베이스 커넥션을 사용되지 않는 커넥션으로 관리하여 다음번에 재사용할 수 있도록 합니다.

커넥션 풀 기능은 웹 애플리케이션 서버 제품에 따라 다르게 제공됩니다. 웹 애플

리케이션 서버에 커넥션 풀이 없는 경우 오픈소스에서도 커넥션 풀 라이브러리가
제공되므로 이를 활용하는 방법도 있습니다.

4.4.8 마스터의 캐시

애플리케이션에서 성능의 병목 현상을 일으키는 것은 대개 시스템 외부로 I/O가
발생하는 처리입니다. 데이터베이스 조작, 파일 조작, 통신 처리 등이 여기에 포
함됩니다. I/O 횟수를 줄이기 위해서는 데이터 캐싱이 효과적입니다. 캐시를 적
용할 데이터는 많은 기능에서 참조하면서 업데이트는 적은 데이터가 좋습니다.
데이터베이스의 마스터 데이터 등을 예로 들 수 있습니다.

캐싱할 데이터를 결정한 후 캐싱을 구현합니다. 하이버네이트나 마이바티스에서
도 캐싱 기능이 제공됩니다. 하지만 최근에는 ORM에서 캐싱하는 대신 인메모리
데이터베이스를 활용하여 중복된 여러 서버 간에 캐시를 공유합니다.

4.5 데이터베이스 물리 설계

이번에는 데이터베이스 물리 설계를 알아보겠습니다.

4.5.1 물리 ER 다이어그램 작성

데이터베이스 물리 설계에서는 데이터베이스 논리 설계 단계에서 생성한 논리
ER 다이어그램으로 물리 ER 다이어그램을 생성하고 테이블 정의서를 작성합니
다. 물리 ER 다이어그램을 생성하려면 다음을 수행합니다.

- 테이블 이름과 칼럼 이름을 영어로 표기한다.
- 칼럼의 종류와 크기를 지정한다.
- 성능 설계를 수행한다.

테이블 이름과 칼럼 이름을 영어로 표기하려면 개발 프로젝트에서 테이블 이름과 칼럼 이름에 대한 명명 규약(이름을 붙이는 규칙)을 만들어야 합니다. 사용자 기업에서 지키는 명명 규약이 있다면 이를 따르는 것이 좋습니다.

칼럼의 종류와 크기는 사용하는 데이터베이스 제품에서 정의한 형태와 크기를 사용하면 됩니다. 크기는 화면 설계의 입력 검사 명세를 바탕으로 각 항목의 충분한 크기를 검토합니다.

4.5.2 성능 설계

데이터베이스 물리 설계에서 가장 중요한 것은 데이터베이스 성능 설계입니다. 데이터베이스 성능 설계란 무엇일까요? 성능을 미리 갖추는 것은 어렵기 때문에 많은 사람이 개발 및 부하 테스트를 한 후, 성능에 문제가 있을 때 튜닝하면 된다고 생각합니다. 물론 데이터베이스의 성능은 실제로 구동해봐야 알 수 있습니다. 하지만 설계 단계에서도 성능 향상을 위해 할 수 있는 일이 있습니다. 모든 개발이 완료된 다음 부하 테스트에서 문제가 발생할 경우, 문제 내용에 따라서는 대대적인 수정이 필요할 수도 있습니다. 개발 전에 성능 설계를 하면 부하 테스트에서 문제가 발생했을 때 대응이 쉬워집니다.

데이터베이스 논리 설계를 진행하면서 정규화를 통해 데이터를 중복으로 보유하지 않도록 해왔습니다. 데이터를 이중으로 관리하는 것은 끔찍한 일이므로 중복으로 보유하지 않도록 하는 것은 분명 맞는 방식입니다. 그러나 데이터베이스 성능을 고려한다면 정규화는 데이터베이스 조회(SELECT)를 할 때에 테이블 결합(JOIN)을 자주 수행해야 합니다. 테이블 결합은 잘 설계하지 않으면 데이터베이스의 성능을 저하시키는 원인이 됩니다. 여러분도 이런 경험을 해본 적이 있을 것입니다. 웹 시스템의 검색 화면에서 검색 조건에 따라 결과가 반환되지 않고 브라우저는 응답이 없으며, 결국 통신이 타임아웃되는 경우 말입니다. 일반적인 웹 시스템에서 처리 시간 초과로 인해 대기 시간이 발생하는 것은 데이터베이스가 원인인 경우가 많습니다.

데이터베이스 성능에서 어려운 것은 실제 개발 후 부하 테스트를 하고 나서야 문제를 발견하는 경우가 많다는 점입니다. 부하 테스트에서 발견하지 못한 채 실제 운영이 시작되고 나서야 문제를 발견하는 경우도 더러 있습니다. 이는 데이터베이스의 성능이 하드웨어(CPU, 메모리, 저장 장치), 데이터베이스와 시스템 간 네트워크, OS, 데이터베이스 설계, 프로그램 설계, 데이터베이스에 저장되는 테스트 데이터 등의 조합에 따라 달라지기 때문입니다. 그중에서도 디스크 I/O는 데이터베이스의 성능에 큰 영향을 미칩니다. 가장 좋은 방법은 디스크 I/O 발생을 줄일 수 있도록 애플리케이션과 데이터베이스를 설계하는 것이지만, 하드디스크 성능이나 개수 및 구성도 영향을 미칩니다. 또한 데이터베이스 제품은 디스크 I/O를 줄이기 위해 많은 데이터를 메모리에 캐시합니다. 따라서 메모리와 CPU도 중요합니다.

부하 테스트를 할 때는 가능한 한 실제 환경과 동일한 데이터를 준비해야 합니다. 동일한 데이터란 데이터의 양과 내용 모두 실제 환경과 비슷해야 한다는 뜻입니다. 데이터양이 적으면 인덱스가 정확한지 확인할 수 없고, 데이터 내용이 실제와 다르면 결합이 성능에 미치는 영향을 확인할 수 없습니다.

SQL 작성 방식과 같은 프로그램 설계도 성능에 큰 영향을 미칩니다. 같은 결과를 반환하는 SQL이라도 어떻게 작성하느냐에 따라 성능에 큰 차이가 날 수 있습니다. 프로그램이 발행하는 SQL은 비즈니스 로직 프로그램 설계나 데이터베이스 프로그램 설계에서 고려합니다.

하드웨어, 데이터베이스와 시스템 간의 네트워크, OS, 데이터베이스 설계, 프로그램 설계, 데이터베이스에 저장되는 테스트 데이터는 검토 시기가 전부 다릅니다. 프로그램 설계인 비즈니스 로직 프로그램 설계나 데이터베이스 프로그램 설계도 내부 설계로 진행하기 때문에, 데이터베이스 물리 설계와 동시에 진행될 가능성도 있습니다. 테스트 데이터는 테스트 직전까지 준비할 수 없는 경우도 많습니다. 테스트 데이터의 경향에 따라 프로그램 설계나 테이블 설계에 영향을 미치는 경우도 드물게 있습니다(표 4-4).

표 4-4 성능에 영향을 미치는 항목

항목	프로세스
하드웨어(CPU, 메모리, 저장 장치), 네트워크, OS	외부 설계
데이터베이스 설계	외부 설계 중 논리 설계 내부 설계 중 물리 설계
프로그램 설계	내부 설계
데이터베이스의 데이터	느린 경우 테스트까지 결정되지 않음

데이터베이스의 성능을 고려할 때 어려운 점은 데이터베이스 제품마다 데이터베이스 성능 튜닝 방법이 다르다는 것입니다. 또한 같은 데이터베이스 제품이라도 버전에 따라 다르기도 합니다. 같은 오라클이라도 8i 버전 이전과 10g 버전은 다릅니다. SQL은 같지만 성능에 미치는 영향이 달라지기도 합니다. 이는 데이터베이스 제품 내부 구현의 문제이기 때문에 애플리케이션은 고려하지 않는 것이 이론적으로 옳고, 실제로도 그래야 한다고 생각합니다. 하지만 데이터베이스가 어떻게 구현됐는지 어느 정도 알고 SQL을 작성하면 성능에서 몇 배의 차이가 날 수 있으므로 마냥 무시할 수는 없습니다.

이 책에서는 데이터베이스 성능을 고려한 데이터베이스 설계와 프로그램 설계에 대해 설명합니다. 성능 튜닝을 알기 위해서는 데이터베이스가 어떻게 동작하는지를 알아야 합니다. 오라클을 참고하여 데이터베이스의 동작 원리를 설명해보겠습니다(그림 4-12).

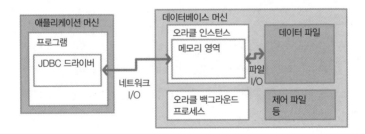

그림 4-12 데이터베이스 작동 원리

설정에 따라 다르지만 오라클 인스턴스는 접속하는 프로그램마다 전용 서버 프로세스를 생성합니다. 오라클 인스턴스에서 봤을 때 프로그램은 클라이언트라고 할 수 있습니다. 이 클라이언트에서 데이터베이스 서버에 접속하는 것을 세션이라고 부르기도 합니다. 서버 프로세스 외에도 모니터 프로세스, 파일 쓰기 프로세스 등 다양한 백그라운드 프로세스가 항상 실행되고 있습니다.

기본적으로 오라클의 테이블 정의와 테이블의 행 데이터, 각종 설정 등은 파일에 기록되어 있습니다. 그렇지 않으면 데이터베이스 프로세스가 다운될 경우 데이터가 손실되어 데이터 영속화의 목적을 달성할 수 없기 때문입니다. 다만 SQL을 실행할 때마다 데이터 파일을 읽어오면 성능이 매우 나빠집니다. 따라서 오라클 인스턴스는 메모리 내에 캐시, 임시 데이터, 제어 데이터 등을 보관하고 있습니다.

애플리케이션은 JDBC 드라이버(오라클의 경우 OCI 드라이버) 등을 사용하여 네트워크를 통해 데이터베이스 서버에 접속합니다. 데이터베이스 성능을 튜닝하기 위해서는 데이터베이스 서버의 파일 I/O와 클라이언트와 데이터베이스 서버 사이의 네트워크 I/O를 줄이는 것이 중요합니다. I/O를 줄이기 위해서는 I/O 횟수를 줄이는 것과 한 번의 I/O에서 수행하는 데이터양을 줄이는 것 모두 필요합니다.

데이터베이스 성능에서 중요한 점은 다음과 같습니다.

- I/O를 줄인다.
- 인덱스로 데이터를 쉽게 찾을 수 있도록 만든다.
- 결합을 쉽게 할 수 있도록 만든다.
- 처리는 일괄적으로 진행한다.

I/O를 줄이는 방법은 데이터베이스 서버의 파일 I/O를 줄이는 방법과 클라이언트에서 데이터베이스 서버로의 네트워크 I/O를 줄이는 방법이 있습니다.

데이터베이스 서버에서 파일 I/O를 줄이는 방법 중 하나는 SQL을 오라클 인스턴스의 메모리 영역에 캐싱하는 것입니다. 오라클은 실행할 SQL의 실행 계획을 메모리 영역에 캐시해둡니다. SQL을 분석하기 위해 테이블 정의, 통계 정보 등을 참고하기 때문에 이를 위한 파일 I/O를 줄일 수 있습니다.

오라클이 SQL을 분석할 때 동일한 SQL인지 판단하기 위해 SQL 문자열을 비교합니다. 따라서 대/소문자 차이, 공백(스페이스) 차이, SQL 기술 방식의 차이 등에 따라 얻을 수 있는 결과는 같은 SQL이라도 다른 SQL로 판단될 수 있습니다. 따라서 SQL을 작성하는 데에도 개발 프로젝트마다 그에 맞는 표준이 필요합니다.

오라클의 SQL 실행 계획

오라클은 프로그램에서 요청한 SQL의 실행을 다음과 같은 절차로 수행합니다.

분석 → 실행 → 취득Fetch

분석에서는 실행할 SQL을 분석합니다. 형식이 올바른지, 실행할 권한이 있는지 확인합니다. 다음으로 분석된 SQL을 실행하는데, 옵티마이저가 실행할 SQL을 분석하여 실행 계획을 작성합니다. 실행 계획에서는 SQL을 실행하기 위한 결합 방법, 인덱스 사용 여부 등이 결정됩니다. 결합 방법은 기본적으로 테이블의 데이터 통계 정보로 결정됩니다. 또한 인덱스가 있다고 해서 반드시 인덱스를 사용하는 것은 아닙니다. 모든 것은 옵티마이저가 생성하는 실행 계획에 따라 결정됩니다. SQL 성능의 좋고 나쁨은 실행 계획에 따라 크게 달라집니다.

오라클이 제공하는 명령을 통해 옵티마이저가 생성한 실행 계획을 참고할 수 있습니다. SQL 성능 튜닝을 위해서는 실제 실행 계획을 참고하여 결합 방식과 인덱스 사용 방식을 확인하는 것이 좋습니다.

프로그램에서 SQL의 문장을 통일시키는 방법으로 바인딩 변수를 사용하는 방법이 있습니다. 자바의 JDBC API에서는 PreparedStatement가 이에 해당합니다. 바인딩 변수를 이용하면 SQL 실행 시 조건값이 달라도 동일한 SQL로 인식할 수 있습니다. 예를 들어 상품을 조회하는 SQL이라면 다음과 같이 작성합니다.

```
SELECT item_id, item_name FROM item WHERE item_category_id=10
```

바인딩 변수를 사용하지 않으면 item_category를 SQL에 직접 작성해야 하지만, 바인딩 변수를 사용하면 다음과 같이 작성할 수 있습니다.

```
SELECT item_id, item_name FROM item WHERE item_category_id=?
```

이렇게 작성하면 어떤 item_category를 지정해도 동일한 SQL이 되고, 캐시가 적용되어 성능도 향상됩니다. SQL을 작성하는 방법을 표준화하는 것도 중요합니다. 예를 들어 내부 결합을 작성하는 방법에도 여러 가지가 있습니다. 다음은 INNER JOIN을 명시적으로 기술하는 방법입니다.

```
SELECT item. item_id, item_category.item_category_name ❍
FROM item INNER JOIN item_category ON ❍
item.item_category_id = item_category_id
```

다음은 FROM에 두 개의 테이블을 작성하고 WHERE절에 결합 조건을 지정한 작성 방식입니다.

```
SELECT item.item_id, item_category.item_category_name ❍
FROM item, item_category WHERE item.item_category_id = ❍
item_category_id
```

두 SQL은 똑같은 결과를 반환하지만 작성 방법이 다릅니다. 이들은 서로 다른 SQL로 판단됩니다.

I/O를 줄이기 위해 클라이언트와 데이터베이스 서버 간의 I/O를 줄이는 방법도 있습니다. 바로 조회하는 데이터양을 줄이는 방법과 조회 횟수를 줄이는 방법입니다. SELECT로 조회하는 데이터양을 줄이기 위해서는 SELECT로 조회하는 칼럼 또는 행을 최소로 하는 방법이 있습니다.

SELECT로 가져오는 칼럼을 최소한으로 만들기 위해서는 다음과 같이 *(애스터리스크)를 사용해 모든 칼럼을 가져오는 것을 지양해야 합니다.

```
SELECT * FROM item WHERE item_category_id=?
```

SELECT로 가져오는 행을 최소로 하기 위해서는 **페치**^{Fetch}를 사용합니다. 페치는 데이터베이스에서 조회(SELECT)한 데이터를 프로그램이 가져오는 것을 말합니다. SQL에서 가져오는 최대 행 수와 페치 행 수를 지정할 수 있습니다. 최대 행 수는 SQL 결과의 최대 행 수입니다. 최대 행 수를 100으로 지정하면 1000개의 행이 WHERE 조건에 부합하더라도 100개만 가져올 수 있습니다. 이렇게 하면 데이터베이스 서버의 파일 I/O도, 데이터베이스 서버에서 클라이언트로 전송하는 데이터양도 함께 줄일 수 있습니다. 실제로 1만 개의 데이터를 클라이언트에 반환한다고 해도 시스템이나 사람이 그렇게 많은 양의 데이터를 필요로 하는 경우는 드뭅니다. JDBC에서는 Statement나 ResultSet의 최대 행 수 maxRows를 지정하면 됩니다.

클라이언트 프로그램에서는 JDBC의 ResultSet을 사용하여 SQL 결과를 가져옵니다. ResultSet은 SQL 결과 데이터를 가져오는 클래스입니다. ResultSet은 커서가 가리키는 한 행마다 결과 데이터를 가져올 수 있습니다. ResultSet.next 메서드로 커서를 다음 행으로 이동할 수 있습니다. JDBC 드라이버의 구현에 따라 다르지만, SQL을 실행하여 ResultSet이 생성되어도 SELECT한 모든 행의 데이터를 데이터베이스 서버에서 클라이언트로 전송하는 것은 아닙니다. SELECT의 결과가 1000행이라고 해도 갑자기 1000행의 데이터를 ResultSet에 저장하지 않습니다. 프로그램에서 ResultSet.next 메서드를 호출하면 ResultSet이 구현되며 뒤에서 자동으로 데이터베이스 서버로 가져다주는 것입니다.

그렇다면 ResultSet으로 데이터베이스 서버에 몇 개의 행을 가져와야 할까요? 매번 한 줄씩 데이터베이스 서버에서 가져오는 것은 네트워크 오버헤드가 커져 성능이 나빠질 수 있습니다. 따라서 프로그램이 사용할 것 같은 분량만 일괄적으로 가져와서 캐싱하고 싶을 것입니다. 하지만 ResultSet은 프로그램이 당장 1행만 필요한지, 100행이 필요한지 알 수 없습니다. 그래서 fetchSize와 fetchDirection을 지정해주는데, fetchSize는 프로그램이 한 번에 필요한 행 수를 지정합니다. fetchDirection은 일괄적으로 가져오는 행이 커서 위치에서 볼 때 순방향(FORWARD)인지 역방향(REVERSE)인지를 지정합니다. 이를 통해 ResultSet은 클라이언트 측에 필요한 최소한의 데이터만 가져와서 캐싱합니다.

다만 실제로는 JDBC 드라이버 구현에 따라 구현 방법이 달라질 수 있습니다. maxRows나 fetchSize, fetch Direction은 성능을 향상시키기 위한 JDBC 드라이버와 데이터베이스에 대한 힌트라고 할 수 있습니다. 또 주의해야 할 점은

JDBC 드라이버 측에서 캐싱된 것은 데이터베이스의 업데이트가 반영되지 않는다는 점입니다. 따라서 ResultSet의 정보를 데이터베이스의 최신 정보로 만들기 위해 ResultSet에는 refreshRow 메서드가 제공됩니다.

인덱스를 생성하는 것은 성능을 향상시키기 위한 기본적인 방법입니다. 데이터베이스에는 조건(WHERE)에 일치하는 데이터(행)를 찾기 위해 여러 가지 방법이 있지만, 기본은 모든 행을 스캔(풀 스캔^{full scan})하는 것입니다. 당연히 데이터 수가 많으면 성능은 떨어집니다. 그렇다면 좀 더 효율적으로 원하는 데이터를 찾을 수 있는 방법은 없을까요? 오라클에서는 각 행에 ROWID를 부여하고 있으며 몇 가지 규칙에 따라 ROWID를 빠르게 찾을 수 있는 구조를 **인덱스**라고 부릅니다. 오라클의 인덱스 규칙은 'B-트리 인덱스' '비트맵 인덱스' '역전환키(또는 리버스 키) 인덱스' '함수 기반 인덱스'가 있습니다. 각각 장단점이 있기 때문에 데이터 특성에 따라 적절히 사용해야 합니다. 특별히 지정하지 않으면 'B-트리 인덱스'가 생성됩니다. 이어서 B-트리 인덱스에 대해 설명하겠습니다(그림 4-13).

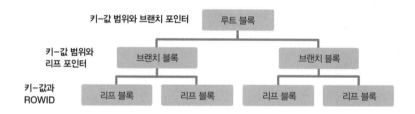

그림 4-13 B-트리 인덱스

| B-트리 인덱스 |

B-트리 인덱스는 검색할 키-값을 트리 구조로 관리합니다. [그림 4-13]을 보면 트리 구조는 위에서부터 루트, 브랜치, 리프의 3단계로 이루어져 있습니다. 루트 블록과 브랜치 블록에는 하위 블록에 대한 포인터가 저장되어 있습니다. 리프 블록에는 키-값에 해당하는 ROWID가 저장되어 있습니다. 루트 블록에는 키-값의 범위가 정의되어 있고, 그 범위마다 해당하는 브랜치 블록이 정의되어 있습니다. 브랜치 블록에서도 마찬가지로 키에 범위가 정의되어 있고 그 범위마다 리프

블록이 정의되어 있습니다. 검색할 때는 루트 블록부터 시작합니다. 루트 블록에서 검색할 키-값으로 브랜치 블록을 결정하고, 브랜치 블록에서도 키-값으로 리프 블록을 결정합니다. 리프 블록에는 키-값에 해당하는 ROWID가 있습니다. 이미 설명했듯이 ROWID는 행을 고유하게 식별하는 ID입니다. 이렇게 목표 행에 도달할 수 있습니다.

B-트리 인덱스는 키-값이 분산되어 있을 때 효과를 발휘합니다. 각 블록은 키-값 범위별로 존재합니다. 같은 키-값 범위에 값이 편중되어 분포되어 있는 경우에는 결국 같은 리프 블록 안에서만 검색하게 되어 인덱스의 효과가 나타나지 않습니다. 예를 들어 '성별' 칼럼에는 남자와 여자 두 개의 값만 있기 때문에 인덱스를 사용해도 전체의 절반까지만 검색할 수 있습니다. 따라서 B-트리 인덱스는 값의 종류가 많은 데이터에 적합합니다. 값의 종류가 많은 데이터는 '**카디널리티**cardinality가 높다'라고 할 수 있습니다. 카디널리티가 낮은 칼럼에는 비트맵 인덱스가 더 적합합니다. 또한 검색하는 조건(WHERE) 칼럼의 값이 편중되어 있는 경우에도 효과가 없습니다. 검색하고자 하는 칼럼의 값이 대부분 같은 값이라면, 그것들은 같은 리프 블록에 속하기 때문에 인덱스의 효과가 나타나지 않습니다.

검색할 조건이 광범위하고 전체 행 수 대비 조건과 일치하는 행 수가 많은 경우, 인덱스를 사용하는 것보다 풀 스캔을 사용하는 것이 더 빠를 수 있습니다.

인덱스를 사용할 때 주의해야 할 점은 인덱스가 적용되기 위해서는 몇 가지 조건이 있다는 것입니다. 당연하지만 검색하고자 하는 조건(WHERE)의 칼럼에 인덱스가 생성되어 있어야 합니다. 인덱스가 없으면 풀 스캔으로 검색됩니다. B-트리 인덱스에서는 검색하고자 하는 조건의 칼럼에 인덱스가 생성되어 있더라도 LIKE를 활용해 부분 일치로 검색하는 경우, 후방 일치나 중간 일치에서는 인덱스를 사용할 수 없습니다. B-트리 인덱스는 키-값의 범위에 따라 블록을 추적하여 검색을 수행하지만, 후방 일치나 중간 일치에서는 키-값의 범위를 판단할 수 없습니다.

또한 B-트리 인덱스에서는 데이터베이스 제품의 내장 함수를 사용한 경우에도 인덱스가 적용되지 않습니다. 내장 함수의 결괏값으로 인덱스를 생성하지 않기 때문입니다. 오라클에서는 함수 기반 인덱스를 사용하여 해결합니다. B-트리 인덱스에서는 NULL 값에 대한 인덱스를 생성할 수 없습니다. 인덱스를 이용한 NULL 값에 대한 검색은 비트맵 인덱스를 생성하여 해결할 수 있습니다. NOT EQUALS를 검색 조건으로 설정하면 인덱스가 사용되지 않을 수 있습니다. 기본 키에는 자동으로 인덱스가 생성됩니다. 인덱스가 생성된 칼럼이 있는 테이블에 대해 행 삽입(INSERT), 갱신(UPDATE), 삭제(DELETE)를 수행하면 인덱스가 없는 경우에 비해 오버헤드가 발생하여 처리 시간이 오래 걸립니다.

테이블이 복잡하게 결합되면 성능 저하로 이어집니다. 데이터베이스 설계에서는 테이블의 정규화를 무너뜨리는 방법이 있습니다. 데이터베이스 논리 설계에서 고려한 테이블 정규화인데, 데이터를 조회(SELECT)할 때 결합(JOIN)이 발생하면 성능이 저하됩니다. 정책적인 문제가 있겠지만 기본적으로 정규화를 하는 것이 좋습니다. 그러나 무슨 수를 써도 필요한 성능을 얻을 수 없다면 정규화된 테이블을 통합하여 중복된 테이블을 생성합니다(그림 4-14). 그러면 조회할 때 결합할 필요가 없어져 성능이 향상됩니다. 하지만 정규화를 무너뜨리면 당연히 데이터 구조가 중복되어 동일한 데이터를 중복으로 보유할 수밖에 없습니다. 중복된 데이터는 삽입, 갱신, 삭제를 할 때 중복된 데이터도 모두 동일하게 갱신하도록 주의해야 합니다. 경우에 따라서는 조회 성능은 향상되더라도 삽입, 갱신, 삭제 성능이 저하될 수도 있습니다.

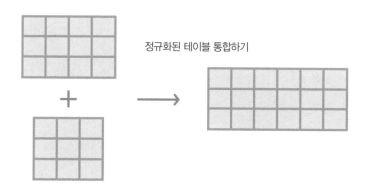

정규화된 테이블 통합하기

그림 4-14 정규화된 데이터베이스 통합

한번 테이블 구조를 결정하면 나중에 변경할 수 있는 경우는 거의 없습니다. 운영이 시작되어 프로덕션 데이터가 저장되고 나면 더더욱 그렇습니다. 따라서 테이블 정규화를 무너뜨리는 것은 신중하게 판단해야 합니다. 또한 테이블 정규화를 무너뜨리는 범위는 필요 최소한으로 해야 합니다.

삽입, 갱신, 삭제와 같은 작업은 일괄적으로 처리하면 성능이 향상됩니다. JDBC에는 Statement#executeBatch 메서드가 이에 해당합니다. 단, 어떻게 구현되었는지는 사용하는 JDBC 드라이버를 확인해야 합니다.

4.5.3 테이블 정의서 작성

물리 ER 다이어그램을 작성했으면 테이블 정의서를 작성합니다. 테이블 정의서에는 데이터베이스 논리 설계와 데이터베이스 물리 설계에서 작성한 ER 다이어그램을 바탕으로, 테이블별 상세 명세를 정의합니다. 테이블 정의서는 엑셀 등으로 작성하는 것이 좋으며 하나의 테이블에 하나의 시트 정도가 적당합니다.

테이블 명세 정의 항목은 다음 두 가지입니다.

- 테이블 이름
- 스키마 이름

칼럼별 명세 정의 항목은 다음과 같습니다.

- 논리명
- 물리명
- 데이터 유형
- 길이
- 정확도
- 필수
- 기본값
- 기본키
- 외래키
- 인덱스

데이터베이스 물리 설계를 위해서는 데이터베이스 제품에 대한 지식이 필요합니다. 이후 구현을 진행하는 데 있어서도 **DBA**^Database Administrator^(데이터베이스 관리자)를 선임하는 것이 좋습니다. 작은 프로젝트라면 1명, 큰 프로젝트라면 몇 명으로 DBA팀을 구성합니다.

DBA[5]의 역할은 시스템 전체 데이터베이스의 정합성을 유지하는 것입니다. 유스케이스나 화면별로 설계 및 구현 담당자가 다르면 사람에 따라 비즈니스 로직 ^business logic^으로 SQL을 작성하는 방식에 차이가 생길 수 있습니다. 또한 성능 관점에서도 시스템 전체를 고려해야 합니다. DBA는 개념 모델 등의 업무 요구사항도 어느 정도 이해하고 있어야 합니다. 또한 데이터베이스 제품의 성능 특성 등에 대한 지식도 가지고 있어야 합니다. 그리고 문제가 발생했을 때 다른 개발 담당자와의 조율도 필요합니다.

데이터베이스 성능 설계에서는 데이터베이스 제품의 내부 구현까지 살펴보았습니다. 원래는 특정 데이터베이스 제품의 내부 등은 개발자가 알 필요가 없어야 합니다. 데이터베이스 제품의 내부 구현이 다음 버전에서도 동일하다는 보장이 없기 때문에 이에 의존하는 애플리케이션 개발은 바람직하지 않습니다. 하지만 안타깝게도 충분한 성능을 발휘하기 위해서는 어느 정도의 성능 튜닝이 필요하며, 이를 위해서는 데이터베이스 제품이 어떻게 구현됐는지도 알아야 합니다. 개발자에게 그나마 다행인 것은 비교적 수명이 긴 데이터베이스 제품이 많다는 점입니다. 그 예로 오라클은 앞으로도 계속 사용할 수 있을 것입니다. 또한 데이터베이스 제품의 처리 방식과 아키텍처에는 I/O를 줄이기 위한 캐시, 병렬성을 높이기 위한 서버 프로세스 관리 등 시스템 개발에 도움이 되는 노하우가 많습니다. 데이터베이스 제품 구현을 배운다기보다 데이터베이스 제품의 설계를 배운다고 생각하면 향후 시스템 개발에도 참고할 수 있습니다.

....

5 DBA(DataBase Administrator)와 DA(Data Architect)는 구분되기도 합니다. DBA가 특정 데이터베이스 제품에 한정된 시스템적인 기술을 다루는 역할을 하면 DA는 데이터 모델을 중심으로 업무 중심의 데이터 구조를 설계하고 다루는 역할을 수행합니다. 이 두 가지 업무를 같이 수행할 수도 있겠지만 서로 다른 기술을 요하는 영역이기 때문에 통상적으로는 구분합니다.

CRUD 설계

지금까지 화면 프로그램 설계, 비즈니스 로직 프로그램 설계, 데이터베이스 프로그램 설계, 데이터베이스 물리 설계를 알아봤습니다. 각 시스템이 무엇을 할 것인지 어느 정도 명확해졌을 겁니다. 간단한 시스템이라면 이 정도여도 충분할 수 있습니다. 하지만 비즈니스 로직이나 데이터베이스가 복잡한 시스템에서는 이것만으로는 부족합니다. 화면이나 비즈니스 로직에서 세부적으로 어떻게 데이터베이스를 업데이트할 것인지 명확히 해야 합니다. 이런 경우에는 CRUD 설계가 효과적입니다. 앞서 설명했듯이 CRUD는 Create, Read, Update, Delete의 머리글자를 딴 것입니다. 생성, 읽기, 갱신, 삭제 등 데이터베이스에 대한 기본적인 조작을 의미합니다. CRUD 분석 및 설계에서는 비즈니스 로직이 어떤 데이터베이스에 대해 CRUD를 할 것인지 분석하고 설계합니다.

CRUD 설계는 표를 사용하여 진행할 수 있습니다. 가로 축에 테이블별 CRUD, 세로 축에 화면 또는 비즈니스 로직을 표시합니다. 예를 들면 다음과 같습니다.

표 4-A CRUD 분석에 사용되는 표의 예시

	테이블 A				테이블 B				테이블 C			
	C	R	U	D	C	R	U	D	C	R	U	D
비즈니스 로직 A	○				○							
비즈니스 로직 B		○	○					○		○	○	

CRUD 분석을 통해 비즈니스 로직이 구체적으로 어떤 테이블을 조작하고 있는지, 반대로 어떤 테이블을 어떤 비즈니스 로직이 조작하고 있는지를 명확히 할 수 있습니다. 특히 테이블을 조작하는 비즈니스 로직이 명확해지면 테이블의 칼럼을 객체로 봤을 때 생애주기가 올바른지 알 수 있습니다. 비즈니스 로직 B에서 테이블 A를 갱신(UPDATE)하려면 먼저 실행될 다른 비즈니스 로직에서 테이블 A가 생성(CREATE)되어 있어야 합니다.

4.6 테스트를 위한 설계

이번 절에서는 테스트에 필요한 설계에 대해 설명합니다.

4.6.1 테스트 및 설계

시스템 개발에서 테스트는 매우 중요합니다. 테스트의 목적은 개발한 시스템의 품질을 확인하는 것입니다. 만약 테스트에서 품질이 좋지 않다면 시스템 출시 자체를 재검토해야 할 수도 있습니다. 테스트에서 버그를 발견하지 못하면 실제로 운영할 때 버그를 발견하게 될 수도 있습니다. 따라서 테스트에서 버그를 얼마나 많이 발견하느냐가 중요합니다.

테스트에도 몇 가지 단계가 있습니다(표 4-5). 각 단계마다 테스트하는 시기와 테스트 대상이 다릅니다. 테스트는 가장 세부적인 단위 테스트부터 시작하여 조금씩 큰 것으로 진행합니다. 세부적인 부분들이 제대로 작동하는지 확인한 후 그것들을 조합해서 다시 테스트합니다.

표 4-5 테스트 단계

단계	설명
단위 테스트	시스템을 구성하는 모듈 단위의 테스트. 모듈 단위로는 클래스가 있다. 모듈 개발이 완료된 시점에 수행한다.
통합 테스트	시스템을 구성하는 모듈을 조합하는 테스트. 결합하는 단위는 화면 전환이나 유스케이스다. 화면 전환이나 유스케이스 개발이 완료된 시점에 수행한다.
시스템 테스트	시스템 전체에 대한 테스트. 시스템 전체 개발이 완료된 시점에 수행한다.

[표 4-5]에 제시된 것 외에도 부하 테스트, 운영 테스트, 인수 테스트 등이 있습니다. 부하 테스트는 시스템 처리에 부하를 주어 시스템의 성능, 신뢰성 등을 평가합니다. 운영 테스트는 운영 설계에 따라 시스템이 정상일 때와 장애가 발생했을 때의 운영을 수행하여 시스템이 운영상 문제가 없는지 평가합니다. 인수 테스트는 시스템 개발 발주자인 사용자 기업에서 개발된 시스템이 요구사항 정의대로 만들어졌는지를 평가하기 위한 것입니다.

단위 테스트는 개발자가 직접 수행하는 것이 일반적입니다. 소규모 개발 프로젝트에서는 통합 테스트나 시스템 테스트도 개발자가 직접 수행하기도 합니다. 이에 반해 대규모 개발 프로젝트에서는 테스트를 위한 팀을 구성하여 개발자와는 다른 인력이 테스트를 진행하기도 합니다. 테스트를 수행하기 위해서는 어떤 테스트를 할 것인지를 테스트 케이스로 만들어야 합니다. 테스트 케이스에는 시스템에 무언가를 수행했을 때 시스템이 어떤 동작을 하는 것이 옳은지 기술합니다. 따라서 테스트 케이스를 작성하기 위해서는 시스템이 어떤 동작을 하는 것이 옳은지 아는 것이 중요합니다. 개발자가 직접 테스트하는 경우 프로그램이 어떻게 동작하는지 알고 있기 때문에 테스트 케이스를 작성하는 것도 어렵지 않은 편입니다. 하지만 개발자와 다른 인력이 테스트하는 경우에는 테스트 케이스를 작성하기 위해 설계서나 요구사항 정의서를 참고해야 합니다. 좋은 테스트에 좋은 설계가 필요한 이유 중 하나는 좋은 테스트 케이스를 만들기 위해 설계서가 필요하기 때문입니다.

요구사항 정의, 설계, 구현과 같은 개발 과정은 테스트 단계와도 대응 관계에 있습니다(그림 4-15).

그림 4-15 개발 프로세스와 테스트 프로세스의 대응 관계

요구사항 정의 내용은 시스템 테스트에서 확인합니다. 그리고 외부 설계에서 설계한 내용을 통합 테스트로 확인합니다. 마찬가지로 내부 설계에서 설계한 내용을 단위 테스트에서 확인합니다. 즉, 시스템 테스트의 테스트 케이스를 작성할 때 요구사항 정의의 내용을 입력으로 삼는 것입니다. 통합 테스트의 테스트 케이스는 외부 설계를 입력으로 작성합니다. 마찬가지로 단위 테스트의 테스트 케이스는 내부 설계를 입력으로 작성합니다. 이러한 사고방식은 각 테스트 단계에서 무엇을 테스트할 것인지 인식하는 데 도움이 됩니다. 단위 테스트와 통합 테스트,

시스템 테스트는 서로 다른 관점에서 테스트해야 합니다. 비슷한 테스트를 여러 번 반복해서는 의미가 없습니다. 내부 설계와 외부 설계는 '시스템 내부를 만드는 방법'과 '외부에 제공하는 시스템의 가치'처럼 서로 의미가 다릅니다. 테스트에서 도 마찬가지입니다. 단위 테스트, 통합 테스트, 시스템 테스트는 단순히 테스트 대상이 클래스냐 화면 전환이냐 유스케이스냐의 차이뿐만 아니라 테스트의 관점 도 다릅니다.

이해하는 데 도움이 되도록 예를 살펴보겠습니다. 테스트에는 화이트박스 테스트 와 블랙박스 테스트가 있습니다(표 4-6). 화이트박스 테스트는 테스트 대상의 내부를 의식하고 테스트합니다. 블랙박스 테스트는 테스트 대상의 외부만을 의식 하고 테스트합니다. 화이트박스 테스트는 내부 설계에 대응하는 단위 테스트에서 이루어지는 기법입니다. 반면, 블랙박스 테스트는 외부 설계나 요구사항 정의에 대응하는 통합 테스트와 시스템 테스트에서 이루어지는 기법입니다.

화이트박스 테스트를 하려면 구현한 프로그램만 있으면 되지만 블랙박스 테스트 를 하려면 외부 설계 산출물이나 요구사항 정의 산출물이 필요합니다. 블랙박스 테스트는 테스트 대상의 입력과 출력을 확인하기 위한 것인데, 입력과 출력에는 기능 명세인 외부 설계 산출물이나 요구사항 정의 산출물이 있어야 합니다. 설계 산출물이나 요구사항 정의 산출물이 없으면 좋은 테스트를 할 수 없습니다.

표 4-6 화이트박스 테스트와 블랙박스 테스트

테스트 기법	설명
화이트박스 테스트	테스트 대상의 내부에 의존하는 테스트 케이스를 생성하여 수행하는 테스트. 테스트 대상의 내부 구조나 구현 패턴에 따라 입력과 해당 출력을 확인한다.
	화이트박스 테스트에서는 처리 경로를 포괄할 수 있다. 처리 경로를 포괄하는 정도에 따라 C0 포괄(명령어 포괄), C1 포괄(분기 포괄), C2 포괄(조건 포괄) 등이 있다. C0 포괄에서는 모든 처리가 한 번은 통과하도록 테스트 케이스를 작성한다. C1 포괄에서는 모든 분기 조건의 참(true)과 거짓(false) 패턴을 포괄하도록 테스트 케이스를 작성한다. C2 포괄에서는 모든 판단 조건의 참과 거짓 패턴을 포괄하도록 테스트 케이스를 작성한다.
	분기 조건은 하나의 if에서 참과 거짓의 두 가지 패턴을 조합하여 테스트하는 것을 말한다. 판단 조건은 하나의 if에서도 or이나 and로 여러 개의 판단 조건이 있을 때, 모든 참과 거짓 두 가지 패턴을 조합하여 테스트하는 것을 말한다.

블랙박스 테스트	테스트 대상의 내부와 무관하게 테스트 케이스를 생성하여 수행하는 테스트. 테스트 대상의 입력 패턴과 입력으로 얻을 수 있는 출력을 확인한다.

4.6.2 TDD

TDD$^{Test\ Driven\ Development}$는 테스트 주도 개발이라고도 하며 시스템 개발 테스트 기법 중 하나입니다(그림 4-16). 테스트 케이스를 먼저 작성한 후 프로그램을 구현하는 것이 특징이며 이를 **테스트 퍼스트**$^{test\ first}$라고도 합니다. 프로그램이 아직 구현되지 않은 상황이기 때문에 주로 블랙박스 테스트를 수행하기 위해 사용하는 기법입니다. 앞서 설명했듯이 테스트 케이스는 설계나 요구사항 정의와 대응합니다.

'테스트 케이스를 먼저 작성'한다는 것은 설계나 요구사항 정의 결과를 바탕으로 프로그램이 갖춰야 할 기능을 테스트 케이스로 작성하는 것을 말합니다. 테스트 케이스를 먼저 작성하기 때문에 실제 프로그램을 구현할 때는 테스트 케이스를 만족시키기 위해 코딩을 하게 됩니다. 테스트 케이스도 프로그램으로 작성합니다. 프로그램을 테스트하기 위한 프로그램을 개발하는 것입니다.

그림 4-16 테스트 주도 개발 (TDD)

테스트 케이스는 자바라면 JUnit과 같은 테스트 프레임워크를 사용하면 편리합니다. JUnit에는 테스트 메서드를 식별하기 위한 @org.junit.Test 어노테이션과 테스트 결과를 집계하는 구조 등이 있습니다. 이전 버전에서는 테스트 메서드에 test라는 접두사를 붙여야 했지만 최신 버전에서는 @org.junit.Test 어노테이션이 붙은 메서드를 테스트 케이스로 인식하여 실행해줍니다. 어떠한 방법을 사용해도 무방합니다.

예를 들어 [그림 4-17]과 같은 OrderBasket 클래스가 있다고 합시다. 이것은 주문을 위한 장바구니를 표현한 클래스입니다. OrderBasket은 상품(Item)을 List로 저장할 수 있습니다. OrderBasket의 calculate 메서드는 장바구니에 저장된 상품의 가격을 합산하기 위한 계산을 합니다. OrderBasketTest 클래스는 OrderBasket 클래스를 테스트하기 위한 테스트 케이스 클래스입니다. OrderBasketTest 클래스에서는 OrderBasket의 메서드 하나에 대한 테스트 케이스를 생성하고 있습니다. 여기서는 하나의 메서드에 하나의 테스트 케이스 메서드를 생성하고 있지만, 테스트 조건에 따라 여러 개의 테스트 케이스 메서드를 정의할 수도 있습니다.

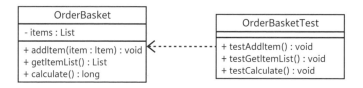

그림 4-17 OrderBasket 클래스

JUnit과 같은 테스트 프레임워크를 사용하여 테스트를 프로그램화할 수 있다면 테스트 실행을 자동화할 수 있습니다. 테스트 케이스가 프로그램이면 테스트 완료까지 시간이 거의 걸리지 않습니다. 따라서 손쉽게 테스트를 할 수 있습니다. 이러한 테스트 자동화의 장점은 애자일 개발의 짧은 반복과 리팩터링을 가능하게 해줍니다. TDD에서는 테스트 케이스도 함께 개발하기 때문에 언뜻 보기에는 개발량이 늘어나 전체 개발 효율이 떨어질 것으로 생각하기 쉽습니다. 하지만 실제로는 테스트 시간을 단축할 수 있기 때문에 전체 개발 효율은 향상됩니다. 테스트를 하는 공수보다 테스트를 프로그래밍하는 시간이 더 적기 때문입니다.

XP와 같은 애자일 개발에서는 짧은 주기로 반복을 수행합니다. 예를 들어 1주에서 2주 정도의 기간으로 하나의 이터레이션을 진행합니다. 이터레이션에서는 새로운 기능을 개발할 수도 있고 이미 개발된 기능을 수정할 수도 있습니다. 이 짧은 이터레이션을 돌리기 위해서는 TDD가 필요합니다. 이터레이션 개발에서는 개발 기간이 짧기 때문에 기존 시스템 개발에 비해 설계 시간이나 테스트 시간을 여유롭게 확보할 수 없습니다. TDD를 통해 개발 전에 테스트 케이스를 작성하면 명세 오류를 발견할 수 있고, 개발자도 사전에 명세를 확인할 수 있다는 장점이 있습니다. 테스트를 자동화함으로써 이미 개발된 기능을 수정할 수도 있습니다. 이미 개발된 기능에는 테스트 케이스도 만들어져 있기 때문에 이를 실행하면 기존 기능의 동작을 확인할 수도 있습니다. 프로그램을 개발하면서 동시에 테스트를 할 수 있는 TDD와 테스트 자동화는 애자일 개발에서 빼놓을 수 없는 요소입니다.

리팩터링은 프로그램의 기능을 변경하지 않고 프로그램의 유지보수성을 높이기 위한 개발 기법입니다. 기능을 그대로 유지하면서 프로그램의 구조나 소스 코드를 유지보수하기 좋아지도록 수정합니다. 여기에 프로그램의 기능이 변경되지 않았음을 보장하기 위해 테스트 케이스가 필요합니다. 따라서 리팩터링을 시작하기 전에 테스트 케이스를 먼저 작성합니다.

테스트 자동화는 널리 퍼져 있는 것 같으면서도 아직 필요성에 대한 인식이 낮은 편입니다. 테스트 케이스는 작성하지 않으면 의미가 없고, 더 나아가 실행하지 않으면 의미가 없습니다. 예를 들어 어떤 프로젝트의 초기 단계에 참여하여 매우 포괄적인 테스트 프로그램을 개발했고, 맡은 임무가 끝나 프로젝트를 떠나게 되었다고 가정해봅시다. 남은 팀원에게 테스트 케이스를 인수인계한 줄 알았는데 몇 달 후 안부를 물었더니 프로그램 품질이 좋지 않아 곤란하다고 합니다. 테스트 케이스에 대해 물어봐도 후임자는 모르는 것 같습니다. 틀림없이 테스트 케이스가 실행되지 않은 것입니다.

아마 이 시점에는 테스트 케이스를 실행하려고 해도 기능이 바뀌어서 실행되지 않을 것입니다. 멈춰버린 테스트 케이스를 움직이려면 상당한 공수가 듭니다. 그래서 테스트 케이스는 항상 움직여야 합니다. 항상 움직이면 문제가 발생해도 어디를 수정해서 테스트 케이스가 동작하지 않게 되었는지 금방 알 수 있습니다. 문제의 원인을 알면 테스트 케이스를 수정해야 하는지, 기능 수정이 잘못되었는지 쉽게 판단 가능합니다. 테스트 케이스는 항상 실행 및 유지보수할 수 있도록 개발 프로젝트 업무 방식에 통합해야 합니다. 이클립스^Eclipse나 메이븐^Maven, 그래들^Gradle 과 같은 빌드 도구에 통합하는 것도 좋은 방법입니다.

리팩터링

리팩터링에 대한 자세한 내용은 마틴 파울러의 저서 『리팩터링 2판』(한빛미디어, 2020)에 자세히 나와 있습니다.

앞서 간략히 설명했다시피 리팩터링은 프로그램을 외부에서 봤을 때의 동작(기능)을 바꾸지 않고 프로그램의 구조나 소스 코드를 변경하는 것을 말합니다. 프로그램의 유지보수성을 높이는 것이 리팩터링의 목적이죠. 이 개념은 매우 획기적인 사고방식으로, 제가 디자인 패턴과 리팩터링 이 두 가지로부터 받은 영향은 이루 헤아릴 수 없을 정도입니다.

기존에는 한번 만든 프로그램을 수정하는 것은 기본적으로 금지되어 있었습니다. 특히 테스트가 완료된 소스 코드를 수정하기 위해서는 수정한 부분에 주석을 넣고 수정한 부분의 소스 코드를 검토하는 것이 필수였습니다. 물론 테스트도 꼼꼼하게 진행합니다. 왜 프로그램을 만들고 수정하지 못했을까요? 두말할 필요도 없이 새로운 버그를 만들지 않기 위해서입니다.

테스트해서 품질을 확인한 것에 버그를 만들면 당연히 품질이 떨어질 수밖에 없습니다. 기존의 개발 스타일은 프로그램 단위로 품질을 떨어뜨리지 않고 결과적으로 전체 품질을 향상시키는 방식이었습니다. 이 사고방식은 지금도 통용되지만 조금은 다른 점이 있습니다. 예전에는 프로그램 자체의 품질을 관리했다면 현재는 자동화된 테스트 케이스를 관리함으로써 프로그램의 품질을 담보하고자 합니다. 자동화된 테스트 케이스만 있으면 프로그램 자체를 수정해도 문제가 일어나지 않게 된 것입니다(단, 테스트 케이스가 제대로 갖추어져 있는 경우에만 해당합니다).

리팩터링에서 주로 하는 일은 다음과 같습니다.

- 너무 큰 메서드나 클래스 분할하기: 역할에 따라 분할하며 중복도 없앨 수 있다.
- 분기(switch 등)를 다형성^polymorphism으로 대체하기: 분기의 대부분은 클래스 상태로 표현할 수 있다. 다형성을 사용하여 분기를 제거할 수 있다.
- 캡슐화 진행하기: 속성이 부적절한 클래스에 속하면 불필요한 메서드가 필요하게 된다. 따라서 속성을 이동하여 캡슐화를 진행한다.
- 클래스나 메서드의 이름 재검토하기: 클래스나 메서드의 역할을 잘 나타내도록 이름을 짓는다.

여기 소개한 것은 일부에 불과합니다. 달리 새로운 것은 없어 보이지만 기존 개발 방식에서 소홀히 여겨졌던 객체지향 설계의 기본을 철저하게 지키고 있습니다. 개발을 하다 보면 캡슐화나 클래스, 메서드 이름 등을 적절하게 지정하는 것이 미사여구로만 여겨져 경시되기 쉽습니다. 하지만 이름이 잘못 붙은 클래스는 개발자에게 오해를 불러일으켜 예상치 못한 버그를 만들어낼 수 있습니다. 경험이 많은 프로그래머는 소스 코드를 보기만 해도 그 소스 코드의 품질을 알 수 있습니다. 역시 깨끗하지 못한 소스 코드에는 버그가 많기 마련입니다. 품질이 좋은 소스 코드는 정돈되고 보기 좋은 소스 코드입니다. 리팩터링은 소스 코드의 가시성을 높이기 위한 것이기도 합니다.

리팩터링은 결코 대규모로 시스템을 재구축하는 것을 의미하지 않습니다. 매우 국지적으로, **상향식**bottom up으로 진행하는 작업입니다. 클래스가 캡슐화되어 있지 않고 이름이 부적절하다고 해서 리팩터링에 함부로 뛰어드는 것은 현명하지 않습니다. 우선 이름만 수정하는 등 작은 단위부터 시작하는 것이 좋습니다. 리팩터링으로 인해 다른 개발이 중단되는 것은 주객전도입니다.

4.7 개발 환경 구축

개발 환경을 구축하는 것은 외부 설계나 내부 설계와 무관합니다. 그러나 다음 단계인 구현을 위해서는 적절한 개발 환경이 구축되어 있어야 합니다. 이번 절에서는 개발 환경을 구축하는 데 필요한 기술적 노하우를 간략히 설명하겠습니다.

개발 환경은 외부 설계와 내부 설계가 끝나고 구현을 위해 필요한 빌드 환경, 테스트 환경, 버전 관리 등을 포함합니다. 개발 환경은 단순히 구축하는 것이 목적이 아니라 프로젝트의 개발 환경을 공유하는 것이 목적입니다. 혼자서 개발한다면 특별히 개발 환경을 정비할 필요가 없습니다. 그러나 개발자 여러 명이 하나의 시스템을 개발하기 위해서는 개발할 토대를 맞춰놓지 않으면 완성된 시스템이 엉망진창이 될 수 있습니다.

개발 환경은 반드시 구현이 시작되기 전에 구축되어야 합니다. 개발 환경을 구축하지 않고 구현하면 개발자마다 다른 방식으로 개발이 진행됩니다. 또한 경험이 적은 개발자는 빌드 환경을 구축하지 못해 개발에 착수하지 못하기도 합니다. 보통 사람마다 빌드하는 라이브러리의 마이너 버전이 다르거나, 소스 코드가 공유되지 않아 막상 통합하려고 하면 인터페이스가 다른 경우가 많습니다. 개발은 팀 플레이입니다. 개발 환경을 구축하면 정보를 공유할 수 있습니다. 빌드 환경을 통일하여 누구나 같은 환경에서 빌드할 수 있도록 하고, 소스 코드를 공유함으로써 프로그램 간 불일치가 발생하지 않도록 합니다.

[그림 4-18]과 같이 개발 환경에는 기본적으로 다음과 같은 것들이 포함됩니다.

- 버전 관리 시스템
- 빌드 환경
- 테스트 환경

그림 4-18 기본적인 개발 환경 구성

버전 관리 시스템은 개발 프로젝트에서 정보를 공유하는 데 가장 중요한 역할을 합니다. 대표적인 버전 관리 시스템으로는 깃Git과 SVNSubversion이 있습니다. 버전 관리 시스템은 파일 서버와 달리 업데이트 이력을 관리할 수 있기 때문에 잘못된 작업을 다시 하거나 이전에 삭제한 파일이 필요하면 다시 가져올 수 있습니다. 따라서 버전 관리 시스템은 구현 과정부터 활용하기보다는 프로젝트 시작과 동시에 정비하여 설계서 등을 공유하는 것이 좋습니다.

빌드 환경에는 소스 코드를 작성하고 이를 컴파일하기 위한 IDE(통합개발환경)와 컴파일에 필요한 라이브러리가 포함됩니다. 자바의 경우 이클립스와 메이븐, 그래들이 유명합니다. **이클립스**는 GUI를 갖춘 오픈소스 IDE이며 무료로 사용할 수 있습니다. 이클립스는 플러그인을 통한 기능 확장이 용이하여 다양한 기능을 이클립스 내에서 사용할 수 있습니다. 깃이나 SVN과 같은 버전 관리 시스템과의 연동, JUnit과 같은 단위 테스트 도구, 제티나 톰캣과 같은 웹 애플리케이션 서버를 내부에서 실행할 수도 있습니다.

메이븐은 커맨드라인에서 사용하는 빌드 도구입니다. 명령을 실행하여 소스 코드 빌드, 단위 테스트, JAR 파일 생성 등을 할 수 있으며, 메이븐 역시 플러그인을 통해 기능을 확장할 수 있습니다. 메이븐의 특징은 빌드에 필요한 라이브러리를 지정하기만 하면 자동으로 인터넷에서 다운로드가 된다는 점입니다. 최근 자바 개발에서는 많은 프레임워크와 도구를 사용하기 때문에 필요한 라이브러리도 매우 다양합니다. 프레임워크나 도구가 또 다른 프레임워크나 도구를 사용하기도 하기 때문에 수십 개의 JAR 파일을 준비해야 합니다. 이를 수동으로 다운로드하는 것은 매우 번거롭습니다. 메이븐으로 필요한 프레임워크나 도구와 버전을 지정하면 지정한 버전의 JAR 파일을 자동으로 다운로드해줍니다. 또한 프레임워크나 도구가 의존하는 JAR 파일도 자동으로 다운로드할 수 있습니다.

이클립스도, 메이븐도 플러그인을 추가하여 기능을 확장할 수 있습니다. 따라서 개발 환경을 정비한다면 플러그인을 포함한 형태로 제공해야 합니다. 사용하는 플러그인이 개발자마다 다르면 문제가 될 수 있기 때문입니다. 이클립스라면 플러그인을 설정한 바이너리 전체를 제공하는 것도 좋습니다. 메이븐이라면 바이너리와 설정 파일을 제공하는 것이 좋습니다.

테스트 환경에는 개발 클라이언트 머신에서 실행하는 **단위 테스트 환경**이 있습니다. 단위 테스트 환경에는 테스트 코드와 단위 테스트 실행 도구가 포함됩니다. 단위 테스트는 JUnit과 같은 테스트 프레임워크를 사용하여 자동화하는 것이 좋습니다. 그리고 JUnit으로 작성한 테스트 코드를 버전 관리 시스템에 등록합니다. 테스트 코드는 테스트 대상 소스 코드를 버전 관리 시스템에 등록할 때 함께 등록합니다. 이렇게 하면 버전 관리 시스템에 등록된 소스 코드에는 테스트 코드가 함께 제공됩니다. 또한 버전 관리 시스템에 테스트 코드를 등록하면 다른 개발자들도 테스트 코드를 실행할 수 있게 됩니다.

최근에는 애자일 개발과 관련하여 **지속적 통합**^{continuous integration}이라는 개발 방법이 제시되고 있습니다. 지속적 통합은 버전 관리 시스템에 등록된 최신 소스 코드를 주기적으로 빌드하고, 나아가 자동 테스트를 수행하여 버전 관리 시스템에 등록된 소스 코드의 문제를 지속적으로 발견하기 위한 방식입니다. 테스트에서 문제가 없으면 서버에 배치됩니다. 서버에 배치되면 항상 최신 프로그램이 개발 공유 서버에서 실행되는 것입니다. 애자일 개발에서는 프로젝트의 문제를 조기에 발견해야 하며, 개발자 사이에 끊임없고 세심한 의사소통이 필요합니다. 지속적 통합도 소스 코드를 통한 커뮤니케이션의 일종입니다. 이를 통해 이터레이션 종료 후 릴리스할 때 큰 문제가 발생하는 것을 방지할 수 있습니다. 이는 매우 중요합니다. 시스템을 릴리스할 때는 항상 문제가 발생하기 때문입니다. 다만 지속적 통합을 위해서는 개발 프로젝트에서 규칙을 정하는 것이 좋습니다. 예를 들면 다음과 같습니다.

- 개발한 소스 코드를 매일 버전 관리 시스템에 등록하기
- 모든 것을 빌드하고 자동 테스트 수행하기
- 빌드 및 테스트 결과를 구성원에게 공지하기

4.8 개발 표준 수립

개발 표준은 말 그대로 작업을 수행하기 위해 개발 프로젝트팀 전체가 지켜야 할 규약이나 가이드라인을 말합니다. 넓은 의미에서 개발 표준이라는 말에는 개발 프로세스나 작성하는 문서의 표준 템플릿, 코딩 규약, 명명 규약, 테스트 표준 방법 등이 포함됩니다. 또한 버전 관리나 개발 환경 등이 포함되기도 합니다. 그야말로 개발 프로세스 전반의 표준을 의미합니다.

개발 표준을 작성하여 프로젝트팀 전체에 공지함으로써 개발 작업을 원활하게 진행할 수 있습니다. 개발 표준을 활용해 팀원으로서 최소한 지켜야 할 작업상의 기본을 정하고 합의합니다. 개발 표준은 프로젝트 매니저가 중심이 되어 검토하게 될 것입니다. 단, 프로젝트 매니저가 **하향식**^{top down}으로 결정해서는 안 됩니다. 팀

원의 의견을 수렴하여 개발 프로젝트팀 전체의 의견이 정해져야 합니다. 실제로 개발 표준을 사용하는 것은 팀원이기 때문에 팀원이 싫어하는 개발 표준은 정착되지 않고 오히려 개발 효율성과 유지보수성을 떨어뜨릴 수 있습니다.

앞서 개발 표준은 프로젝트팀이 지켜야 할 표준이라고 했습니다(그림 4-19). 그러면 개발이 끝난 후 운영이 시작되고 기능 확장 등으로 유지보수가 이루어진다고 가정해봅시다. 개발 표준은 이때 유지보수를 담당하는 사람에 대한 표준이기도 합니다. 유지보수 담당자는 개발 당시의 상황을 알 수 없기 때문에 일반적인 개발 표준을 따르는 것이 바람직합니다. 즉, 일반적인 사고방식과는 먼 개발 표준은 좋지 않다는 뜻입니다.

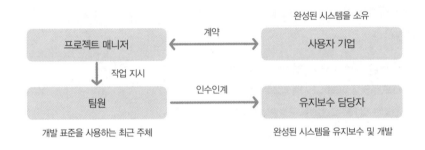

그림 4-19 개발 표준의 이해관계자

또한 개발 표준은 사용자와도 충분히 합의하여 검토해야 합니다. 개발 표준은 개발 진행 방식을 결정할 뿐만 아니라 최종 결과물인 소스 코드와 문서에 대해서도 규정합니다. 개발이 끝나면 소스 코드와 문서는 사용자 기업이 관리하게 됩니다. 따라서 개발 프로젝트팀의 편의만으로 결정해서는 안 됩니다. 문서의 템플릿이나 저작권 표기 등은 사용자가 결정하도록 하는 편이 좋습니다. 다만 코딩 규약이나 명명 규약 등은 프로그래밍 언어마다 표준이 정해져 있는 것도 있으므로, 업계에서 표준으로 통용되는 것을 채택하는 것이 바람직합니다. 간혹 자바의 클래스 이름에 A010이나 Mem0001과 같은 이름을 붙인 걸 본 적이 있습니다. 아마도 개발을 의뢰한 사용자 기업에서는 옛날 메인프레임 시절부터 그런 이름을 붙였을 것입니다. 이유는 '담당자는 이쪽이 더 알기 쉽다' '짧고 읽기 쉽다' '이름이 겹치지 않아 관리하기 쉽다' 등일 테죠. 그러나 자바는 객체지향 언어이기 때문에 이름에서 해당 클래스의 의미를 쉽게 파악할 수 있도록 단어를 생략하지 않고 붙이게 되어 있습니다. 아마 개발자도 같은 설명을 했을 테지만 사용자 기업 측 의견에 따라 그렇게 한 것 같았습니다. 하지만 자바의 클래스 이름에 A010과 같이 붙이는 것은 대개 시스템의 유지보수성을 떨어뜨리는 결과를 가져옵니다.

어떤 개발 표준이 적합한지는 어떤 개발을 하는지에 따라 달라집니다. 개발 프로세스에 무엇을 채택할 것인지, 어떤 프로그래밍 언어를 사용할 것인지, 개발자의 기술 수준이 높은지 낮은지 등에 따라 다릅니다.

개발자의 기술 수준은 중요합니다. 기술 수준이 높은 개발자가 있다면 개발 목표와 개발 방향을 세세한 부분까지 정하지 않고 큰 방침만 제시해도 좋을 것입니다. 반대로 기술 수준이 낮은 개발자가 많다면 개발 기준은 세세한 부분까지 결정하는 것이 좋을 수도 있습니다. 기술 수준이 높지 않다면 스스로 판단하기 어렵기 때문에 어떻게 개발해야 하는지를 개발 표준으로 정해주면 작업하기가 더 수월해집니다. 특히 오프쇼어를 이용하는 경우에는 매우 세밀한 수준의 개발 표준이 필요할 것입니다. 물론 개발 표준을 따라 작업하면 고민하지 않아도 되게끔 만드는 것이 가장 이상적입니다(지적 노동이어야 할 시스템 개발에서 머리를 쓰지 않고 고민하지 않는다는 것이 이상한 이야기지만요). 개발 표준은 결과물을 검토할 때에도 도움이 됩니다.

지금까지 개발 프로세스, 문서, 테스트, 개발 환경에 대해 설명했습니다. 다음으로 설계와 구현에 필요한 '명명 규약'과 구현에 필요한 '코딩 규약'에 대해 알아보겠습니다. 코딩 규약에 명명 규약이 포함되는 경우도 있겠지만, 이 책에서 명명 규약은 코딩과 직접적으로 관련이 없는 것도 포함하기로 합니다.

명명 규약은 개발에 등장하는 다양한 것들에 이름을 붙이기 위한 규칙입니다. 예를 들어 클래스명, 메서드명, 변수명, 상수명, 패키지명, 파일명, 테이블명, 칼럼명, 화면명, 스타일명, 각종 ID, 각종 코드 등이 있습니다. 어떤 명명 규약을 사용해야 하는지는 프로그래밍 언어나 사용자 등에 따라 달라질 수 있습니다. 프로그래밍 언어에 따라 표준 명명 규약이 정해져 있는 것도 있으니 프로그래밍 언어의 문서나 표준 라이브러리 등을 참고하면 좋습니다. 명명 규약은 설계에도 필요합니다. 잘 알고 있다면 설계 초기에 검토하고, 그렇지 않다면 설계를 진행하면서 필요에 따라 추가해도 무방합니다.

코딩 규칙coding convention은 구현에서 소스 코드를 어떻게 작성해야 하는지를 정의한 것입니다. 프로그래밍 언어에서 처리 하나를 하더라도 여러 가지 표기법이 있다는 것은 말할 필요도 없죠. 똑같은 처리라도 들여쓰기indentation가 다르면 모양새가 크게 달라집니다. 따라서 코딩 규약을 만들어 준수하면 소스 코드 가독성과 유지 보수성을 높일 수 있습니다. 코딩 규약은 프로그래밍 언어에 크게 의존합니다. 자신만의 코딩 규약을 만들기 전에 먼저 사용하는 프로그래밍 언어의 웹 사이트나 서적에서 표준 코딩 규약이 있는지 찾아보는 것이 좋습니다.

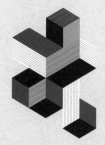

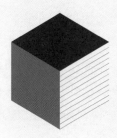

PART 3 아키텍처 편

아키텍처의 목적

오래전부터 개발자의 직업으로 아키텍트가 주목받고 있습니다. 아키텍트는 고도의 설계 기술을 활용하여 개발 프로젝트를 성공으로 이끕니다. 그렇다면 아키텍트는 개발 프로젝트의 구세주일까요? 기존의 설계자나 프로그래머와 무엇이 다를까요? 아키텍트는 아키텍처를 설계하는 사람입니다. 이번 장에서는 먼저 아키텍트가 설계하는 아키텍처가 무엇인지를 살펴보고, 아키텍처를 설계하는 목적에 대해 설명합니다.

5.1 아키텍처란?

아키텍처는 원래 건축에서 건물의 구조를 의미합니다. 컴퓨터 세계에서는 주로 하드웨어와 OS 분야에서 사용되어 왔습니다. 그리고 소프트웨어에서도 아키텍처가 주목받고 있습니다. 특히 애플리케이션 개발에서 아키텍처의 필요성이 대두되고 있습니다. 아키텍처라는 단어는 다양한 분야에서 사용되지만 이 책에서 말하는 아키텍처는 소프트웨어 아키텍처 및 애플리케이션 아키텍처를 의미합니다.

소프트웨어 아키텍처의 정의로 'ISO/IEC 42010 ANSI/IEEE 1471-2000 Systems and software engineering--Recommended practice for architectural description of software-intensive systems'가 자주 인용됩니다. 여기서 소프트웨어 아키텍처를 다음과 같이 정의합니다.[1]

....

1 저자_ 개정된 42010:2011에서는 "Fundamental concepts or properties of a system in its environment embodied in its elements, relationships, and in the principles of its design and evolution(시스템의 요소, 관계, 설계 및 진화 원칙에 의해 구현된 환경에서의 시스템의 기본 개념 또는 속성)"이라고 표현하고 있습니다.

The fundamental organization of a system embodied in its components, their relationships to each other, and to the environment, and the principles guiding its design and evolution.

번역하면 다음과 같습니다.

시스템의 컴포넌트, 컴포넌트들과 환경 간의 관계 그리고 시스템의 설계와 진화를 이끄는 원리로 구현된 시스템의 기본 구조

알 것 같으면서도 어려운 정의네요. 조금 정리해서 풀어보겠습니다.

내용을 보니 ISO/IEC 42010에서는 아키텍처를 '시스템의 기본 구조'라고 정의하고 있습니다. 아키텍처가 구조라는 것은 다른 정의나 사전적 의미로 보아도 무리가 없어 보입니다. 다음으로 '컴포넌트, 컴포넌트들과 환경 간의 관계'라는 정의를 살펴보겠습니다. **컴포넌트**란 무엇일까요? '시스템의 기본 구조를 구성하는 요소'라고 설명할 수 있습니다. 즉, '컴포넌트들과 환경 간의 관계'라는 정의는 시스템 내부에서 컴포넌트들이 어떻게 연동되고, 사용자나 외부 시스템 등과 같은 시스템 외부와 어떻게 연동되는가를 의미합니다. 컴포넌트라는 단어의 의미도 중요합니다. 무질서하게 설계된 클래스 등이 아니라 어떤 일관된 기능을 재사용할 수 있도록 범용적으로 설계한 것이라는 뉘앙스가 담겨 있습니다. 마지막으로 '설계와 진화를 이끄는 원리'라는 정의는 설계 개념을 의미합니다.

쉽게 말해 **아키텍처**는 '컴포넌트(구성 요소)가 연동하기 위해 필요한 설계 개념에 따른 시스템의 기본 구조'라고 할 수 있습니다. 이 정의는 아키텍처의 본질을 잘 짚어낸 것 같습니다. 또한 아키텍처를 고려할 때는 컴포넌트가 구체적으로 어떤 것이고, 어떻게 연동시켜야 하며, 이를 설계 개념으로 어떻게 구성할 것인가를 생각해야 합니다. 예를 들어 마이크로서비스는 마이크로서비스라는 컴포넌트를 정의하고, 마이크로서비스 간 연동을 위한 아키텍처입니다.

그렇다면 아키텍처의 목적은 무엇일까요? 아키텍처를 설계하면 어떤 효과를 얻을 수 있을까요? 기대할 수 있는 효과는 다음과 같습니다.

1 유지보수성 향상

2 적합성 향상

3 견적에 활용

4 기술 리스크 최소화

5 소스 코드 자동 생성에 적용

6 프레임워크에 적용

이 중 가장 중요한 것은 '1 유지보수성 향상'과 '2 적합성 향상'입니다. 나머지 네 가지는 부수적인 효과입니다.

5.1.1 유지보수성 향상

아키텍처 설계의 첫 번째 효과로 가장 중요한 '유지보수성 향상'을 들 수 있습니다. 유지보수성이란 무엇일까요? 소프트웨어 품질 표준인 'ISO/IEC 9126 품질 특성 모델'[2]에서는 다음과 같이 정의하고 있습니다.

소프트웨어 제품의 수정 용이성에 대한 능력(소프트웨어의 결함을 진단하거나 고 장 원인을 추적하고 소프트웨어의 수정할 부분을 식별하는 소프트웨어 제품의 능력)

유지보수성은 소프트웨어를 수정하기가 얼마나 쉬운지를 의미합니다. 유지보수성을 저해하는 요인은 소프트웨어의 복잡성입니다. 일반적으로 소프트웨어의 복잡성은 시스템 규모에 비례해 선형적으로 커진다고 알려져 있습니다. 그럴 때 아키텍처를 설계하여 시스템의 복잡성을 일정 수준으로 억제할 수 있습니다(그림 5-1). 복잡성이 제어되면 유지보수성도 높아집니다.

----

2 저자_ SQuaRE(Software product Quality Requirements and Evaluation)에 의해 'ISO/IEC 25000:2005'로 통합되었습니다.

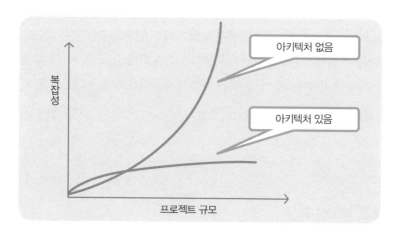

그림 5-1 아키텍처로 복잡성을 억제하는 방법

아키텍처를 정비하면 큰 시스템을 작은 단위로 개발할 수 있게 됩니다. 반대로 아키텍처가 없으면 소프트웨어의 복잡성이 증가하면서 '설계가 어렵다 → 구현이 어렵다 → 테스트가 어렵다 → 버그 수정이 어렵다'는 악순환에 빠지게 됩니다. 결과적으로 프로젝트 전체가 실패하게 됩니다.

그렇다면 소프트웨어의 복잡성이란 무엇일까요? 공학 중에서도 기계나 건축에 비해 소프트웨어 공학이 더 복잡하다는 이야기를 많이 듣습니다. 소프트웨어 복잡성은 소프트웨어의 본질적인 특성과 관련된 선천적인 복잡성, 설계 방식이나 프로그래밍 방식에 따른 후천적인 복잡성이 있습니다.

소프트웨어를 복잡하게 만드는 선천적 특성으로 '높은 자유도(유연성)'를 꼽을 수 있습니다. 유연하기 때문에 소프트웨어이지만, 가장 큰 강점인 동시에 약점이 되기도 합니다. 또한 '눈으로 직접 볼 수 없다(비가시성)'는 특성도 있습니다. 이 역시 소프트웨어를 복잡하게 만드는 요소여서 예전부터 소프트웨어 가시화를 위한 노력이 활발하게 이루어지고 있습니다.

후천적 특성으로는 코드 중복, 긴 코드, 역할이 여러 개인 클래스 등 시스템 설계 단계나 구현 단계의 문제에서 기인하는 것들이 있습니다. 앞서 리팩터링을 소프트웨어를 쉽게 이해하고 수정하기 위해 설계와 구현을 재구성하는 것이라고 설명했습니다. 소프트웨어의 동작을 바꾸지 않고 내부 설계와 구현만 수정하죠. 소프트웨어를 복잡하게 만드는 후천적 특성 대부분은 리팩터링으로 개선할 문제들입니다. 따라서 리팩터링은 아키텍트가 되는 데 중요한 소양 중 하나입니다.

아키텍처를 설계하면 소프트웨어의 복잡성을 줄이고 유지보수성을 향상시킬 수 있습니다.

5.1.2 적합성 향상

아키텍처를 설계함으로써 얻을 수 있는 두 번째 효과는 '적합성 향상'입니다. 적합성이란 무엇일까요? 앞서 언급한 'ISO/IEC 9126 품질 특성 모델'에서는 품질 특성을 일컫는 기능성의 부차적인 특성으로 적합성을 [표 5-1]과 같이 정의하고 있습니다.

표 5-1 적합성의 정의

품질 특성	정의
기능성 (functionality)	지정된 조건에서 사용했을 때 명시적 및 묵시적 요구를 충족시키는 소프트웨어 제품의 능력
적합성 (suitability)	소프트웨어 제품이 지정된 작업 및 사용자 목표에 적합한 기능 집합을 제공하는 능력

적합성이란 소프트웨어가 기능적 요구사항을 실현하고 있는지 여부를 말합니다. 유스케이스 등으로 기술된 기능 요구사항을 소프트웨어에서 빠짐없이 정확하게 구현했는지를 나타냅니다. 당연히 구현되지 않은 기능이 있다면 사용자가 만족하기는커녕 이용조차 불가능할 것입니다.

'기능이 구현되지 않는 게 정말 있을 수 있는 일인가?'라고 생각할 수도 있지만 큰 시스템을 구축하는 프로젝트에서는 충분히 일어날 수 있는 문제입니다. 특히 기존과 같은 워터폴 방식의 개발 프로젝트에서는 기능 명세서 등 모호한 형식의 문서로 기술했기 때문에 충분히 발생할 수 있는 문제였습니다.

그렇다면 '문서 서식을 개선하면 되지 않을까?'라고 생각할 수도 있습니다. 물론 UML과 같이 정의가 명확한 형식으로 기술하면 예전처럼 기능이 구현되지 않는 문제가 발생하지는 않을 것입니다. 하지만 그것만으로는 충분하지 않습니다.

이 책의 '설계 편'에서 설명한 내용과도 관련이 있지만 설계의 목적은 '요구사항 정의의 내용을 시스템에서 어떻게 구현할 것인가를 검토하는 것'입니다. 유스케이스 등으로 기술된 시스템 기능을 누락 없이 정확하게 프로그램에 구현하기 위해서는 입력인 요구사항과 출력인 프로그램이 명확하게 정의되고 매핑되는 것이 중요합니다. 이처럼 어떤 유스케이스에서 정의된 기능 요구사항이 어떤 클래스에서 구현되었는지 확인할 수 있는 것을 **추적성**traceability이라고 합니다. 추적성을 구현하기 위해서는 요구사항 정의와 설계 문서가 명확하게 정의되어 있어야 하고, 시스템을 구성하는 프로그램의 기본 구성이 명확하게 정의되어 있어야 합니다 (그림 5-2).

그림 5-2 추적성 확보하기

이처럼 아키텍처는 적합성을 높이기 위해 요구사항 정의를 프로그램으로 어떻게 구현할 것인지에 대한 기본 구조를 정의합니다.

5.1.3 견적에 활용

아키텍처를 설계함으로써 세 번째로 '견적에 적용'하는 효과를 얻을 수 있습니다. 개발 프로젝트가 실패하는 중요한 이유 중 하나는 초기 '견적의 허술함'에 있습니다. 견적이란 개발 프로젝트를 진행할 때 요구사항 정의 결과물을 바탕으로 '무엇을 어느 정도의 기간과 인력으로 개발할 것인가'를 프로젝트 시작 전에 계산하는 것을 말합니다. 이를 통해 개발 이후 인력 배분, 일정 등의 계획을 수립합니다. 견적이 잘못되면 개발 계획 전체가 부정확해질 수 있습니다. 하지만 아직 설계도 하지 않은 시스템의 개발 규모를 추정하는 것은 어려운 일입니다.

견적의 정확도가 떨어지는 원인에는 여러 가지가 있을 수 있습니다. 예를 들면 다음과 같습니다.

- 요구사항 정의 부족
- 개발 지식 부족
- 개발 실적 부족
- 프로젝트 매니저의 경험 부족
- 고객의 압력
- 경영 측면에 입각한 발주처의 판단

견적 정확도가 떨어지는 원인 가운데 '프로젝트 매니저의 경험 부족' '고객의 압력' '경영 측면에 입각한 발주처의 판단'은 개발자로서는 어쩔 수 없는 매우 안타까운 이유입니다.

'요구사항 정의 부족'은 요구사항 정의의 내용이 포괄적이지 않거나, 부정확하거나, 상세화가 부족한 것을 말합니다. 대부분 요구사항 정의를 통해 시스템에서 무엇을 구현할 것인지 명확히 한 후에 프로젝트 공수나 기간을 추정합니다. 따라서 시스템으로 무엇(요구사항)을 구현할 것인지가 모호하다면 정확한 견적이 나올 수 없습니다. 앞서 설계와 견적에 대해 설명했지만 FP^function point의 트랜잭션 기능 기본 구조가 정해져 있으면 견적에 활용할 수 있습니다.

그러나 무엇(요구사항)을 만들 것인지가 명확해도 어떻게 만들 것인지(개발 방법)를 모르거나 실적이 없으면 견적을 낼 수 없습니다. 개발할 시스템의 기본 구조와 구성 요소 1개당 단위 공수를 알면 시스템 전체 공수를 대략적으로 추정할 수 있습니다. 요구사항 정의에서 규모를 분석하고 시스템 구성 요소 단위 공수와 규모를 곱해 계산하면 됩니다. 옆 부서에서 비슷한 시스템 기본 구조를 개발해본 경험이 있다면 시스템 구성 요소의 단위 공수를 참고할 수 있습니다. 그렇지 않다면 하나의 시스템 구성 요소만 개발하면서 실측 공수를 알아보는 방법도 있습니다. 이 시스템의 구성 요소를 정의하는 것이 바로 아키텍처입니다.

이처럼 아키텍처는 소프트웨어의 기본 구조를 정의함으로써 개발 공수를 추정하는 데 활용할 수 있습니다.

5.1.4 기술 리스크 최소화

아키텍처 설계의 네 번째 효과는 '기술 리스크 최소화'입니다. 이는 유지보수성 향상과도 관련이 있습니다.

개발을 진행하다 보면 구현 후에 기술적인 문제가 발생하곤 합니다. 경우에 따라서는 테스트를 해봐야 알 수 있는 경우도 있습니다. 예를 들면 외부 시스템과 연결이 안 되거나 일부 처리에서 충분한 성능이 나오지 않을 때가 있습니다. 이처럼 실제로 개발해보지 않으면 알 수 없는 기술적 문제가 발생할 위험을 **기술 리스크**라고 합니다.

물론 사전 설계를 통해 기술 리스크를 발견하고, 기술 리스크를 미리 피할 수 있는 설계를 하는 것이 가장 이상적입니다. 그러나 경험이 없는 기술을 사용하거나 프로토타입을 개발할 시간이 없는 상황에서 모든 기술 리스크를 사전에 해소하는 것은 현실적으로 불가능합니다.

객체지향 설계를 통해 프로세스의 공통성을 충분히 확보하면 기술 리스크가 발생했을 때, 프로세스 한 곳만 수정해서 기술 리스크를 해소하는 데 필요한 대응을 할 수 있습니다. 그러나 개별 기능 단위로 객체지향 설계를 하는 것은 기술적 난이도가 높고 설계에 많은 시간이 소요되기 때문에 현실적이지 않습니다.

아키텍처는 시스템 전반에 걸친 객체지향적 설계를 통해 기술 리스크를 사전에 관리합니다.

5.1.5 소스 코드 자동 생성에 적용

아키텍처를 설계하면 다섯 번째로 '소스 코드 자동 생성에 적용'하는 효과를 얻을 수 있습니다. 프로젝트에서 개발 효율을 높이기 위해서는 소스 코드를 빠르게 작성하거나 소스 코드 작성량을 줄이는 두 가지 방법 중 하나를 선택해야 합니다. 소스 코드를 빠르게 작성하기 위해서는 개인적인 타이핑 노력, 프로그래밍 언어 선택, 에디터나 IDE 등의 개발 환경을 더욱 효율적으로 만들어야 합니다. 하지만 프로젝트에서 사용하는 프로그래밍 언어가 정해져 있거나 개인적인 노력에도 한계가 있기 때문에 그 효과는 제한적일 수밖에 없습니다. 따라서 개발 효율을 높이기 위해서는 소스 코드 작성량을 줄이는 것이 효과적입니다. 소스 코드 작성량이 줄어들면 버그에 대한 걱정도 없고, 테스트를 할 필요도 없습니다. 이를 위해서는 소스 코드를 공통화하거나 소스 코드를 자동 생성하는 방법이 있습니다. 소스 코드 공통화/자동 생성은 아키텍처를 설계함으로써 얻을 수 있는 효과이기도 합니다(그림 5-3).

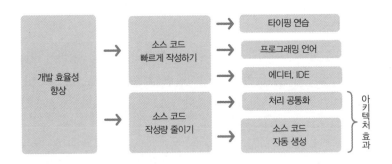

그림 5-3 개발 효율성 향상과 아키텍처의 효과

소스 코드를 효과적으로 자동 생성하기 위해서는 생성되는 소스 코드가 올바르게 설계되어 있어야 합니다. '자동으로 생성되는 소스 코드가 어떻게 설계되든 상관 없지 않나요?'라고 생각할 수 있습니다. 물론 프로젝트 상황이나 자동 생성 도구가 다음 조건을 만족한다면 문제가 되지 않습니다.

- 자동 생성된 소스 코드의 품질을 고객이 인정하고 있음

- 자동 생성 도구에서 생성된 소스 코드를 쉽게 커스터마이징할 수 있음
- 자동 생성된 소스 코드를 수동으로 수정할 필요가 없음
- 자동 생성 도구 자체의 유지보수가 향후에도 가능함
- 자동 생성 도구를 미래에도 계속 사용할 수 있음

이러한 조건을 만족하는 프로젝트나 자동 생성 도구는 거의 없다고 생각합니다. 그렇다면 자동 생성 도구에서 생성되는 소스 코드에도 아키텍처가 필요하다는 말이 됩니다. 이는 아키텍처의 수명이 자동 생성 도구의 수명보다 더 길다는 것을 전제로 하고 있습니다.

약 20년 전 OMG에 의해 MDA^{Model Driven Architecture}가 수립되었고 MDA의 개념을 부분적으로 구현한 자동 생성 도구도 등장했습니다. 언젠가는 모델링 도구로 설계하고 몇 가지 파라미터를 설정하는 것만으로 프로그램의 대부분을 생성할 수 있게 될지도 모릅니다.

이처럼 자동 생성되는 소스 코드에서도 아키텍처는 중요합니다.

5.1.6 프레임워크에 적용

아키텍처 설계의 마지막 여섯 번째 효과는 '프레임워크 적용'입니다. 프레임워크는 무엇일까요? 아키텍처와 프레임워크의 차이점은 무엇일까요? 아키텍처와 마찬가지로 프레임워크라는 단어도 예전부터 자주 사용되었습니다. 프레임워크라는 단어의 본래 의미는 '틀'이라는 뜻입니다. 프레임워크도 다양한 분야에서 사용되지만 컴퓨터 분야에서는 소프트웨어 프레임워크, 애플리케이션 프레임워크 등으로 불립니다. 사용되는 의미는 다음과 같이 크게 두 가지로 나뉩니다.

1 클래스 및 라이브러리
2 소프트웨어를 기본 구조에 맞춰 개발하기 위한 클래스의 집합

첫 번째는 재사용 가능한 범용 클래스의 집합이라는 뜻으로, 말 그대로 라이브러리라는 의미입니다. 다만 기존보다 훨씬 더 고도화된 기능을 가지고 있는 경우가 많은 것 같습니다. 두 번째 의미 '소프트웨어를 기본 구조에 맞춰 개발하기 위한

클래스의 집합'이 바로 프레임워크라고 할 수 있습니다. 이 책에서 말하는 프레임
워크도 이를 가리킵니다. '소프트웨어를 기본 구조에 맞춰'라는 말에서 알 수 있듯
이, 프레임워크는 아키텍처를 포함한 것 혹은 아키텍처의 일부를 구현한 것입니
다. 따라서 어떤 의미든 프레임워크는 완성된 시스템이 아니라 부분적인 구현이
포함된 반제품이라고 할 수 있습니다.

프레임워크의 특징은 다음과 같습니다.

- 반제품
- 아키텍처 구현
- 제어의 역전

마지막으로 언급한 '**제어의 역전**Inversion of Control (IoC)'이 바로 단순한 클래스 라이
브러리와 프레임워크의 결정적인 차이점입니다. 예를 들어 어떤 소프트웨어를 개
발하고 있다고 가정해봅시다. 보통 클래스 라이브러리는 개발 중인 소프트웨어에
서 호출됩니다(그림 5-4).

그림 5-4 소프트웨어와 클래스 라이브러리의 관계

반면 프레임워크는 개발 중인 소프트웨어를 호출합니다(그림 5-5). 이것이 제어
의 역전입니다. 프레임워크는 아키텍처를 갖추고 있기 때문에 어떤 클래스를 구
현할 것인지, 그 클래스가 어떻게 실행될 것인지는 프레임워크가 제어합니다. 개
발자는 프레임워크에 따라 필요한 클래스를 개발하기만 하면 됩니다. 따라서 많
은 프레임워크에서는 개발한 클래스를 배치하기 위한 **배포**deployment라는 작업이 필
요합니다.

그림 5-5 소프트웨어와 프레임워크의 관계

이 제어의 역전은 '우리한테 연락하지 마세요. 우리가 연락할게요(Don't call us, we'll call you)'라는 할리우드 원칙으로도 알려져 있습니다.

스프링, 앵귤러AngularJS, 장고AngularJS 등 좋은 프레임워크들이 오픈 소스로 공개되어 있습니다. 이러한 프레임워크를 배우는 것은 클래스의 역할 분담, 제어의 역전을 실현하는 방법 등 아키텍처에 대해 많은 시사점을 줍니다. 안타깝게도 일부 프레임워크는 너무 방대해졌지만, 핵심 개념은 여전히 내부에 포함되어 있기 때문에 문서뿐만 아니라 소스 코드도 읽어보는 것이 좋습니다.

아키텍처의 개념은 기본적인 설계의 개념과 크게 다르지 않습니다. 국소적으로 하던 설계 방식을 시스템 전체의 기본 구조라고 할 수 있을 정도로 공통화, 표준화한 것입니다. 너무 어렵게 생각할 필요는 없습니다. 다음 장에서는 기본 설계 기법을 이용한 구체적인 아키텍처 설계 접근법을 소개합니다.

아키텍처 설계 접근법

6장에서는 아키텍처 설계에 대한 접근 방식을 설명합니다. 5장에서 아키텍처를 설계하는 목적과 장점을 소개했습니다. 그렇다면 이를 구체적으로 어떻게 실현할 수있을까요? 아키텍처 설계에서 기본이 되는 것은 서브시스템 분할과 레이어, 프로세스의 공통화, DI(의존성 주입) 등입니다. 이들을 중심으로 설명하겠습니다.

6.1 업무 애플리케이션에 대한 통찰력

앞에서 설명한 것처럼 아키텍처의 정의는 다음과 같습니다.

> 시스템의 컴포넌트, 컴포넌트들과 환경 간의 관계 그리고 시스템의 설계와 진화를
> 이끄는 원리로 구현된 시스템의 기본 구조

아키텍처를 설계하기 위해서는 먼저 개발하고자 하는 시스템의 기본 구조가 어떻게 될 것인지를 검토합니다. 시스템 개발 회사가 개발하는 것은 당연히 사용자 기업의 업무를 지원하는 시스템입니다. 이를 업무 애플리케이션이라고 부르기도 합니다. 최근에는 업무 애플리케이션도 웹 애플리케이션으로 개발하는 경우가 많습니다. 업무 애플리케이션이 무엇인지, 웹 애플리케이션이 어떤 것인지에 대한 통찰이 아키텍처 발전의 시작점이라고 할 수 있습니다.

업무 애플리케이션은 어떤 산업에 종사하는 기업의 업무를 지원하는 시스템입니다. 유통업의 업무 애플리케이션은 수주 및 발주, 배송 지시, 재고 관리, 결제 관

리, 상품 관리 등의 기능을 제공합니다. 제조업의 업무 애플리케이션은 생산 계획, 조달 및 자재 관리, 작업물 및 완제품 관리 등의 기능을 제공합니다.

또한 각 업계에서도 기업마다 재고 관리, 생산 계획 등의 방식이 다를 것입니다. 이렇게 보면 업무 애플리케이션은 모두 다를 것같지만 그렇지 않습니다. 모든 기능이 이미 개발되어 있는 패키지 소프트웨어를 도입하는 기업도 적지 않습니다. 패키지 소프트웨어를 도입한 기업에서는 패키지 소프트웨어를 그대로 사용하는 경우도 있고, 업무에 맞지 않는 기능을 커스터마이징하여 사용하는 경우도 많습니다. 실제로 많은 기업에서 ERP 패키지를 도입하고 있습니다.

업무 애플리케이션의 공통점은 무엇일까요? 기능적으로 비슷한 부분과 기본 구조가 비슷한 부분이 있을 것입니다. 기능적으로 비슷한 부분이라는 것은 수주 및 발주 데이터 항목이나 처리가 비슷할 수 있다는 의미입니다. 은행용 포맷이나 EDI를 사용하고 있다면 공통점이 있을 가능성이 높습니다. 기본 구조가 비슷하다는 것은, 시스템 사용자가 화면에서 입력하거나 지시한 내용을 시스템이 받아서 입력 검사를 한 후, 어떤 변환이나 가공을 거쳐 데이터베이스나 백엔드 시스템으로 전송하는 것이 비슷하다는 것을 말합니다. 최종적으로는 처리 결과가 반환됩니다(그림 6-1).

그림 6-1 시스템의 기본 구조

대부분의 시스템이 [그림 6-1]과 같이 4단계로 처리한다고 가정해봅시다. 이렇게 추상적으로 표현하면 다 똑같을 것 같지만 이러한 추상화나 일반화는 아키텍처의 발전에 매우 중요합니다. 어려울 것 같은 내용도 간단한 개념부터 분류하고 조금씩 세부적인 개념으로 나아가면서 사물의 본질에 도달할 수 있기 때문입니다.

[그림 6-1]의 시스템 처리 과정을 살펴보겠습니다. 수신 단계에서는 어떤 프로토콜 형식으로 전송된 데이터나 화면에서 입력된 데이터를 분석하여 입력 검사(입

력값의 유효성 검사)를 수행합니다. 프로토콜이 정해져 있다면 수신 처리를 표준화하는 것은 어렵지 않습니다. 많은 미들웨어가 이에 상응하는 기능을 제공하고 있습니다. Web/HTTP라면 톰캣과 같은 웹 애플리케이션 서버가 처리해줍니다. 입력 검사는 업무 애플리케이션마다 다르겠지만 검사 처리의 타이밍이나 검사 결과의 응답 방법 등은 공통화할 수 있습니다.

가공 단계에서는 수신된 데이터를 계산하거나 변환하여 시스템에 저장하는 형태로 만듭니다. 재고 관리라면 재고를 빼는 처리를 할 수 있습니다. 이른바 비즈니스 규칙을 작성합니다. 저장 단계에서는 가공된 데이터를 데이터베이스나 외부 시스템에 저장하고, 응답 단계에서는 처리 결과를 시스템 사용자에게 반환합니다.

이 네 가지 패턴의 처리를 어떻게 구현할 것인가라는 주제만으로도 아키텍트는 여러 가지를 생각하게 됩니다. 예를 들면 다음과 같습니다.

- 수신 프로토콜 변경 가능하게 하기
- 여러 프로토콜을 동시에 대응하기
- 가공 처리로 트랜잭션에 대응하기
- 데이터 구조 캡슐화하기
- 데이터베이스 제품 변경 가능하게 하기

그 외에도 데이터 간의 연관성을 어떻게 할 것인가, 가공 처리의 공통화를 어떻게 할 것인가 등 생각할 것이 많습니다.

만약 아키텍처가 없다면 이러한 문제들은 어떻게 될까요? 이러한 변경을 전혀 할 수 없는 유지보수성이 낮은 시스템이 되거나, 개별 기능에서 열심히 대응하게 됩니다. 하지만 개별 기능에서 열심히 대응하는 것은 현실적으로 어려울 것입니다. 설령 노력한다고 해도 대응 방법이 각각 다르므로 실제로는 유지보수성이 낮은 시스템이 될 뿐입니다.

이런 문제는 프로젝트 초기에 예측할 수 있어야 합니다. 웹 애플리케이션인지, 클라이언트/서버인지, 데이터베이스를 사용할 것인지, 아니면 백엔드 기간계 시스템을 사용할 것인지는 프로젝트 초기부터 알고 있는 경우가 많습니다. 설령 알지 못하더라도 처리를 추상화하여 데이터베이스와 백엔드 기간계 시스템을 투명하게 다룰 수 있습니다. 아키텍처 설계는 이러한 문제에 대해 시스템 전체가 어떻게 해결할 수 있는지를 미리 통찰하는 것에서 시작됩니다.

6.2 객체지향 설계

'설계 편'에서 설명한 객체지향 설계는 이번 '아키텍처 편'에도 등장합니다. 아키텍처 설계의 핵심은 '처리의 공통화' '인터페이스와 구현의 분리' '블랙박스'입니다. 눈치챈 분도 있겠지만 이는 객체지향 설계의 포인트와 동일합니다. 아키텍처 설계에서는 주로 객체지향 설계 기법을 사용합니다.

'처리의 공통화'는 클래스의 부품화나 상속을 통해 이루어집니다. 코드의 부품화는 객체지향이 아니더라도 흔히 하는 것이죠. 이런 부품 클래스를 유틸리티 클래스라고 부르기도 합니다. 처리의 공통화란 동일한 처리를 중복해서 작성하지 않는 것을 말합니다. 자세한 내용은 DRY$^{\text{Don't Repeat Yourself}}$라는 내용으로 나중에 설명하겠습니다.

'인터페이스와 구현의 분리'는 객체지향의 핵심이라고 생각합니다. 다형성을 사용하여 구현을 전환하기 위해서는 인터페이스 개념이 매우 중요합니다. 인터페이스는 클래스에 대한 명세입니다. 다른 클래스에서 호출할 때는 그 명세인 인터페이스만 알면 메서드를 호출할 수 있습니다. 디자인 패턴(GoF)에서 소개되는 많은 패턴은 이 인터페이스와 구현의 분리를 이해하지 못하면 그 의미를 제대로 파악하기 어렵습니다. 아키텍처 수준에서 보더라도 인터페이스는 중요합니다. 인터페이스는 그 역할(책임)을 표현하고 있습니다. 아키텍처로서 외부에 공개하는 인터페이스는 무엇인지, 나중에 설명할 서브시스템이나 레이어의 인터페이스는 무엇인지, 유틸리티 클래스의 인터페이스는 무엇인지 등 이 역시 뒤에서 설명할 종속 관계를 정리하는 데 중요합니다.

마지막 '블랙박스'는 클래스 간의 종속성을 정리하는 방법입니다. 클래스 간 의존성을 정리하면 각 클래스의 유지보수성이 높아집니다. 의존 관계는 캡슐화로 정리할 수 있습니다. 관계의 순환을 끊는 것입니다. 캡슐화는 객체의 내부 상태를 클래스 내부에 유지하는 것을 말합니다. 내부 상태에 의존하는 것은 한 클래스의 범위 내에서만 가능하기 때문에 다형성을 구현할 수 있습니다. 의존 관계의 순환은 어떤 클래스의 호출 관계가 호출자와 호출 대상에서 순환하는 것을 말합니다. 이 순환을 피함으로써 임의의 클래스를 변경했을 때 영향을 미치는 범위를 단순화할 수 있습니다. 이는 아키텍처 레벨에서도 마찬가지입니다. 나중에 설명할 레이어는 이러한 종속성을 정리하기 위한 기법입니다.

결국 인터페이스와 구현을 분리하는 것도 의존성을 정리하기 위한 방법입니다. 의존성을 단순하고 이해하기 쉽게 만드는 것이 시스템의 유지보수성을 높이는 것이고, 이것이 객체지향 설계와 아키텍처 설계의 진수라고 할 수 있습니다.

디자인 패턴

『GoF의 디자인 패턴(개정판)』(프로텍미디어, 2015)은 에릭 감마, 리처드 헬름, 랄프 존슨, 존 블리시디스가 쓴 책입니다. 이 책에 소개된 디자인 패턴은 자주 사용되는 설계의 모범 사례를 패턴으로 정리한 것입니다. 저자 네 명은 GoF The Gang of Four 라고도 불리기 때문에 이 책의 패턴은 'GoF의 디자인 패턴'이라고 불립니다.

『GoF의 디자인 패턴(개정판)』에는 객체지향을 사용한 23가지의 설계 패턴이 수록되어 있습니다. 패턴은 크게 생성과 관련된 패턴, 구조와 관련된 패턴, 동작과 관련된 패턴으로 나눌 수 있습니다. 책이 쓰인 시대적 배경도 있겠지만 GUI 애플리케이션을 구축하기 위한 패턴이 많이 포함되어 있습니다. 하지만 대부분은 웹 애플리케이션을 개발하는 데도 적용 가능한 것들입니다. 구체적으로는 TemplateMethod 패턴, Command 패턴, Strategy 패턴 등이 있습니다. 또한 DI(의존성 주입) 개념으로 통하는 AbstractFactory 패턴 등도 소개되어 있습니다. 그야말로 객체지향 설계의 바이블이라고 할 수 있습니다.

6.3 서브시스템 분할

객체지향과는 무관하지만 기본적이면서도 중요한 시스템 종속 관계 정리 방법은 서브시스템 분할입니다. 무엇을 위해 서브시스템을 분할할까요? 이미 언급했듯이 시스템은 규모에 따라 복잡성이 증가합니다. 여기에 인간이 볼 수 있는 범위에는 한계가 있다고 할 수 있습니다. 유스케이스나 데이터베이스의 테이블이 1000개가 넘어가면 많은 사람이 시스템의 기능이 어떻게 되어 있는지 머릿속으로 이해할 수 없을 것입니다. 시스템 전체를 꿰뚫고 있는 사람이 아니라면 한 기능의 명세가 다른 기능에 어떤 영향을 미치는지도 알 수 없습니다. 이럴 경우 시스템이 제대로 작동하는지 판단하기 어렵습니다.

즉, 시스템의 복잡성을 억제하기 위해서는 시스템의 규모를 어느 정도 크기로 제한해야 합니다. 하지만 시스템의 규모는 요구사항 정의에 의해 결정되는 것이기 때문에 개발자의 편의에 따라 줄일 수는 없습니다. 따라서 요구사항 자체를 적당한 크기의 여러 개로 나누면 하나하나가 작아집니다. 큰 것을 하나 만드는 것보다 작은 것을 많이 만드는 것이 사람에게는 더 쉬운 일입니다.

서브시스템을 어떤 단위로 나눌 것인가는 어려운 문제이지만, 업무 애플리케이션이라면 비즈니스 유스케이스와 같은 하나의 업무 단위로 나누는 것이 일반적일 것입니다. 서브시스템은 기능적으로 나뉘기 때문에 수직적 종속 관계로 정리할 수 있습니다.

예를 들어 전자상거래 사이트에 [그림 6-2]와 같은 기능이 있는 경우, 이를 서브시스템으로 나눌 수 있습니다.

그림 6-2 전자상거래 사이트의 서브시스템 분할

그러나 아무리 서브시스템을 나누어도 서브시스템이 긴밀하게 결합되어 있다면 의미가 없습니다. 서브시스템끼리 느슨하게 결합되기loose coupling 위해서는 다음 두 가지 사항을 주의해야 합니다.

- 코드의 긴밀한 결합
- 데이터베이스의 긴밀한 결합

예를 들어 전자상거래 사이트의 주문 서브시스템에서 결제 서브시스템, 배송 서브시스템, 재고 관리 서브시스템과 연동하지 않으면 주문 처리가 불가능하다고 가정해봅시다. 그렇다면 주문 서브시스템의 클래스는 결제 서브시스템의 기능을 어떻게 이용할 수 있을까요? 결제 서브시스템은 아마도 외부의 신용카드 결제 회사 등의 시스템에 네트워크에서 동기 접속하여 신용 확인 및 결제를 하고 있을 것입니다. 그렇다면 결제 서브시스템은 결제용 클래스를 API로 제공하고 있는 셈입니다. 주문 서브시스템에서는 보통 이 클래스를 직접 호출할 것입니다.

클래스를 직접 호출하는 것 자체는 문제가 없지만 서브시스템 간의 의존성이 순환되지 않도록 해야 합니다. 즉 주문 서브시스템이 결제 서브시스템에 의존한다면, 결제 서브시스템이 직접적이든 간접적이든 상관없이 주문 서브시스템에 의존하지 않도록 해야 합니다(그림 6-3). 예를 들어 결제 서브시스템에 주문 서브시스템의 '장바구니' 객체를 전달하는 것은 좋지 않습니다.

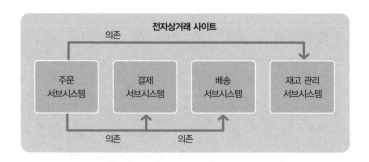

그림 6-3 서브시스템의 종속 관계

'데이터베이스의 긴밀한 결합'을 설명하기 전에 먼저 주문 서브시스템이 상품을 표시하거나 장바구니에 상품을 담을 때 해당 상품의 재고 상태를 가져와야 한다고 가정해봅시다. 그리고 재고 정보는 재고 관리 서브시스템에서 관리하지만, 상품 목록에서는 50건마다 페이징을 하기 때문에 성능을 고려하여 상품 정보와 재고 상태를 JOIN하여 표시하고 싶다고 가정해봅시다. 그러면 수주 서브시스템은 재고 관리 서브시스템의 클래스를 호출하지는 않지만 SQL 레벨에서 결합하게 됩니다. SQL 레벨에서의 결합은 클래스를 호출하는 것보다 하드(경직된)한 결합 방식입니다. 클래스 호출이라면 컴파일 등을 통해 감지할 수 있지만 SQL에서는 grep을 하지 않는 한 알 수 없습니다. 설령 재고 현황 테이블이 변경되었다 하더라도 SQL을 실행하지 않으면 알 수 없습니다. 성능과 시스템 유지보수성 간의 트레이드오프인데, 많은 경우 성능을 우선시하게 될 것입니다. 그런 의미에서 SQL에 대해서도 단위 테스트를 작성해두는 것이 좋습니다. 단위 테스트를 실행하면 SQL의 문제를 발견할 수 있습니다.

6.4 레이어

다음으로 레이어(직교화)의 개념에 대해 설명하겠습니다.

6.4.1 시스템의 직교성

시스템 직교성은 『실용주의 프로그래머(20주년 기념판)』(인사이트, 2022)에서 언급된 사고방식입니다. 간단하게 설계, 제작, 테스트, 확장할 수 있는 시스템을 구축하기 위한 개념입니다.

직교성이라는 단어는 기하학 분야의 용어입니다. 두 벡터가 직교(직각으로 교차하는)하는 경우 한쪽 벡터를 변경(더하기 등)해도 다른 벡터에는 영향을 미치지 않습니다.

마찬가지로 시스템의 일부 기능도 데이터베이스 변경 내역이 네트워크용 유틸리티에 영향을 미치지 않도록 '직교'로 설계해야 합니다. 직교성은 시스템의 독립성과 분리성을 유지하는 방법입니다. 레이어는 직교성을 가진 시스템을 구축하는데 매우 효과적인 방법입니다.

6.4.2 레이어 아키텍처

레이어는 아키텍처 설계의 기본 기법입니다. 앞서 업무 애플리케이션의 처리는 [그림 6-4]의 네 가지 유형으로 분류할 수 있다고 설명하였습니다.

그림 6-4 업무 애플리케이션의 처리 분류

이 네 가지 프로세스의 종속성을 정리하여 각 프로세스의 유지보수성을 높이는 방법은 무엇일까요? 이를 위해서는 각 프로세스 사이에 인터페이스를 정의하고 호출 순서를 부여하여 의존 관계를 정리할 필요가 있습니다(그림 6-5).

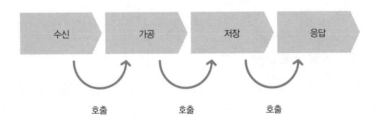

그림 6-5 호출 순서 지정하기

각각의 처리를 클래스로 만들면 파이프라인 아키텍처가 됩니다. 이를 디자인 패턴에서 Chain Of Responsibility라고 말합니다. 프로세스를 변경하려면 파이프라인의 설정을 변경하여 호출하는 프로세스의 구현을 전환하면 됩니다. 이 방법을 사용해도 큰 문제는 없습니다. 실제로 이 접근 방식의 아키텍처도 있습니다.

또 다른 접근법을 생각해봅시다. 힌트는 수신과 응답은 종종 비슷한 구현이 될 수 있다는 점에서 착안했다는 것입니다. Web/HTTP 프로토콜로 통신하는 경우를 생각해보면 수신 처리와 응답 처리 모두 HTTP로 처리하게 됩니다. 설령 다른 프로토콜로 구현을 전환하더라도 수신과 응답을 함께 전환하고 싶을 것입니다.

[그림 6-6]과 같이 말 그대로 계층적으로 처리를 배치하여 레이어를 구성해봅시다. 각 계층이 레이어입니다. 그림에는 세 개의 레이어가 구성되어 있습니다.

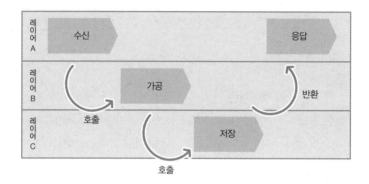

그림 6-6 계층적 레이어 배치

레이어 A의 수신 처리에서 레이어 B의 가공 처리를 호출하고 있습니다. 다음으로 레이어 B의 처리에서 레이어 C의 저장 처리를 호출하고 있습니다. 레이어 C의 저장 처리에서 레이어 A에 대한 응답 처리는 '호출'이 아니라 '반환'이라고 되어 있습니다.

레이어의 개념은 스택 호출과 동일합니다. 스택과 비교하면 이해하는 데 도움이 될 것입니다. 자바와 같은 언어에서 메서드를 호출할 때 메서드에서 메서드로의 호출은 계층적으로 이루어집니다. 호출 대상 메서드가 종료되면 호출한 메서드의 처리가 계속 이어집니다. 자바의 예외 처리에서 스택 트레이스를 표시하는데, 스택 트레이스는 이 메서드 호출의 계층과 실행 중인 행 번호를 표시합니다. 레이어의 개념도 마찬가지로 처리 스택을 쌓아 맨 아래 레이어를 처리하면 위쪽 레이어에 차례로 처리를 돌려주는 방식입니다.

레이어 아키텍처를 통해 이동(호출)과 반환(응답) 처리를 공통화할 수 있습니다. 또한 상위 레이어에서 하위 레이어를 호출하는 규칙을 알고 있다면 직관적으로 레이어 간 의존 관계를 정리할 수 있습니다(그림 6-7).

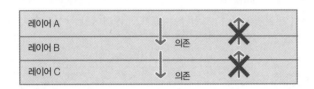

그림 6-7 레이어 간 의존 관계

레이어로 만들면 상위 레이어는 바로 하위 레이어만 알면 됩니다. 예를 들어 레이어 A에 속한 클래스는 레이어 B에 속한 클래스를 알기만 하고 이용하지는 않습니다. 레이어 A에 속한 클래스가 레이어 C의 클래스를 직접 이용하는 것은 금지됩니다. 즉, 레이어 C는 레이어 B에 의해 은폐되고 있는 것입니다. 이 은폐를 **블랙박스**라고도 합니다. 이를 통해 레이어 C가 변경되더라도 레이어 A는 영향을 받지 않고, 레이어 B에만 변경의 영향이 미칩니다.

'자유롭게 클래스를 호출할 수 있는 것이 더 편리하지 않을까?'라고 생각할 수도 있습니다. 하지만 [그림 6-8]의 위쪽 그림과 같이 블랙박스를 진행하는 것이 아래쪽 그림보다 시스템 구조의 복잡성을 줄일 수 있는 방법입니다. 클래스 간의 종속성이 줄어들기 때문입니다. 아직 납득하지 못했다면, 시스템의 클래스 수가 수천 개가 되어 서로 복잡하게 종속되어 있는 상황을 상상해봅시다. 아무래도 유지보수가 용이하다고는 할 수 없겠습니다.

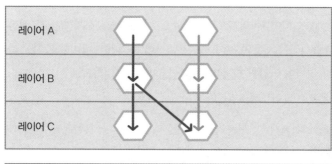

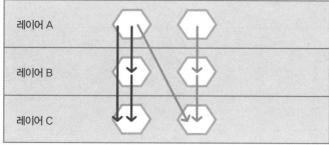

그림 6-8 블랙박스를 통한 종속성 감소

레이어 아키텍처는 네트워크 프로토콜 설명으로 유명한 OSI 참조 모델에서도 사용됩니다. 여러분도 [그림 6-9]의 참조 모델을 한 번쯤은 본 적이 있을 것입니다. 아키텍트로서 알아두면 좋은 기초 지식이니 기억해둡시다.

애플리케이션 계층(WWW, 메일)
프레젠테이션 계층(HTML)
세션 계층(HTTP)
전송 계층(TCP, UDP)
네트워크 계층(IP)
링크 계층(이더넷)
물리 계층(광섬유, 전화선)

그림 6-9 OSI 참조 모델

레이어 아키텍처는 웹 애플리케이션에서 일반적으로 사용되는 구조입니다. 기본적으로 3계층입니다. 예외적으로 4계층으로 만들기도 하지만 기본 개념은 크게 다르지 않습니다. 3계층의 레이어에는 이름이 붙지만 사람이나 출처에 따라 레이어에 대한 명칭이 약간씩 다릅니다. 다만 의미는 동일하므로 이름이 다소 다르더라도 신경 쓰지 않아도 됩니다.

마틴 파울러의 저서『엔터프라이즈 애플리케이션 아키텍처 패턴』에서는 [그림 6-10]과 같이 3계층으로 소개하고 있습니다.

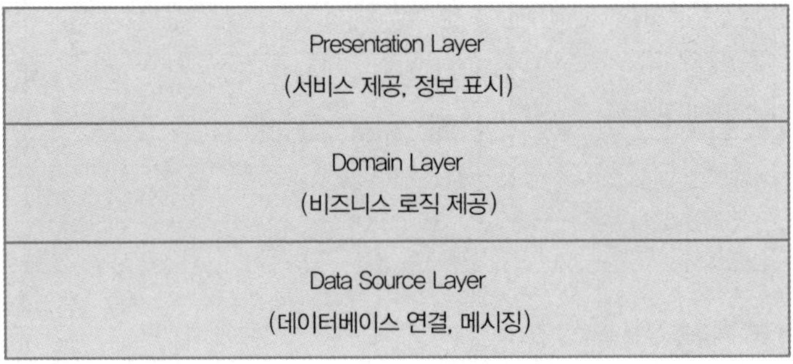

| Presentation Layer |
| (서비스 제공, 정보 표시) |
| Domain Layer |
| (비즈니스 로직 제공) |
| Data Source Layer |
| (데이터베이스 연결, 메시징) |

그림 6-10 3계층 레이어 아키텍처

J2EE에서는 위에서부터 Presentation Layer, BusinessLogic Layer, EIS[Enterprise Information System] Layer입니다. 어느 쪽이 옳다는 것은 아니므로 여러분의 프로젝트에서 레이어를 설계할 때 이름과 의미 부여를 정의해보기 바랍니다.

6.4.3 자바에서 레이어 구현

자바에서 레이어를 구현하기 위해서는 자바의 패키지를 이용합니다. 알다시피 자바에서는 클래스를 패키지라는 계층 구조로 분류할 수 있습니다. 레이어에 따라 패키지를 정의함으로써 어떤 클래스가 어떤 레이어에 속해 있는지 명확히 할 수 있습니다.

자바의 명명 규약으로 패키지 이름에는 해당 시스템을 대표하는 URL(업무 애플리케이션의 경우 기업의 URL)을 거꾸로 붙입니다. 예를 들어 'xyzcorp.co.kr'이라는 기업의 URL이라면 'kr.co.xyzcorp'가 됩니다. 이 책에서는 이를 기본 패키지라고 부릅니다.

패키지 구성에는 몇 가지 방법이 있습니다. 그중 하나는 다음과 같이 기본 패키지 뒤에 레이어에 따른 패키지를 정의하는 것입니다. 앞서 언급했듯이 설계서와 소스 코드의 추적성을 확보하는 것이 중요합니다.

- kr.co.xyzcorp.presentation ⇒ Presentation Layer
- kr.co.xyzcorp.domain ⇒ Domain Layer
- kr.co.xyzcorp.datasource ⇒ Data Source Layer

패키지 구성이 되면 레이어의 역할이 명확해지고, 레이어별로 공통된 클래스를 배치하는 것도 자연스럽게 가능합니다. 레이어 패키지 아래에 유스케이스나 임의의 기능 분류별 패키지를 만들면 좋을 것입니다. 다만 자바에서는 패키지 스코프에서 공개하는 클래스나 인터페이스를 제어하기가 어려워집니다.

6.4.4 레이어의 문제점

레이어에도 주의해야 할 문제가 있습니다. 레이어가 너무 많이 캡슐화되면 시스템 전체가 중복되는 문제가 발생할 수 있습니다. 이는 성능에 악영향을 미칠 수 있기 때문에 일부러 레이어의 블랙박스를 제거하기도 합니다.

웹 애플리케이션의 3계층 레이어에서 엔터티는 가장 아래쪽 레이어에 배치되는 것이 일반적입니다. 이 경우 최상위 레이어에서 중간 레이어의 인자로 최상위 레이어의 엔터티를 사용하고자 할 수 있습니다. 브라우저에서 받은 데이터를 엔터티에 담아 중간 계층의 비즈니스 로직에 전달하는 것입니다. DTO[Data Transfer Object](데이터 전송 객체)를 정의하고 다시 채워주는 것도 올바른 접근법이지만 프로세스가 다소 복잡해집니다. 이런 경우에는 최상위 레이어에서 최하위 레이어의 엔터티를 호출하는 것을 규칙으로 허용합니다.

6.5 처리 공통화(DRY)

DRY^{Don't Repeat Yourself}라는 말이 있습니다. 반복하지 말라는 뜻인데, 같은 처리를 쓰지 말라는 의미 외에도 명세서나 설계서, 프로세스, 프로그램 주석 등을 포함해 안일한 중복을 경계하는 말입니다. 비슷한 의미로 OAOO^{Once And Only Once}라는 말도 있습니다. 직역하면 '한 번만, 단 한 번만'이라는 뜻입니다.

단어만 비교하면 둘 다 중복을 경계하는 것에는 변함이 없습니다. 실제로는 의미가 다르지만 이 책은 문장 해석을 위한 책이 아니니 간단히 설명하겠습니다. OAOO는 코드를 중복하지 않도록 강조하는 반면, DRY는 코드를 포함한 설계서, 프로세스 등 개발 전반의 사양과 데이터 중복을 경계합니다. DRY가 더 광범위하게 다루고 있습니다.

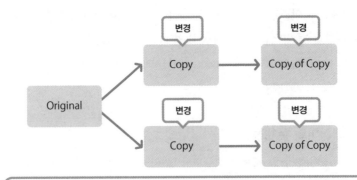

> 복사−붙여넣기를 반복하는 과정에서 각각이 변경되면 비슷한 것이 여러 개 만들진다.
> 원본에 버그가 있는 것으로 판명될 경우, 복사−붙여넣기된 모든 것을 수정해야 한다.
> 복사−붙여넣기 없이 DRY를 유지하기 위해 공통화 설계를 해야 한다.

그림 6-11 복사−붙여넣기를 통한 다중 유지보수

새삼스러울 수 있으나 왜 처리나 데이터 중복을 피해야 하는 것일까요? 처리든 데이터든 변경할 때 여러 번 변경하는 것보다 한 번 변경하는 것이 번거로움도, 실수도 적기 때문입니다. 시스템의 유지보수성 문제가 걸려 있습니다. 프로세스나 데이터라면 일부러 이중화를 위해 중복으로 구성하는 경우도 있습니다. 웹 서버를 여러 대, 중복으로 구성하는 것은 이제 당연한 일이고 데이터베이스의 데이터를 복제하는 것도 드물지 않습니다. 하지만 이는 DRY 원칙에 어긋납니다. 설계적 판단으로 DRY에 위배되는 단점보다는 중복화의 장점을 취했거나, DRY에 위배되는 단점에 대한 대책을 마련했다는 뜻이 됩니다.

예를 들어 웹 서버의 이중화는 비용을 낮추고 스케일아웃하기 위한 기본 전략입니다. 웹사이트에 따라서는 수천 대의 서버를 이중화하기도 합니다. 즉 이중화의 장점은 저비용과 스케일아웃입니다.

이 경우 DRY에 반하는 단점은 웹 서버에 수천 대의 애플리케이션을 배포해야 하기 때문에 애플리케이션을 수정할 때마다 큰 번거로움이 발생한다는 것입니다. 물론 애플리케이션 수정을 자동으로 웹 서버에 반영할 수도 있을 것입니다. 또한 세션(HTTP 세션)을 사용하는 경우 세션을 유지하기 위해 세션 복제 또는 세션 스틱 방식을 선택해야 하며, 그 만큼 리소스와 성능을 다소 희생해야 합니다. 세션 유지를 위한 리소스와 성능에 대한 약간의 희생은 스케일아웃을 통해 얻을 수 있는 이점으로 메울 수 있습니다.

처리의 공통화가 중요하다는 것은 대부분의 사람들이 알고 있을 것입니다. 그럼에도 불구하고 실제로는 공통화가 이루어지지 않는 경우가 많습니다. 왜 그럴까요? 공통화를 하기 위해서는 공통화를 위한 설계가 필요합니다. 이 설계에는 어느 정도의 기술과 시간(비용)이 필요합니다. 공통화하지 않고 복사, 붙여넣기를 하면 간단하고 비용도 들지 않습니다. 최종적으로 공통화하는 것이 시간(비용)이 적게 든다는 것을 경험적으로 알고 있지만, 프로젝트 규모나 구성원의 경험에 따라 사전에 설득하는 것이 어려운 경우가 있습니다.

또한 공통화를 위한 설계를 하려면 시스템에 대한 광범위한 설계 판단이 어느 정도 필요합니다. 좁은 범위만 담당하면 공통화에도 한계가 있는 것은 당연하죠. 즉, 이를 진행할 담당자는 기술과 시간(비용)과 광범위한 설계 판단을 할 수 있는 위치에 있어야 합니다. 이는 바로 아키텍트를 둘 필요가 있다는 의미입니다.

이외에도 문서 포맷의 문제, 프로그래밍 언어의 문제 등으로 인해 명세나 설계 등의 정보가 중복되는 경우가 있습니다. DRY 또는 OAOO를 하려면 어떻게 해야 할까요? 문서 형식을 검토하고 정보의 연관성을 조사하여 중복을 없애거나, 프로세스나 코드의 중복에 대해서 아키텍트가 전담하는 것이 좋습니다. 그리고 실제로 개발이 시작되고 나서야 공통화할 수 있는 프로세스가 발견되는 경우가 많습니다. 그럴 때는 담당자가 공통화할 수 있는 것을 발견하면 아키텍트와 협의하도록 운영 규칙을 정하고 담당자에게도 이해시키는 것도 중요합니다.

6.6 설계 및 프로그램 추적성

시스템의 유지보수성을 높이기 위해서는 명세서, 설계서 등의 문서와 실제 프로그램의 추적성을 확보하는 것이 중요합니다. 기존에는 설계서 등에 클래스 이름을 기술하여 추적성을 확보했습니다. 이 방법으로는 모든 클래스를 설계해야 합니다. 설계서에 기재되지 않은, 구현 시 필요하다고 판단된 클래스는 그 의미를 파악할 수 있는 힌트가 클래스의 소스 코드 주석 정도밖에 없습니다. 만약 어떤 클래스에서 문제가 발생했을 때, 그 클래스의 이름이 설계서에 나와 있지 않다면 그 클래스의 역할이 무엇인지 아무도 알 수 없게 됩니다.

그렇다면 설계와 프로그램의 추적성을 어떻게 확보할 수 있을까요? 이를테면 설계서의 체계와 프로그램의 패키지 및 클래스 이름 체계를 일치시키면 됩니다. 패키지는 말할 필요도 없이 자바에서 클래스를 분류하기 위한 것입니다. 화면 프로그램, 비즈니스 로직 프로그램, 데이터베이스 프로그램 등 세 가지 종류의 패키지를 정의하고, 그 안에서 유스케이스 단위로 서브 패키지를 정의합니다(그림 6-12).

그림 6-12 패키지 정의

6.7 의존성 주입

지금까지 소개한 서브시스템 분할, 레이어 등은 시스템의 유지보수성을 높이기 위해 클래스 간 의존관계를 정리하는 기법입니다. 이번 절에서 설명할 의존성 주입(DI)도 마찬가지로 클래스 간 의존성을 정리하기 위한 기법입니다. 시스템의 유지보수성도 높일 수 있습니다.

DI는 Dependency Injection의 약자입니다. 우리말로는 '의존성 주입'이라고 하는데, DI는 클래스를 호출하는 클래스와 호출하는 클래스 사이에 느슨한 결합을 만드는 구조입니다.

[그림 6-13]과 같은 클래스 다이어그램이 있다고 가정합시다. Tuner 클래스는 라디오 튜너를 나타냅니다. Tuner 클래스에는 외부 출력으로 Speaker 클래스가 하나 있습니다. Tuner 클래스가 라디오 전파를 수신하여 Speaker 클래스에서 음성을 출력할 수 있습니다. 물론 그에 상응하는 하드웨어와 연동하여 동작할 것입니다.

그림 6-13 클래스 다이어그램 예시

이 샘플에서 Tuner 클래스는 Speaker 클래스와 직접적으로 연관되어(직결되어) 있습니다. 스피커에 표준으로 장착된 라디오 튜너라는 뜻입니다. 스피커 표준 장비는 반갑기도 하고 방해가 되기도 합니다. 스피커를 빼고 헤드폰으로 듣고 싶은 경우도 있을 것입니다. 스피커를 헤드폰으로 교체하려면 Tuner 클래스에서 Speaker 클래스로 직접 연결해야 합니다. 그러므로 Tuner 클래스의 음성 출력을 추상화한 AudioOutput 인터페이스를 정의합니다(그림 6-14). 이것이 바로 **다형성**polymorphism입니다.

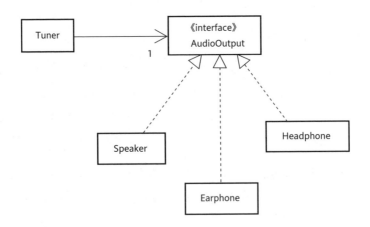

그림 6-14 클래스 다이어그램 예시

Tuner 클래스에서는 AudioOutput 인터페이스만 관련이 있으므로 AudioOutput 인터페이스를 구현한 클래스에 의존하지 않습니다. 이로써 느슨한 결합을 할 수 있게 되었지만 한 가지 문제가 있습니다. Tuner 클래스가 AudioOutput 인터페이스의 구현 클래스인 Speaker 클래스나 Headphone 클래스의 인스턴스를 어떻게 해결하느냐 하는 것입니다. 프로그램으로 보면 다음과 같습니다.

```
public class Tuner {
    private AudioOutput audioutput;
    public void sound(AudioutputStream audioOutputStream) {
        this.audioOutput.sound(audioOutputStream);
    }
}
```

Tuner 클래스의 audioOutput 필드는 언제, 어떻게 초기화될까요? audioOutput 필드는 Tuner 클래스의 생성자constructor에서 Speaker 클래스의 인스턴스를 생성 하여 초기화됩니다. 다음과 같이 Tuner 클래스의 생성자constructor에서 구현 클래 스의 인스턴스를 생성하면 audioOutput 필드는 Speaker 클래스의 인스턴스를 참조하게 됩니다.

```
public class Tuner {
    private AudioOutput audioOutput;
    public Tuner() {
    // 이렇게 하면 Speaker를 의존하게 된다.
        this.audioOutput = new Speaker();
    }
    public void sound(AudioOutputStream audioOutputStream) {
        this.audioOutput.sound(audioOutputStream);
    }
}
```

여기에 GoF의 디자인 패턴에 정의된 인스턴스 생성을 위한 몇 가지 패턴을 사용할 수 있습니다. AbstractFactory 패턴은 인스턴스 생성 과정을 은폐한 팩토리 클래 스를 생성하는 패턴입니다. AudioOutput 인터페이스를 구현한 인스턴스를 생성 하는 역할을 Tuner 클래스가 아닌 AbstractFactory 패턴을 사용하여 다른 팩토리 클래스에 위임합니다. 예를 들어 [그림 6-15]와 같은 AudioOutputFactory 클래 스를 정의합니다. AudioOutputFactory 클래스에는 createAudioOutput 메서 드가 정의되어 있습니다. 이는 AudioOutput 인터페이스를 구현한 인스턴스를 생성하여 반환값으로 돌려줍니다. AudioOutputFactory 클래스를 도입함으로써 AudioOutput 인터페이스를 구현한 인스턴스를 생성하는 메커니즘은 Tuner에 서 완전히 은폐됩니다. AudioOutputFactory 클래스가 구현 클래스를 하드코 딩하든, 프로퍼티 파일에 작성된 클래스 이름에서 동적으로 해결하든, Tuner 클 래스와는 상관이 없습니다.

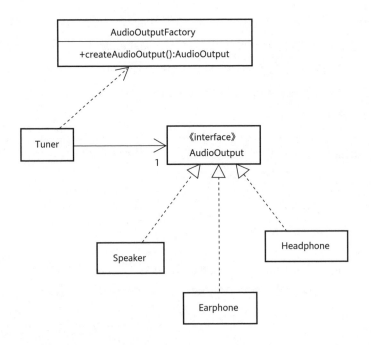

그림 6-15 AbstractFactory 패턴 적용

프로그램도 다음과 같이 작성됩니다.

```
public class Tuner {
    private AudioOutput audioOutput;
    public Tuner () {
        AudioOutputFactory factory = new AudioOutputFactory();
        // AudioOutputFactory에 위임
        this.audioOutput = factory.create() ;
```

```
    }
    public void sound(AudioOutputStream audioOutputStream) {
        this.audioOutput.sound (audioOutputStream);
    }
}
```

이것이 기본적인 AbstractFactory 패턴을 사용한 설계입니다. 하지만 이 정도로는 유지보수성이 완전해졌다고 할 수는 없을 것입니다. AudioOutputFactory 클래스의 명세가 크게 변경된 경우에는 어떻게 될까요? 예를 들어 AudioOutputFactory 클래스를 매번 new로 인스턴스를 생성하는 것은 메모리 효율에 좋지 않습니다. 따라서 AudioOutputFactory 클래스의 인스턴스를 싱글톤 패턴을 사용하여 시스템 (정확히는 ClassLoader)에 하나만 생성하도록 변경한다고 가정해봅시다.

AudioOutputFactory 클래스를 싱글톤으로 만들겠습니다. getInstance 메서드를 호출하면 유일한 인스턴스가 반환됩니다.

```
pubpublic class AudioOutputFactory {
    private static AudioOutputFactory instance = new AudioOutputFactory() ;
    private AudioOutputFactory() {
    }
    public static AudioOutputFactory getInstance() {
        return instance;
    }
}
```

AudioOutputFactory 클래스가 싱글톤이 되면 Tuner 클래스도 변경됩니다.

```
public class Tuner {
    private AudioOutput audioOutput;
    public Tuner() {
        AudioOutputFactory factory = AudioOutputFactory.getInstance() ;
        // AudioOutputFactory에 위임
         this.audioOutput = factory.create();
```

```
    }
    public void sound(AudioOutputStream audioOutputStream) {
        this.audioOutput.sound(audioOutputStream) ;
    }
}
```

Tuner 클래스는 AudioOutputFactory 클래스에 의존합니다. 따라서 Audio-OutputFactory 클래스가 변경되는 것이 Tuner 클래스에 영향을 미치는 것은 당연할지도 모릅니다. 하지만 Tuner 클래스 입장에서는 AudioOutput 클래스의 인스턴스만 있으면 됩니다.

그렇다면 [그림 6-16]의 클래스 다이어그램과 같이 팩토리 클래스와 Tuner 클래스의 종속 관계를 반대로 할 수도 있습니다. [그림 6-16]을 보면 Tuner 클래스에는 setAudioOutput 메서드가 있으며, Factory 클래스에서 AudioOutput 인터페이스를 구현한 인스턴스를 전달받습니다. Factory 클래스는 AudioFactory로 이름을 바꾸었고 createTuner 메서드가 추가되었습니다. 또한 Tuner 클래스의 인스턴스를 생성함과 동시에 createAudioOutput 메서드로 생성한 인스턴스를 Tuner 클래스의 setAudioOutput 메서드로 전달합니다.

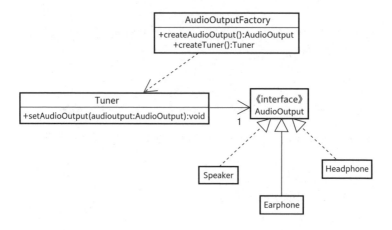

그림 6-16 종속 관계 뒤집기

Tuner 클래스에서 인스턴스 생성에 대한 책임이 사라지고 AudioFactory 클래스에 인스턴스 생성 처리가 통합되었습니다. 이로써 Tuner 클래스는 더 이상 인스턴스 생성 처리에 의존하지 않게 되었습니다. 예제에서는 Tuner 클래스의 setAudioOutput 메서드를 통해 인스턴스를 전달하고 있지만, Tuner 클래스의 생성자를 통해 전달할 수도 있습니다.

이 설계 방식은 흥미롭습니다. Tuner 클래스에서 실행되는 AudioOutput 인터페이스의 구현 클래스에 대한 의존성이 사라졌습니다. 구현 클래스의 인스턴스는 외부에서 주입됩니다. 이를 **DI** 또는 **의존성 주입**이라고 합니다. DI를 하기 위해서는 의존성을 주입해주는 팩토리 클래스가 필요합니다. 앞선 예시에서 AudioFactory 클래스가 의존성을 주입해주는 팩토리 클래스입니다. 이 팩토리 클래스를 DI 컨테이너라고 부릅니다. **컨테이너**container는 일반적인 컬렉션과 같은 의미는 아니고 주로 자바에서 사용되는 용어입니다. 컴포넌트를 실행하기 위한 메커니즘을 의미합니다. 컨테이너는 컴포넌트의 생명주기를 관리하기도 하며, Servlet 컨테이너, EJB 컨테이너 등이 있습니다.

DI를 사용한 AudioFactory 클래스가 좋은지, 아니면 앞서 설명한 AbstractFactory 패턴을 사용하는 방법이 좋은지 묻는다면 둘 다 장점과 단점이 있다고 말할 수 있습니다. DI를 사용하는 방법의 장점은 이미 설명했듯이 Tuner 클래스가 AudioOutput 인터페이스를 구현한 인스턴스 생성 방법에 의존하지 않는다는 점입니다. 하지만 이 장점의 이면에는 단점이 있습니다. Tuner 클래스는 AudioOutput 인터페이스의 구현 클래스에 대한 모든 것을 결정할 수 있었습니다. 그러나 DI로 변경함으로써 setAudioOutput 메서드나 생성자를 통해 외부에 노출됩니다. setAudioOutput 메서드가 호출되면 Tuner 클래스가 가지고 있던 Speaker 클래스가 Headphone 클래스로 변경될 수 있습니다. 물론 setAudioOutput 메서드를 제공하지 않고 생성자에서 AudioOutput 인터페이스를 구현한 인스턴스를 얻어도 됩니다. 즉, DI를 사용하면 클래스가 가지고 있던 책임을 외부에 위임하여 의존성을 줄일 수 있지만, 그만큼 클래스의 내부 구조를 외부에 조금 노출하게 됩니다.

현재 DI 컨테이너로 사용할 수 있는 것은 많습니다. 유명한 것으로는 다음 세 가지가 있으며 오픈소스이므로 무료로 사용할 수 있습니다.

- 스프링 프레임워크
- Seasar2(S2Container)
- PicoContainer

이러한 DI 컨테이너는 앞서 설명한 AudioFactory 클래스에서 하는 일을 좀 더 범용적으로 구현할 수 있습니다. AudioFactory는 특정 Tuner 클래스나 AudioOutput 인터페이스의 구현 클래스가 대상이었지만, DI 컨테이너에서는 임의의 클래스를 관리할 수 있습니다.

DI 컨테이너가 고안된 배경에는 버전 2.x까지의 EJB가 매우 무겁고 기능이 많아 설정과 실행이 어려웠다는 이유가 있습니다. 그래서 EJB의 대항마로 경량화된 컨테이너가 필요했고 DI 컨테이너가 등장하게 된 것입니다.

DI라는 개념은 자바와 같은 컴파일 언어이기 때문에 필요한 기능일까요? 그렇지는 않습니다. 사실 C++이나 C#에도 마찬가지로 DI 컨테이너가 등장하고 있습니다. 하지만 스크립트 언어에서도 인스턴스 관리는 필요하기 때문에 팩토리와 같은 개념이 필요합니다. 그러나 스크립팅 언어의 경우, 자바의 DI 컨테이너처럼 외부 설정 파일에 클래스 이름이나 초기화 방법 등을 작성할 필요가 없습니다. 팩토리 클래스의 소스 코드를 직접 편집할 수도 있습니다. 실제로 스크립트 언어에도 DI 컨테이너가 제공되는 경우가 있습니다.

DI 컨테이너는 편리하고 클래스 간 의존성을 줄일 수 있어 시스템의 유지보수성을 향상시킬 수 있습니다. 그러나 무분별한 사용은 오히려 유지보수성을 떨어뜨리는 결과를 초래할 수도 있습니다.

자바와 같은 컴파일 언어에는 타입 세이프라는 말이 있습니다. '타입 세이프하다'는 것은 컴파일러가 클래스 간 호출에서 타입을 검사하기 때문에 실행하지 않아도 타입 인식 오류로 인한 버그를 발견할 수 있다는 의미입니다. 이는 컴파일 언어에 의한 정적 결합에 따른 장점입니다(물론 정적 결합에 따른 단점도 있지만 여기서는 주제와 관련이 없으므로 생략합니다).

그러나 DI 컨테이너를 사용하여 구현 클래스를 외부 설정 파일에 정의하면, 설정 파일은 실행 시 동적으로 호출되므로 실행하기 전까지는 정확한지 알 수 없습니다. 예를 들어 DI 컨테이너에서 AudioOutput 인터페이스를 구현implements하는 클래스를 지정해야 할 곳에 전혀 상관없는 클래스를 지정하면 실행 시 오류가 발생합니다. 팩토리 클래스를 사용하여 프로그램을 작성했다면 발견할 수 있는 버그를 실행해보지 않으면 알 수 없는 것입니다.

자바 컴파일러에 의한 타입 세이프 보장에 익숙한 개발자들은 이 점에 대해 주의해야 합니다. 물론 실행해보면 알 수 있는 것이므로 테스트를 제대로 하면 해결됩니다. 다만 기존의 테스트 방법으로는 구현이 끝나고 나서 테스트하는 경우가 많기 때문에 문제 발견이 늦어질 수 있습니다. 따라서 DI 컨테이너를 사용한다면 테스트 퍼스트가 가장 이상적입니다. DI 컨테이너는 아무렇게나 사용하는 것이 아니라, 테스트 퍼스트를 채택하는 등 개발 방식에도 영향을 미친다는 것을 명심해야 합니다.

AOP

AOP는 Aspect Oriented Programming의 약자로, 클래스 메서드 호출 전후 등에 동적으로 처리를 추가할 수 있습니다. 기존 프로그램에는 수정을 가하지 않고 외부에서 처리를 추가하기 때문에 DI와 마찬가지로 유지보수성이 뛰어난 기능 확장 기법으로 사용되고 있습니다.

AOP는 객체지향에서 해결하기 어렵다고 알려진 클래스 간 기능을 구현할 때 효과가 있습니다. 여기에는 **관심의 분리**라는 개념이 적용되었습니다. 주로 트랜잭션, 예외 처리, 로그 출력 등이 문제가 됩니다. 비즈니스 로직 작성에 집중하고 싶은데 이것들까지 작성해야 하는 것은 작업을 더 복잡하게 만듭니다.

예를 들어 반드시 메서드의 시작에서 트랜잭션을 시작하고, 종료될 때 커밋 또는 롤백을 하는 등의 처리가 필요하다고 가정해봅시다. 트랜잭션 처리는 중요하기 때문에 수정 누락이 없도록 해야 합니다. 대상 클래스는 여러 개이고, 메서드도 당연히 여러 개입니다. 객체지향에서는 디자인 패턴을 사용합니다. TemplateMethod 패턴을 사용하고 싶겠지만 메서드가 불특정 다수인 경우에는 잘 적용되지 않습니다.

다음은 트랜잭션을 시작하고 커밋과 롤백하는 처리를 공통화하는 예입니다. 이 처리를 여러 메서드에서 활용하려면 어떻게 해야 할까요?

```
try {
    transaction.begin();
    // 임의의 처리
    transaction.commit();
} catch (Exception e) {
    transaction.rollback();
    // 임의의 예외 처리
}
```

안타깝게도 자바에서는 쉽게 해결할 수 없습니다. 굳이 한다면 Command 패턴 등을 사용하는 것을 생각해볼 수 있습니다. 각 메서드의 처리를 Command로 하고, CommandExecutor와 같은 클래스에 위의 트랜잭션 처리를 수행하게 합니다. 하지만 이는 매우 번거롭습니다. 하고자 하는 일에 비해 정의해야 할 클래스가 너무 많습니다. 루비 등에서는 클로저나 블록이라는 방법을 사용하여 다소 간단하게 작성할 수 있습니다. 클로저나 블록을 사용하면 클래스 정의가 불필요하지만, 비즈니스 로직을 모두 블록으로 만들어야 하는 것도 번거롭기는 마찬가지입니다.

AOP를 사용하면 이 문제를 해결할 수 있습니다. 메서드 시작과 종료 시점에 정해진 처리를 하도록 AOP에 지시하면 됩니다. 하지만 AOP는 오히려 프로그램을 복잡하게 만든다는 지적도 있습니다. AOP에는 설정 파일이 붙어 있어서 결국 소스 코드에 나타나는 복잡성을 설정 파일에 기술하게 됩니다.

소스 코드를 단순하게 유지해도 설정 파일이 복잡해지면 의미가 없습니다. 또한 설정 파일을 보지 않으면 어떤 처리가 수행되는지 알 수 없기 때문에 처리의 가시성이 나빠진다고도 볼 수 있습니다. 따라서 AOP는 사용하는 이유를 검토하고 다른 방법과 비교한 다음 그럼에도 효과가 있다고 판단될 때 사용해야 합니다.

6.8 마이크로서비스

마이크로서비스 역시 복잡성을 줄이고 유지보수성을 유지하기 위한 아키텍처 기법입니다. 지금까지 살펴본 객체지향 설계, 서브시스템 분할, 레이어 등과 같은 목적을 가지고 있습니다. 특히 서브시스템 분할은 기능 블록 단위로 수직으로 나눈다는 점에서 유사합니다. 다만 서브시스템은 모놀리식이 되는 경우가 많기 때문에 마이크로서비스는 기능 단위로 분리하고 느슨하게 결합합니다.

모놀리식^{monolithic}은 한 덩어리로 되어 있다는 뜻입니다. 그리고 시스템이 모놀리식이라는 것은 시스템을 구성하는 컴포넌트들이 촘촘하게 결합되어 있어 한 컴포넌트를 변경하면 다른 컴포넌트까지 변경해야 하는 상태를 말합니다. 이럴 경우 컴포넌트 간의 종속성이 강해 컴포넌트 단위를 분리하기가 어렵습니다. 컴포넌트가 밀집되어 있다고 하면 프로그램의 메서드 호출만 생각하기 쉬운데, 밀집되기 쉬운 또 다른 컴포넌트가 바로 **데이터베이스**입니다. 데이터베이스의 테이블은 외래키^{Foreign Key}(FK)로 연관되어 있으면 결합, 이 연관성이 지나치면 밀집 결합이라고 할 수 있습니다. 설령 외래키로 연관되어 있지 않더라도 의미상 다른 테이블의 기본키를 가지고 있다면 결합이고, 그것이 과도하다면 밀집 결합이 됩니다. 따라서 RDB뿐만 아니라 NoSQL에서도 밀집 결합은 발생할 수 있습니다. 모놀리식은 유지보수성이 낮을 뿐만 아니라 확장성도 낮습니다. 모놀리식 시스템은 크기가 크기 때문에 운영하려면 큰 인프라가 필요합니다. 그러면 스케일업과 스케일아웃이 기술적으로 어려워지고, 비용도 많이 들게 됩니다.

마이크로서비스는 모놀리식을 해결하기 위한 아키텍처 설계 기법입니다(그림 6-17). 완전히 새로운 개념은 아니고 과거에는 SOA 등도 비슷한 개념이었습니다. 마이크로서비스와 SOA의 차이를 논하는 것만큼 쓸데없는 일은 없습니다. 굳이 말하자면 SOA가 등장하고 마이크로서비스가 실천되기까지 10년 가까운 세월이 흘렀고, 이 기간 동안 클라우드가 실용화되었다는 것이 큰 차이점이라고 할 수 있습니다. 온프레미스에서 마이크로서비스를 운영하는 것이 비현실적이라면, 마이크로서비스는 클라우드 네이티브 기술이라고 할 수 있습니다.

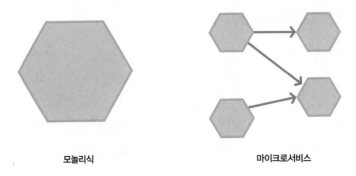

모놀리식   마이크로서비스

그림 6-17 모놀리식 및 마이크로서비스 아키텍처

마이크로서비스는 결코 쉬운 일이 아닙니다. 객체지향 설계와 레이어 아키텍처,
도메인 중심 개발(DDD) 지식도 필요합니다. 또한 클라우드, 인프라, 네트워크,
데이터베이스에 대한 지식도 종합적으로 필요합니다. 개발 비용도 모놀리식 개발
보다 더 커질 것입니다. 따라서 모든 시스템을 마이크로서비스로 개발하는 것은
현실적이지 않습니다. 큰 시스템, 중요한 시스템, 오래 사용하는 시스템, 시간이
지남에 따라 변화가 예상되는 시스템이라면 마이크로서비스를 적용해도 손해를
입지는 않을 것입니다.

마이크로서비스 설계 방법은 간단히 말해 '시스템을 분할하고, 분할한 것을 느슨한
결합으로 다시 연결하는 것'입니다. 시스템 분할은 객체지향 설계의 책임 개념을 참
고할 수 있습니다. 객체지향에서 클래스에 부여하는 책임은 하나로 통일해야 합니
다. 이를 **단일 책임 원칙**single responsibility principle이라고 합니다. 마이크로서비스에서도
마찬가지입니다. 하나의 서비스에 대한 책임은 하나만 가져야 합니다. 같은 생각
을 컴포넌트에 적용하면 **공통 폐쇄 원칙**common closure principle이라는 것이 있습니다. 컴
포넌트에는 같은 이유로 변경하는 것만 포함하고, 다른 이유로 변경하는 것은 다른
컴포넌트에 포함시켜야 한다는 원칙입니다. 두 원칙 모두 비슷한 듯하지만 마이크
로서비스에는 둘 다 적용될 수 있습니다. 그리고 이 원칙에 따라 설계한 것이 마이
크로서비스의 적절한 분할 단위가 됩니다. 이렇게 마이크로서비스를 정의하면 기
존 시스템 아키텍처의 데이터베이스를 마이크로서비스 단위로 분할하게 됩니다.
즉, 데이터베이스를 밀집 결합된 상태로 두지 않는다는 것입니다.

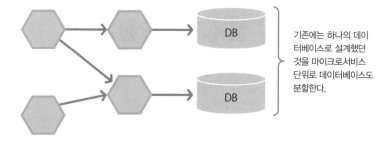

기존에는 하나의 데이터베이스로 설계했던 것을 마이크로서비스 단위로 데이터베이스도 분할한다.

그림 6-18 마이크로서비스와 데이터베이스의 분할

느슨한 결합이란 서비스들 사이에서 API로 상호작용하는 것을 말합니다. API를 통해 캡슐화하되, 데이터베이스를 통해 직접적으로 연동하지는 않습니다. 캡슐화는 객체지향 설계의 개념입니다.

API도 프로그램에서 직접 호출하는 것이 아니라 Web API 등으로 정의하여 네트워크를 통해 호출할 수 있도록 합니다. 이를 통해 서비스가 배치된 위치나 채택한 프로그래밍 언어 등에 관계없이 호출할 수 있습니다. 웹 API의 방식으로는 REST나 GraphQL 등이 많이 사용됩니다.

마이크로서비스의 크기에 대한 명확한 기준은 없습니다. 마이크로서비스가 커지면 모놀리식 마이크로서비스라고 불리듯이, 유지보수성과 확장성을 경제적으로 유지할 수 없게 되면 너무 크다고 볼 수 있습니다. 판단 기준의 예로, 하나의 개발팀이 개발할 수 있는 규모를 넘어설 때는 분명 서비스가 너무 크다고 할 수 있겠습니다. 애자일 개발에서 개발팀의 인원은 3명에서 많아야 10명 이하로 알려져 있습니다. 마이크로서비스를 애자일 개발로 만들 것인지는 차치하고서라도, 적절한 규모에 대한 기준으로 참고하기 바랍니다.

> **마이크로서비스 패턴**
>
> 『마이크로서비스 패턴』(길벗, 2020)이라는 책에는 마이크로서비스 설계 방법이 아주 잘 정리되어 있습니다. 헥사고날 아키텍처, 사가, 이벤트 소싱, CQRS 등을 마이크로서비스라는 맥락에서 알기 쉽게 알려줍니다.

정말 설계가 필요한가

7장에서는 이 책의 마무리로 설계의 의미를 다시 한번 생각해보고자 합니다. 애자일 개발이 확산되며 설계의 위상이 기존과 달라지고 있다고 합니다. 그렇다면 구체적으로 어떻게 달라지고 있는 것일까요? 또한 설계에 필요한 기술은 앞으로 어떻게 변화할까요? 그 점을 고찰한 후 마지막으로 '앞으로의 개발자와 설계'에 대해 이야기하겠습니다.

7.1 다시 새기는 설계의 의미

지금까지 설계에 대해 알아봤습니다. 그러나 일각에서는 설계 자체가 불필요하다는 의견도 있습니다. 이 책은 설계를 위한 교과서라기보다는 처음 설계를 하는 개발자를 위해 썼습니다. 개발자의 일은 결코 쉽지 않죠. 만약 설계가 정말 불필요하다면 하지 말아야 할 것입니다. 설계의 필요성이 바로 이 책에서 주요하게 다루는 주제입니다.

위에서도 말했지만 최근 시스템 개발에서 설계가 불필요하다는 의견이 많아지고 있습니다. 특히 스크럼 개발이나 XP를 비롯한 애자일 개발 방법론이 주목받기 시작하면서 이러한 의견이 두드러지게 나타나고 있습니다. 제 주변에는 설계가 불필요하다고 생각하는 사람도 있고 필요하다고 생각하는 사람도 있습니다. 다만 두 진영 모두 설계가 필요한지를 깊이 고민하기보다는 각자의 과거 경험을 바탕으로 판단하는 경우가 많은 것 같습니다.

설계를 생략할 수 있는 조건의 개발 프로젝트를 많이 경험한 사람은 설계가 불필요하다고 말합니다. 반면 워터폴로 개발을 많이 해본 사람은 설계를 하지 않는 것은 상상도 할 수 없다고 말합니다. 여기서 중요한 것은 여러 종류의 애자일 개발 방법론이 있지만 '문서를 전혀 작성하지 않는다'는 방법론은 거의 없다는 점입니다. 어디까지 문서를 작성할 것인가는 상황에 따라 다릅니다. 커뮤니케이션을 활발하게 하면서 소스 코드나 테스트 프로그램도 중요한 설계서 중 하나로 취급하기도 합니다.

애자일 개발 방법론에 대해 아직도 많은 오해가 남아 있지만 찬반을 논할 생각은 없습니다. 애자일 개발 방법론에는 배워야 할 것이 많으니 조건이 맞는다면 애자일 개발을 하는 것도 좋습니다. 맹목적으로 설계를 하던 과거에서 현대로 넘어오는 문을 애자일 개발 방법론이 열어줬다고 생각합니다. 이번 장에서는 애자일 개발 방법론이든 다른 방법론이든 시스템 개발이라는 동일한 목적을 달성하기 위해 설계가 필요한지, 필요하지 않은지를 살펴보겠습니다.

7.1.1 설계는 불필요하다는 주장

그렇다면 설계가 불필요하다고 주장하는 이유는 무엇일까요? 대표적인 의견을 정리하면 다음과 같습니다.

- 시스템 기능을 프로그래머가 정확하게 파악하면 설계가 필요 없다. 왜냐하면 상세 설계는 동작하지 않는 것이기 때문이다. 동작하지 않는 것은 검증할 수 없다.
- 검증할 수 없는 것을 만드는 데 시간을 들이는 것보다 동작하는 프로그램에 시간을 들이는 것이 낫다.
- 아키텍처 설계를 함으로써 많은 애플리케이션에서 내부 설계가 불필요하게 되었다.
- 많은 업무 애플리케이션은 화면에서 입력된 값을 데이터베이스에 등록하고, 데이터베이스에서 가져온 값을 화면에 표시하기만 하면 된다.
- 복잡한 비즈니스 로직이 없기 때문에 내부 설계를 할 필요가 없다.
- 테스트 퍼스트로 품질이 확보되며 설계가 불필요하게 되었다.
- 설계서는 유지보수가 되지 않는다. 구현과 설계서는 반드시 차이가 난다. 따라서 설계서 등은 작성하지 않는 것이 좋다.

- 인터페이스를 프로그래밍한 후 Javadoc을 사용하면 설계서에 해당하는 것을 준비할 수 있다. 정보 공유에도 문제가 없다.
- 시스템 기능을 자세히 검토하는 것도 문서로 하는 것보다 실제로 움직이는 것을 보여주는 것이 결과적으로는 더 빠르다. 현재는 화면 설계를 대신해 실제로 움직이는 화면을 만드는 것은 그리 어렵지 않다.
- 프로그래밍은 최고의 커뮤니케이션 수단이다.

이 의견들 중에는 수긍이 가는 것도 있고 미심쩍은 내용도 있을 것입니다. 다만 쓸데없는 설계를 하고 있는 개발 프로젝트는 실제로 존재합니다. 또한 문서가 없어져 엉망진창이 되어버린 개발 프로젝트도 있습니다. 필요한 것은 낭만적이고 단순한 논의가 아닙니다.

설계는 필요한가, 필요하지 않은가. 결론을 말하자면 설계는 필요하기도 하고 필요하지 않기도 합니다. 그렇다면 필요하지 않은 쪽이 더 좋을 것입니다(일이 하나 줄어드니까요). 설계의 필요 여부는 개발 프로젝트에 따라 다릅니다. 이어서 설계가 필요한 이유와 설계가 필요 없는 이유를 알아보고 설계가 필요 없는 조건을 정리해보겠습니다.

7.1.2 설계가 필요한 이유

설계의 필요 여부는 설계를 당연하게 생각하는 사람 입장에서는 논할 가치가 없는 것일 수도 있습니다. 소프트웨어 공학처럼 시스템을 만드는 기술을 대상으로 하는 학문이 있을 정도니 '설계 없이 소프트웨어 공학이 성립할 수 있을까?'라는 의문이 드는 것은 당연합니다. 공학이라는 이름을 가진 분야에서 설계가 불필요하다는 논의가 있다는 것 자체가 놀라울 수도 있습니다. 공학에서 설계는 대상물을 만들기 위한 방법이자 기술입니다. 소프트웨어 공학 역시 소프트웨어 시스템을 개발하는 방법을 연구합니다. 이러한 관점에서 보면 설계가 필요하다고 생각하는 것이 자연스럽습니다. 어떤 대상 시스템을 만들기 위한 노하우가 바로 설계입니다. 설계를 재사용하면 동일한 결과물을 다시 만들 수 있습니다.

그러나 소프트웨어 공학과 다른 공학들 사이에는 큰 차이가 있습니다. 소프트웨어 개발은 매번 다른 것을 만들어야 한다는 점입니다. 똑같은 것이라면 복사하면 되지만 소프트웨어를 개발할 때는 (적어도 개발자는) 매번 새로운 것을 만들어야 합니다. 기계공학의 엔진이라면 설계서가 있기 때문에 동일한 엔진을 여러 번 만들 수 있습니다. 설계서가 없으면 시제품만 만들고 끝나버립니다. 보통 엔지니어링 분야에서 설계서는 동일한 것을 만들기 위한 목적을 갖지만, 소프트웨어에서의 설계서는 단 한 번의 주문 제작을 위해 사용됩니다. 다시 말하지만 시스템을 만드는 데 본질적으로 설계가 필요하면 설계를 해야 합니다. 그러나 설계가 불필요하다면 하지 않는 것이 더 낫습니다.

설계서에는 목적이 또 하나 있습니다. 바로 개발자 간의 정보 공유입니다. 더 나아가 개발이 끝난 후 시스템이 개발팀의 손을 떠났을 때, 유지보수 담당자에게 기능 확장이나 유지보수를 위한 정보를 제공합니다. 시스템이 개발되면 사용자 기업에 인도되어 운영이 시작됩니다. 아무런 문제가 없으면 좋겠지만 실제로 운영을 시작하면 부족한 기능이나 시스템 버그가 발견됩니다. 이는 결코 바람직한 상황은 아니지만 발생 가능성을 없앨 수는 없습니다. 기능 확장이나 유지보수 개발이 필요할 때, 처음 시스템을 개발한 개발팀은 해체되는 경우가 많습니다. 물론 하자담보책임 같은 것도 있지만 반드시 최초 개발팀 구성원이 개발할 수 있는 것도 아닙니다. 그럴 때 설계서가 아무것도 남아 있지 않으면 시스템 분석부터 시작하게 됩니다. 설계서가 있다면 이를 단서로 삼아 개발을 시작할 수 있습니다.

앞서 설명한 설계의 목적을 정리하면 다음과 같습니다.

- 요구사항 정의의 내용을 시스템에서 어떻게 구현할 것인지 검토 및 기술한다.
- 요구사항 정의에서 명확하지 않은 시스템 기능을 검토 및 기술한다.
- 시스템 품질을 높인다.
- 프로젝트 이해관계자끼리 정보를 공유한다.
- 유지보수를 위해 기술한다.

이 가운데 두 번째 '시스템 기능을 검토'하는 것은 불필요하다고 볼 수 없습니다. 시스템 기능을 모르면 무엇을 만들어야 할지 알 수 없기 때문입니다. 설계가 불필요하다는 것은 이러한 목적이 불필요하거나 다른 수단으로 이러한 목적을 달성할 수 있다는 것을 의미합니다.

사실 애자일 개발 이외의 많은 개발 프로세스에는 설계 프로세스가 있습니다. 명칭이나 방법론에 약간의 차이는 있지만 설계를 하는 것에는 변함이 없습니다. 워터폴, RUP^{Rational Unified Process} 등이 그렇습니다. UML은 설계를 위한 표기법이기도 합니다. 객체지향은 프로그래밍 방법인 동시에 설계 방법이기도 합니다. 클래스 다이어그램이나 시퀀스 다이어그램이 유용하다는 점은 말할 필요도 없을 것입니다.

7.2 설계가 필요 없는 이유

다음으로 설계가 필요 없는 이유를 생각해봅시다.

7.2.1 애자일의 등장

역사적 배경을 살펴보면 애자일 개발은 기존의 워터폴이나 RUP와 같은 개발 프로세스가 가지고 있는 문제점에 대한 반정립으로 탄생했습니다. 애자일 개발의 본질은 이미 소개했지만 이를 단적으로 표현한 것이 바로 '애자일 선언'입니다. 애자일 선언에서는 더 나은 소프트웨어 개발을 위해 다음과 같은 항목을 존중한다고 명시하고 있습니다.

1 프로세스나 도구보다 개인과의 상호작용

2 포괄적인 문서보다 동작하는 소프트웨어

3 계약 협상보다 사용자와의 협력

4 계획을 따르기보다 변화에 대응

특히 1번, 2번이 인상적입니다. 애자일 선언에서는 말 그대로 프로세스나 도구보다 개인과의 상호작용을 존중합니다. 또한 포괄적인 문서보다 동작하는 소프트웨어를 존중합니다. 기존 개발에서 가장 중요하게 여겼던 개발 프로세스와 포괄적인 문서보다 더 중요한 것이 있다고 말하는 것입니다.

4번의 '계획'은 개발 프로세스에 따라 결과물인 종합 문서를 작성하기 위한 것입니다. 개발 프로세스나 포괄적인 문서, 계획은 전통적인 개발 프로세스보다 일반적인 개발 프로젝트에서 중요하다는 것은 두말할 나위도 없습니다. 애자일 개발에서 개발 프로세스나 포괄적인 문서, 계획을 중시하지 않고 어떻게 개발할 수 있을까요?

7.2.2 프로젝트가 실패하는 이유

시스템 개발이 잘되는 경우는 언제일까요? 이는 꽤 어려운 질문입니다. 반대로 어떤 개발 프로젝트가 실패하기 쉬울까요? 한 조사에 따르면 개발 프로젝트가 실패하는 이유의 대부분은 요구사항 정의가 불완전하기 때문이라고 합니다. 즉, 시스템 기능이 변경된다는 것입니다. 많은 경우 불완전한 요구사항 정의가 외부 설계에도 영향을 미치게 됩니다. 요구사항 정의가 불완전한 이유는 여러 가지가 있을 수 있습니다.

- 요구사항 정의에 누락이나 실수가 있었다.
- 요구사항 정의 후 사용자 기업 측에서 변경 요청이 있었다.

또한 요구사항 정의 후 사용자 기업에서 변경을 요청하는 이유도 여러 가지가 있을 수 있습니다.

- 비즈니스 환경이 변했다.
- 애초에 요구사항 정의 내용이 정확하게 공유되지 않았다.

요구사항 정의가 제대로 되었는지는 최종적으로 사용자 기업에서 판단합니다. 물론 시스템 개발 측에서도 누락이 없도록 업무 흐름과 유스케이스를 대조하거나 개념 모델에 있는 클래스의 상태 전환을 확인하기도 합니다. 하지만 이 방법에는 한계가 있습니다. 완성된 시스템을 위한 요구사항 정의 점검은 할 수 있으나, 업무 프로세스의 완벽성은 점검할 수 없습니다. 업무 흐름이 완벽하게 기술되어 있으면 좋겠지만 개발 중에 업무 흐름을 완벽하게 기술하기란 매우 어려운 일입니다.

한편 요구사항 정의가 완료된 후에 사용자 기업이 변경을 요청하기도 합니다. 이를 시스템 개발 측에서 사전에 대응하기란 거의 불가능합니다. 물론 요구사항 정의의 내용이 정확하게 공유될 수 있도록 시스템 개발 측에서 노력해야 할 필요는 있습니다. 어떤 방식이든 문서에 기술된 요구사항 정의는 추상적으로 작성될 수밖에 없지만, 이를 바탕으로 사용자 기업에 완벽한 이해를 요구할 수는 없기 때문입니다. 또한 모든 개발 프로젝트에는 요구사항 정의의 내용이 변경될 위험이 존재합니다. 최악의 경우 개발 프로젝트를 요구사항 정의부터 다시 시작해야 하는 상황이 발생할 수 있습니다.

전통적인 개발 방식이 강조하는 프로세스, 포괄적인 문서, 계획은 바로 이러한 위험을 통제하기 위한 것입니다. 또한 이 위험은 사용자 기업과 시스템 개발 회사 간의 계약에도 영향을 미칩니다. 시스템 개발 회사는 이 리스크를 추정하고 이를 계약금과 계약 조건으로 환산합니다. 리스크 발생 시 추가 공수를 추정하고 그 추가 공수에 상응하는 금액을 계약금에 버퍼로 추가하거나, '명세 동결 후 변경이 발생할 경우 추가 요금을 받는다'와 같은 조건을 계약서에 넣습니다. 대형 시스템 개발 회사의 우수한 프로젝트 매니저는 이런 리스크를 예상하고 사전에 대처합니다. '명세 변경은 일어나서는 안 된다'라는 사고방식으로 리크스에 대응하지만 시스템 개발 회사가 아무리 신경을 써도 명세는 변경됩니다.

전통적인 개발 방식에서 포괄적인 문서를 작성하는 이유는 당연히 요구사항 정의와 설계 내용을 프로그래머에게 전달하기 위해서입니다. 사용자에게 포괄적인 문서를 보여줌으로써 요구사항 정의와 기능 명세를 정확하게 전달하기 위함이기도 합니다. 요구사항 정의의 내용을 사용자에게 정확하게 공유하면 위험을 줄일 수 있습니다. 문서는 명세를 변경하려는 사용자를 견제하는 역할도 합니다. '이렇게 꼼꼼하게 검토한 요구사항 정의와 설계인데 변경하지 맙시다'라는 의미로 작용됩니다. 또한 명세 변경이 일어났을 때의 영향도를 조사하는 데도 문서를 사용할 수 있습니다. 이 경우에는 '100쪽짜리 문서에서 50쪽에 영향을 미칩니다'라는 식으로 영향도를 표현합니다.

하지만 사용자 입장에서는 업무 수행을 위해 명세 변경이 필요한 경우가 많습니다. 업무 수행에 도움이 되지 않는 시스템은 만들어봤자 아무런 소용이 없습니다. 사용자도 명세 변경이 바람직하지 않다는 것을 알고 있지만 그럼에도 불구하고 반드시 해야만 하는 경우가 있습니다. 물론 사용자 기업의 변덕 같은 것으로 명세 변경이 발생할 수도 있습니다. 시스템 개발 회사에 하청으로 개발을 맡기는 경우, 가능한 한 기능을 많이 넣으려고 하는 경우가 드물게 있습니다. 하청이라면 총 금액은 기본적으로 같기 때문에 같은 금액이라면 많은 기능을 넣으려고 생각하는 것이죠. 그러나 이런 사용자는 드물며, 대부분의 사용자는 그렇게 어리석지 않습니다(하청을 준다고 해서 금액 대비 지나치게 스펙을 채우려고 하다간 업계의 신용을 잃을 수 있습니다). 명세를 꼭 변경해야 하는 경우 시스템 개발 회사와 협상하고 미리 확보한 버퍼를 넘지 않는 선에서 명세 변경을 진행합니다(이는 양심적인 시스템 개발 회사의 경우입니다). 버퍼를 넘어서는 것에 대해서는 사용자 기업이 추가 예산을 투입하게 됩니다.

기존 개발 방법론에서는 명세 변경이 발생하면 결국 개발 현장이 혼란에 빠집니다. 명세 변경이 어느 시점에 발생했는지에 따라 부분적으로라도 요구사항 정의부터 다시 시작해야 할 수도 있습니다. 요구사항 정의가 다시 시작되면 기본 설계 이후라도 영향을 미치는 범위는 다시 수정해야 합니다. 상세 설계 후반에 명세 변경이 발생했다면, 구현을 위해 프로그래머를 추가로 투입했을 수도 있습니다. 그럴 때는 프로그래머를 놀게 할 수 없기 때문에 명세 변경의 영향이 없는 부분부터 개발하게 하기도 합니다. 그러나 많은 경우, 개발 프로젝트에서 발생하는 비효율적인 일과 혼란은 명세 변경 시 예상했던 공수를 초과하고 일정을 지연되게 합니다. 그에 따라 사용자나 시스템 개발 회사 모두 피해를 입는 경우가 많습니다. 시스템 개발 회사는 위험을 억제하려고 해도 억제할 수 없는 것이 현실입니다. 이러한 명세 변경의 위험에서 워터폴 개발은 무력합니다. RUP와 같은 반복형 개발이라면 이터레이션 개발을 반복하여 진행하니 명세 변경도 다음 이터레이션 계획에 포함시키면 됩니다. 하지만 RUP도 대량의 문서를 작성하기 때문에 이터레이션 개발에 대한 영향은 피할 수 없을 것입니다.

7.2.3 이터레이션 개발

요구사항 정의가 변경될 위험은 피할 수 없고 그 요구사항 정의의 위험은 사용자가 판단하는 것이라면, 처음부터 명세 변화에 대응할 수 있는 개발 방법은 없을까요? 그렇게 생각하며 등장한 것이 애자일 개발 방법론입니다. 애자일 선언문을 다시 한번 살펴보면 그 의미를 알 수 있을 것입니다.

- 프로세스나 도구보다 개인과의 상호작용
- 포괄적인 문서보다 작동되는 소프트웨어
- 계약 협상보다 사용자와의 협력
- 계획을 따르기보다 변화에 대응

애자일 선언은 애자일 개발의 정수를 담고 있습니다. 애자일 선언문에서 언급하고 있는 것은 기존 개발 방식에서도 중요하다고 생각했던 프로세스, 도구, 문서, 계약, 계획에 대한 내용입니다. 그러나 애자일에서는 프로세스, 도구, 문서, 계약, 계획과는 다른 방식으로 접근 방식을 취합니다. 기존 방식에서는 명세 변경의 리스크를 억제하려고 했습니다. 반면 애자일은 명세 변경의 리스크를 수용하려고 합니다. 명세 변경의 위험이 피할 수 없는 것이라면 그 위험을 받아들인 후 이를 위해 무엇을 해야 하는지를 고민한다는 방식입니다.

애자일 선언에 공감한다고 해서 그대로 적용하면 개발 프로젝트는 실패할 수 밖에 없습니다. 1년짜리 개발 프로젝트에서 계획보다 변화에 따라 움직이면 반년이 지나도 요구사항 정의조차 끝나지 않을 것이 분명합니다. 기존 방식은 변화를 막기 위해 계획을 제대로 세우는 것이므로, 계획을 세우지 않으면 계속 변화하게 되는 것은 당연합니다.

애자일을 실현하기 위해서는 한 가지 더 필요한 것이 있는데, 바로 이터레이션입니다. 스크럼 개발에서는 이터레이션을 스프린트라고 합니다. **이터레이션**은 짧은 주기로, 작은 단위로 개발하는 것을 말합니다. 하나의 이터레이션은 2주에서 3주 정도로 기간이 짧기 때문에 제대로 된 계획이나 개발 프로세스가 없어도 충분히 가능합니다. 2주에서 3주 정도면 개발할 수 있는 규모이기 때문에 그리 크지 않습니다. 이 정도 규모라면 문서를 대량으로 작성할 필요도 없습니다. 이처럼 애자일 개발의 기본 전제는 이터레이션 개발을 하는 것입니다. 이터레이션 개발을 통해 애자일 선언문에 있는 개념을 실현할 수 있습니다.

짧은 이터레이션 개발이 가능하다면 문서나 개발 프로세스, 계획과 같은 불확실한 것에 시간을 투자하기보다는 더욱 실용적인 것에 시간을 투자해야 합니다. 이를 위해 '개인과 상호작용(즉, 커뮤니케이션)'과 '실제로 작동하는 소프트웨어'를 중요시하는 것입니다. 커뮤니케이션이 중요하다는 것은 알겠는데, 실제로 동작하는 소프트웨어는 어떤 것일까요?

7.2.4 동작하는 소프트웨어를 중시하기

실제로 동작하는 소프트웨어를 중시한다는 것은 문서와 같은 중간 결과물을 만드는 것이 아니라 프로그래밍을 직접 한다는 뜻입니다. 그리고 그 프로그램은 계속 동작 가능한 상태를 유지합니다. 어떻게 이런 일이 가능할까요?

최근에는 프로그래밍 언어와 개발 환경의 발전으로 이전보다 훨씬 빠르게 개발할 수 있게 되었습니다.

- 프로그래밍 언어의 발전
- 프레임워크의 발전
- IDE의 발전
- 애플리케이션 서버의 발전
- 데이터베이스의 발전
- 하드웨어의 발전
- CI/CD의 발전
- 컨테이너 가상화 기술의 발전(그림 7-1)
- 클라우드의 발전

프로그래밍 언어는 발전하고 있습니다. 언어 자체도 발전하고 있지만 주변 라이브러리도 발전하고 있습니다. 그런 의미에서 프레임워크의 발전과도 관련이 있을 것입니다.

요즘은 웹 애플리케이션을 구축하는 것이 매우 쉬워졌습니다. 웹 애플리케이션 구축에 대한 요구가 많아지면서 라이브러리와 프레임워크도 많이 발전했습니다. 화면 전환만 하면 거의 프로그래밍을 하지 않아도 될 정도입니다. 특히 스크립트 언어는 컴파일이 필요 없기 때문에 프로그래밍하는 순간 바로 실행하는 것도 불가능하지 않습니다. 그 점에서 자바는 컴파일과 배포가 필요하여 다소 번거롭습니다. 하지만 이 또한 IDE나 CI/CD, 컨테이너 가상화 등의 발전으로 쉽게 할 수 있게 되었습니다.

이클립스Eclipse는 자바의 표준 IDE 중 하나입니다. 이클립스로 플러그인 등의 환경을 구축하면 이클립스에서 웹 애플리케이션 서버를 실행할 수 있으며, 컴파일부터 배포까지 쉽게 할 수 있습니다. 애플리케이션 서버도 핫 디플로이hot deploy 설정 기능을 통해 쉽게 배포할 수 있습니다. 또한, 일반 클라이언트 머신에서 실행할 수 있는 데이터베이스 제품이나 모드가 있어 데이터베이스와 연동된 프로그램을 실행할 수도 있습니다. 마지막으로 하드웨어의 발전 덕분에 클라이언트 머신의 성능이 크게 향상되었습니다. 이러한 여러 가지 이유가 복합적으로 작용하여 빠른 개발을 위한 프로그래밍 환경이 훨씬 더 좋아졌습니다.

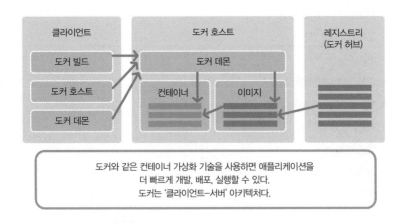

그림 7-1 동작하는 소프트웨어를 구현하기 위한 컨테이너 가상화

그렇다면 동작하는 프로그램을 빠르게 개발하면 어떤 이점이 있을까요? 단순히

개발 효율이 높아지는 것만이 아닙니다. 동작하는 프로그램을 개발할 때 가장 큰 장점은 사용자에게 동작하는 시스템을 통해 명세를 확인할 수 있다는 점입니다. 예를 들어 실제로 화면을 보면서 어떤 입력 항목이 필요한지 검토할 수 있습니다. 또한 계산 결과 화면을 보면서 계산 방법이나 결과 표시 방법도 검토할 수 있습니다. 간단한 계산 방법의 변경이라면 그 자리에서 할 수 있을지도 모릅니다. 이를 온사이트 커스터머라고 하는데, 애자일 개발 방법론 중 하나인 XP의 프랙티스(실천하는 것)에 해당하기도 합니다.

실제로 동작하는 시스템을 보고 의견을 교환하는 것이기 때문에 추상적인 문서를 사용하는 것보다 더 확실하다는 것은 말할 필요도 없습니다. 사용자가 움직이는 시스템을 확인하는 것이 중요하기 때문에 반드시 사용자의 눈앞에서 프로그램을 수정할 필요는 없습니다. **온사이트 커스터머**on-site customer란, 움직이는 시스템을 항상 확인받고 의견을 교환하기 위해서는 개발자가 사용자와 같은 곳에 있어야 한다는 의미입니다. 사용자 기업의 사무실 한 켠이라도 장소를 빌려서 개발하고 기능이 하나 완성되면 사용자에게 바로 확인합니다. 이렇게 진행하면 사용자가 실제 시스템을 사용했을 경우 명세에 대한 이해의 불일치를 거의 없앨 수 있습니다. 즉, 명세 변경에 따른 리스크를 줄일 수 있습니다.

그러나 모든 시스템 기능을 실제 시스템으로 표현하기 어려운 경우가 있습니다. 복잡한 계산식을 가지고 있다면 실제 시스템에 의한 계산 결과로 판단하는 것보다 계산식 자체를 보는 것이 더 이해하기 쉬울 수도 있습니다. 사용자가 직접 사용해보고 확인하는 것은 실제 눈으로 보는 쪽이 더 빠른 시스템 기능에 대한 것입니다. 그렇지 않은 것들, 즉 글이나 도표로 표현하는 것이 더 빠른 요소들은 역시 글이나 도표로 표현하는 쪽이 좋습니다. 화면 입력 검사 사양은 화면에서 확인하기 어렵기 때문에 표 형식으로 정리되어 있는 것이 용이합니다.

동작하는 프로그램을 사용자가 확인하는 것의 장점은 명세 확인뿐만이 아닙니다. 프로그램이 명세 확인의 대상이 됨으로써, 프로그램이야말로 올바른 명세를 표현하는 문서를 대신할 수 있습니다. 사용자가 확인하는 것은 요구사항 정의와 외부 설계에 대한 것이지만 내부 설계도 마찬가지입니다. 내부 설계는 클래스 다이어그램이나 시퀀스 다이어그램으로 작성하는 것이 일반적이나, 프로그래밍을 하면 더욱 정확한 내용을 프로그램 소스 코드로 표현할 수 있습니다. 소스 코드는 동작할 수 있기 때문에 설계서보다 더 정확합니다. 도구를 사용하면 소스 코드에서 클래스 다이어그램이나 시퀀스 다이어그램을 리버스 엔지니어링reverse engineering(역공학)하여 만들 수도 있습니다. 도구로 만든 클래스 다이어그램이나 시퀀스 다이어그램은 알아보기 어려울 수 있지만 조금만 수정하면 보기 좋게 만들 수 있습니다. 자바라면 Javadoc과 같은 API 문서도 소스 코드에서 깔끔하게 작성할 수 있습니다. Javadoc은 자바 세계에서 표준 API에도 사용되는 일반적인 문서 형식입니다. Javadoc을 그대로 산출물에 포함시키는 경우도 드물지 않습니다.

또한 프로그램이라면 유지보수의 번거로움이 없습니다. 설계서와 같은 문서를 작성하는 것은 유지보수가 번거롭다는 문제가 있습니다. 즉, 설계가 끝나고 구현에 들어갔을 때 설계서의 내용과 구현된 클래스의 내용이 달라질 수 있습니다. 물론 구현은 설계서를 바탕으로 이루어져야 하지만 구현을 해보지 않으면 알 수 없는 부분이 반드시 존재합니다. 설계서에서는 서브 클래스에 있던 메서드인데 실제로 구현해보면 슈퍼 클래스에 있는 편이 캡슐화가 더 잘되는 경우가 종종 있습니다. 물론 설계서의 내용과 다르더라도 구현에 맞다면 그대로 구현해야 합니다. 이때 설계서를 함께 수정할 수 있다면 좋겠지만 번거롭다는 등의 이유로 수정되지 않는 경우가 많습니다. 그러나 한 번이라도 수정되지 않은 설계서가 생기면 누구도 신뢰하지 않기 때문에 점차 잊혀집니다. 설계서와 구현이 함께하기 위해서는 항상 유지보수에 품을 들여야 합니다.

개발하느라 바쁜 와중에 설계서까지 유지보수하는 것은 수고롭고 불필요하기도 합니다. 하지만 프로젝트 매니저는 추후 납품을 생각해서라도 설계서를 관리해야 합니다. 그래서 프로젝트 매니저들은 항상 상투적인 말을 하죠. '개발이 끝나면 다 같이 한꺼번에 수정하자'라고 말입니다. 그러나 이 말은 프로젝트 매니저의 궤변입니다. 실제로 한꺼번에 유지보수는 하겠지만 그 내용이 구현과 일치한다고 믿지는 않습니다. 이때의 유지보수는 단순히 납품을 위한 형식적인 작업에 불과합니다. 이러한 일이 발생하는 이유는 유지보수를 철저하게 하지 않는 것이 문제일지도 모릅니다.

설계서를 유지보수하는 것은 당연한 일이고, 유지보수를 하지 않는 이유로 애자일 개발을 들먹이는 것은 어불성설입니다. 문서를 유지보수하는 데 더 많은 노력이 드는 것은 당연하므로 애초에 설계서가 필요한지를 논의할 필요가 있습니다.

또한 프로그램만 있으면 실행할 수 있습니다. XUnit 등을 이용해 테스트 케이스를 만들면 품질을 확보할 수 있습니다. 설계로 품질을 확보하는 것이 아니라 프로그램 자체로 품질을 확보하는 것입니다.

이렇게 이터레이션 개발과 커뮤니케이션, 온사이트 커스터머, 동작하는 소프트웨어, 테스트를 중요하게 여기면 설계서라는 문서를 작성하는 데 집중할 필요가 없어집니다. 이러한 항목들은 XP의 프랙티스와 일부 겹치는 부분이 있습니다. 즉, 애자일 개발을 제대로 할 수 있다면 설계를 중시하지 않고도 시스템을 개발할 수 있습니다.

7.3 설계의 미래

마지막으로 설계의 미래에 대해 생각해보겠습니다.

7.3.1 더 많은 논의와 실천의 필요성

앞으로 시스템 개발과 설계는 어떻게 될까요? 애자일 개발 방법론이 주류가 되어 설계가 불필요하게 될까요? 아니면 여전히 설계가 필요한 영역이 남아 있을까요?

그리고 앞으로 성장하는 개발자에게 설계를 어떻게 가르쳐야 할까요? 물론 그 회사나 부서의 사정에 맞는 시스템 개발이나 설계를 가르치는 것이 우선일 것입니다. 예를 들어 워터폴로 개발하는 회사에서 선배가 "사실 애자일이라는 게 있는데 말이야, 설계가 필요 없어"라고 말한다면 후배는 당황하겠죠. 그럴 때는 먼저 워터폴 개발 방법을 가르치고 지식을 넓히기 위해 애자일 개발 방법론에 대해 보충 설명해야 합니다.

하지만 중요한 것은 더 많이 논의하고 직접 시도해보는 것입니다. 애자일 개발 방법론의 핵심 과제는 사용자가 이해하는 것입니다. 이를테면 사용자와의 계약 형태를 하청 계약에서 산출물 책임이 없는 위임 계약으로 바꿔야 할 수 있습니다. 그러기 위해서는 자주 의견을 나누어 설득력을 강화하고 더 많은 실적을 만들어서 사용자에게도 혜택이 있다는 것을 알려야 합니다. 개발 방식의 차이로 인해 사용자에게 미치는 혜택이 달라질 수 있다는 사실은 쉽게 이해받기 어렵습니다. 그런 의미에서 사용자의 역량 강화도 중요합니다. 회사의 정보시스템 부서는 시스템 개발 회사와의 관계를 다시 한번 생각해보는 것도 좋을 듯합니다.

애자일 개발 방법론은 국가, 지역, 산업별로 다릅니다. 즉 사용자마다 최적의 애자일 개발 방법론이 있을 수도 있습니다. 틀에 박힌 사고방식이 아니라 그야말로 애자일하게 대응할 필요가 있습니다. 설계가 필요하냐 불필요하냐, 애자일이냐 아니냐의 논쟁이 아니라 더욱 넓은 시야로 더 나은 시스템 개발 방법을 고민해야 합니다.

7.3.2 애자일 개발 현황

현재 애자일 개발 상황에서 첫 번째로 중요한 것은 애자일 개발이 스크럼 개발을 중심으로 성숙했다는 것입니다. 하지만 실제로 이해하고 실천할 수 있는 사람은 많지 않습니다. 이 책의 초판을 쓴 십여 년 전에는 애자일 개발 방법론이 발전하는 중이었고, 방법론을 적용할 수 있는 개발 프로젝트가 많지 않다고 썼지만 지금은 애자일 개발이 크게 발전했습니다. 애자일 개발을 적용해도, 적용하지 않아도 설계는 앞으로 필요합니다.

사용자가 이터레이션 개발을 정확히 이해하게 하는 것은 어려운 일입니다. 사용자는 대부분 요구사항을 충족하는 완성된 시스템에 관심을 갖습니다. 요구한 것의 일부만 충족하는 시스템이 움직여도 흥미를 느끼지 못할 수 있습니다.

온사이트 커스터머와 커뮤니케이션은 사용자에게도 부담스러울 수 있지만, 사용자와 개발자가 좋은 관계를 맺을 수 있다면 큰 이점이 될 수도 있습니다. 다만 사용자와 관계가 너무 좋아져서 그것이 핸디캡이 되지 않도록 주의해야 합니다. 사용자 요청에 모두 응해야 할까요? 요청에 대한 거절 여부도 엄밀하게는 사용자에게 판단을 맡겨야 합니다. 이때 사용자는 그 요구가 현실적인지, 다른 기능과의 절충이 필요한지 판단할 수 있는 자료가 없기 때문에 판단에 필요한 재료는 개발 측에서 제공해야 합니다. 또한 요구사항이 많은 경우에는 어느 정도 작은 단위로 작업을 분할해야 합니다. 이런 판단을 적시에 하기 위해서는 고도의 프로젝트 관리 능력이 필요합니다. 또한 온사이트 커스터머를 수행하는 애자일팀은 기본적으로 대부분의 구성원이 사용자와 소통할 수 있는 기회가 있습니다. 따라서 구성원에게도 어느 정도의 커뮤니케이션 능력이 요구됩니다.

포괄적인 문서를 제공하지 않는 것을 사용자에게 납득시키기란 쉽지 않습니다. 개발 후 유지보수용으로 설계서를 일괄 납품한다고 해도 사용자 측 담당자 입장에서는 난색을 표할 수 밖에 없을 것입니다.

사용자 입장에서는 설계서 없이 개발할 수 있다는 것을 이해하기 어렵습니다. 또한 설계서가 없으면 완성된 시스템을 어떻게 받아들여야 할지도 알 수 없습니다. 개발자는 '단위 테스트를 완료했다'라고 말합니다. '통합 테스트에 해당하는 화면에서 테스트도 했다'라고 합니다. 사용자도 요구사항 정의의 유스케이스 등을 바탕으로 인수 테스트를 하겠지만 그것만으로는 불안할 수 있습니다. 설계서가 없다면 통합 테스트나 시스템 테스트를 어떻게 했을지 사용자는 당연히 의문을 갖게 될 것입니다. 설계를 하지 않는다면, 설계에 대응하는 테스트를 어떻게 할 것인지 궁금해하는 것은 자연스러운 일입니다.

또한 문서가 없으면 구현 이후의 작업에 다른 시스템 개발 회사나 오프쇼어를 이용할 수 없습니다. 애초에 애자일 개발을 하는 프로젝트에서 과연 오프쇼어를 이용할지에 대한 의문도 있지만, 개발 중간에 맞지 않는다는 것을 알게 되었을 때 사용할 수 있는 카드가 하나 줄어드는 것은 확실합니다. 다만 애자일 개발이라는 선택과 오프쇼어라는 선택은 정반대이기 때문에 이 두 가지 선택에서 고민할 일은 많지 않을 것입니다.

테스트 퍼스트로 진행하거나 자동 테스트를 하는 데는 큰 문제가 없을 수도 있습니다. 하지만 방심은 금물입니다. 테스트 케이스를 만들려면 모의 객체를 준비해야 할 수도 있습니다. 외부 I/O나 데이터베이스와 같이 단위 테스트에서 사용하기 어려운 것에 대해서는 모의 객체 등으로 에뮬레이션할 수 있도록 해두어야 합니다.

개발 방법론으로 애자일 개발을 선택하는 것은 워터폴 개발을 중단하고 반복형 개발을 하는 것과는 다릅니다. 워터폴 개발과 반복형 개발은 크게 개발 프로세스의 차이일 뿐입니다. 하지만 애자일 개발은 개발 프로세스만의 이야기가 아닙니다. 앞서 말했듯이 이터레이션 개발, 커뮤니케이션, 온사이트 커스터머, 동작하는 소프트웨어, 테스트뿐만 아니라 사용하는 기술과 프로그래밍 스타일도 애자일에 맞춰야 합니다. 소스 코드는 항상 깨끗하게 유지해야 하며 리팩터링도 적절히 수행해야 합니다.

애자일 개발을 실천하기 위해서는 아직 과제가 남아 있습니다. 애자일 개발을 하다가 실패했다는 이야기를 자주 듣게 되는데, 이는 애자일 개발을 아무 생각 없이 프로젝트에 도입했기 때문입니다. 먼저 애자일 개발을 채택하기에 앞서 신중한 검토가 필요합니다. 하지만 워터폴을 선택했다고 해서 애초의 문제가 해결되는 것은 아니기 때문에 가능하면 애자일 개발에 도전해보는 것도 미래를 위한 경험이 될 수 있겠습니다. 애자일 코치나 스크럼 마스터를 지원하는 기업도 늘고 있으니 이런 외부 지원도 활용하면서 도전해보는 것은 어떨까요?

7.3.3 애자일 개발 실천

애자일 개발을 적용하는 프로젝트가 늘어나고 있습니다. 하지만 애자일 개발을 적용했다가 실패한 사례를 심심치 않게 접할 수 있습니다. 해당 사례를 들어보면 수단이 되어야 할 애자일이 목적이 되어버린 경우가 많다는 것을 알게 됩니다.

예를 들어 애자일 소프트웨어 개발 선언에 있는 4가지 가치와 12가지 원칙을 철

저히 지키고 수십 가지의 프랙티스를 적용하는 것입니다. 애자일을 충실하게 하려고 하면 할수록, 한 번의 이터레이션에서 해야 할 일이 많아집니다. 애자일 개발에 너무 많은 노력을 기울이다 보면 정작 중요한 시스템 개발은 더디게 진행됩니다.

애자일 개발이 실행하는 프랙티스가 많으면 많을수록 더 잘될 수 있다면 좋겠지만 안타깝게도 그렇지 않습니다. 애자일이 원인이라기보다는 시스템 개발이라는 것이 인간을 중심으로 하는 활동이기 때문입니다. 극단적인 방식에는 사람이 따라갈 수 없습니다.

애자일 개발의 가치는 다음과 같습니다. 단기간에 이터레이션을 반복하고 이터레이션을 통해 부분적으로 개발한 소프트웨어를 사용자가 검토하게 함으로써, 사용자가 소프트웨어에서 구현하고자 하는 기능을 개발팀에 피드백하는 것입니다. 또다른 가치는 이터레이션마다 개발팀이 진행 방식을 되돌아보고 개선할 수 있다는 점입니다. 사용자가 소프트웨어에 기대하는 명세에 맞춰 개발팀이 개선하면서 최적의 진행 방식을 찾는 과정이 바로 애자일 개발의 가치입니다.

스크럼 개발이나 XP를 적용한다고 해도 그 모든 것을 완벽하게 적용하는 것은 불가능합니다. 우선은 애자일 개발의 가치와 직결되는 최소한의 프랙티스를 중점적으로 의식하고 적용하는 것이 좋습니다. 최소한의 프랙티스는 다음과 같습니다.

- 이터레이션 개발하기
- 이터레이션 개발에서는 우선순위가 높은 기능부터 개발하기
- 이터레이션으로 개발한 기능을 사용자 리뷰하기
- 리뷰/데일리 미팅 진행하기

이터레이션 기간은 빠른 피드백을 얻기 위해 1주~2주가 적당하다고 생각합니다. 위의 중점 프랙티스를 의식하면서 이터레이션 개발을 진행해보세요. 익숙해지면 필요에 따라 프랙티스를 추가하면 됩니다.

7.3.4 애자일 개발 마인드셋

애자일 개발을 적용하는 프로젝트가 늘어나고 있습니다. 하지만 애자일 개발 적용의 이점을 제대로 살리지 못하고 있는 프로젝트도 많은 것 같습니다. 사실 거기에는 개발팀의 사고방식에 원인이 있을 수 있습니다. 흔히 개발팀이 사용자 리뷰에서 지적받는 것을 싫어하거나, 개발팀 내에서 자율적인 피드백이 이루어지지 않아 진행 방식을 충분히 개선하지 못하는 경우가 많습니다. 이 두 가지 증상이 있으면 사용자와 개발팀 스스로 정확한 피드백을 얻지 못해 개선을 할 수가 없습니다. 개선이 이루어지지 않으면 애자일 개발의 가치를 대부분 누릴 수 없게 되고, 그저 익숙하지 않은 방식으로 개발만 하게 됩니다.

애자일 개발을 적용한다는 것은 구현하고자 하는 소프트웨어가 기존과는 다른, 지금까지 아무도 본 적이 없는 새로운 미지의 것이 된다는 것을 의미합니다. 사용자에게도 미지의 세계이니 더듬더듬 만져보고 피드백을 할 것입니다. 사람은 누구나 남에게 지적받는 것을 좋아하지 않습니다. 더군다나 확신에 찬 태도가 아니라 어설프게 지적한다면 오히려 불신만 키우게 될 것입니다. '처음부터 제대로 된 기능을 말했으면 좋았을 텐데'라는 생각이 들 수도 있습니다.

하지만 사용자를 믿어야 합니다. 요즘 시대에 새로운 것을 만들기는 쉽지 않습니다. 제품 기능을 결정하는 사용자와 그것을 개발하는 개발팀은 서로의 입장을 이해하고 협력해야 합니다. 정해진 것만 만들겠다는 벤더의 근성은 버리고 개발팀도 사용자와 함께 더 나은 기능을 고민하는 수준이 되어야 합니다. 그러면 지금보다 더 폭넓은 지식을 요구받게 될 것입니다. 앞으로는 이러한 도전을 즐길 줄 아는 사람이 필요하다고 생각합니다.

사용자 리뷰로 받은 지적은 고객의 의견이라고 생각하면 그래도 견딜 수 있습니다. 하지만 피드백은 개발팀원끼리 지적하는 것이기 때문에 더욱 힘들어하는 사람이 많아 보입니다. 서로 의견을 주고받는 것에 어려움을 느끼고 피드백에서 무미건조한 의견만 나누어 개선이 잘되지 않는 경우도 종종 있습니다. 일이기 때문에 솔직한 의견을 말하는 것은 매우 좋은 일인데도 말이죠. 심리적 안전감 psychological safety이라는 말도 있듯이 의견을 말한다고 해서 화낼 사람은 없다는 것을 압니다. 그래도 말하기 어려운 분위기라는 것도 무시할 수는 없습니다. 어디까지나 분위기일 뿐이니 용기 내서 의견을 말하면 좋겠지만 프로젝트에 따라서는 매우 어려운 문화적인 문제에 부딪히게 됩니다. 이럴 때는 **퍼실리테이터**facilitator로 애자일 코치나 스크럼 마스터가 참여하는 것도 효과적일 것입니다.

사용자도 개발팀을 키운다는 관점을 가져야 합니다. 당장 결과가 나오지 않더라도 개발팀이 성장하고 있다면 기다릴 줄 알아야 합니다. 문제는 개발팀이 성장하지 않고 개선이 이루어지지 않는 경우입니다. 이럴 때는 사용자가 직접 지도하기보다는 애자일 코치나 스크럼 마스터를 통해 시정할 수 있도록 해야 합니다. 사용자가 개발팀에게 진행 방식에 대한 의견을 제시하는 것은 관계를 복잡하게 만들 수 있기 때문입니다. 그보다는 언제까지 어떤 소프트웨어를 원하는지 개발팀에 알려주는 것이 좋습니다.

혁신의 걸림돌이 되는 것은 기술이 아니라 사람의 생각일지도 모릅니다.

7.3.5 설계에는 가치가 있다

'Is Design Dead?'[1]라는 글에서 마틴 파울러가 설계의 미래에 대해 이야기했습니다. 파울러는 이 글에서 '진화적 설계'와 '계획적 설계'를 설명합니다. 진화적 설계는 시스템 개발의 진척에 따라 설계도 진화한다는 의미입니다. 계획적 설계는 기존의 설계 방식이며 설계한 대로 구현하기 때문에 기본적으로 설계가 바뀌는 일은 없다고 생각합니다. 기존의 사고방식에서 설계가 바뀌는 것은 실패를 의미했습니다. 파울러는 앞으로는 '진화적 설계'가 바람직하다고 말합니다. 이번 절에서는 저의 경험에 기반한 생각을 소개하고자 합니다. 저는 설계를 하면서 구현하거나, 구현하면서 설계하는 경우가 많습니다. 특히 프레임워크를 개발하는 경우 더욱 그렇습니다. UML의 클래스 다이어그램을 작성하고 설계하다 보면, 아무래도 소스 코드에서는 어떻게 표현될지 궁금해집니다. 특히 프레임워크를 개발할

---

1 저자_ http://martinfowler.com/articles/designDead.html

때는 클래스 다이어그램으로서의 완성도도 중요하지만, 소스 코드로 작성했을 때 깔끔하게 표현되는 것이 더 중요합니다. 프레임워크는 다른 사람들이 사용하기 위한 것입니다. 따라서 소스 코드 자체나 클래스명, 메서드명 등을 붙이는 방식이 프레임워크의 설계 의도를 사용자에게 전달할 수 있는 것이어야 합니다. UML로 볼 때와 소스 코드로 볼 때, 클래스명이나 메서드명에 대한 인상이 다를 수밖에 없습니다.

또한 설계서와 소스 코드는 각각 표현의 장단점이 있다고 생각합니다. UML의 클래스 다이어그램이라면 클래스의 상속 관계나 클래스 간의 연관성은 매우 명확합니다. 하향식으로 클래스의 책임을 설계하는 데는 탁월하다고 생각합니다. 반대로 소스 코드는 상향식으로 클래스의 책임을 프로그래밍하여 명확히 하는 것에 강점을 가지고 있습니다. 또한 UML은 복잡한 것을 표현하는 데는 적합하지 않습니다. 복잡한 것을 UML로 더 정확하고 상세하게 설명하려고 하면 오히려 보기가 어려워집니다. UML의 하향식 설계와 소스 코드를 상향식으로 작성하는 것은 관점이 다릅니다. UML로 클래스 다이어그램을 작성하지 않더라도 소스 코드를 작성하면서 하향식 관점도 잊지 말아야 합니다. 이는 좋은 설계와 구현을 위해 필요한 것입니다. 설계서를 작성하는 일은 하향식 관점을 훈련하는 방법으로 효과적입니다.

그리고 설계는 불필요한 것을 기술하지 않아도 된다는 장점이 있습니다. 가급적이면 내가 설계한 것은 구현까지 하고 싶지만 어쩔 수 없이 다른 이에게 프로그래밍을 부탁할 때가 있습니다. 이런 경우에는 설계만 하고 설계서를 넘겨주기도 합니다. 이때 설계서는 상세하기만 하면 되는 것은 아닙니다. 설계에는 의도가 있어야 하고 그 의도를 전달하는 것이 설계서의 목적입니다. UML의 클래스 다이어그램이라면 중요하지 않은 메서드나 속성을 일부러 생략합니다. 자세한 지시는 하지 않고 프로그래머의 판단에 맡기는 것이 좋기 때문입니다. UML에서는 불완전한 클래스도 특별히 오류로 간주되지 않습니다. 설계와 달리 프로그램은 기본적으로 정확해야 합니다. 특히 자바와 같은 컴파일 언어에서는 문법을 정확하게 작성하지 않으면 컴파일 오류가 발생합니다.

저는 프레임워크를 설계할 때 클래스 다이어그램을 작성하면서 소스 코드를 대충 작성하는 경우가 있습니다. 모델링 도구와 에디터를 모두 사용하면서 설계하는데, 그야말로 하향식과 상향식 두 가지 관점을 모두 사용하여 설계하는 것입니다. 다만 이때 일반 텍스트 편집기를 사용한다면 좋겠지만 이클립스와 같은 IDE를 사용하면 자동으로 컴파일하기 때문에 컴파일 에러가 많이 발생합니다. 설계 중이기 때문에 메서드 이름도 계속 바꾸고, 인수 개수도 계속 바꿉니다. return문을 제대로 작성하지 않기 때문에 그와 관련된 에러도 발생합니다. 만약 오류를 없애기 위한 코드를 작성한다면 설계상 너무 과해집니다. 본질적이지 않은 부가적인 메서드는 설계로 작성하지 않는 것이 좋습니다. 설계와 구현은 도구도 목적도 다르고 관점도 다릅니다. 프로그램보다 문서가 더 이해하기 쉽다면 문서를 작성하는 것이 좋습니다.

아키텍처 설계의 필요성은 앞으로도 계속 언급될 것입니다. 애자일 개발 방법론에는 YAGNI You Ain't Gonna Need It라는 말이 있습니다. '지금 필요하지 않은 것은 만들지 않는다'라는 뜻입니다. 이를 따르면 아키텍처 설계 등은 불필요하게 됩니다. 아키텍처라는 것은 시스템의 발전을 예상한 선행 투자이기 때문입니다. 하지만 분명히 선행 투자가 유리한 경우가 있습니다. 시스템을 구현하고 나서 레이어 아키텍처를 적용하는 것은 매우 어려운 일입니다. 웹 애플리케이션의 경우 어떤 레이어로 하는 것이 효과적인지 많은 경험을 통해 알 수 있습니다. 아무리 애자일이라고 해도 알고 있는 것을 하지 않는 것은 부자연스럽습니다. 또한 어떤 클래스가 공통적으로 사용될 것인지 쉽게 상상할 수 있는 경우도 있습니다. 이러한 클래스는 처음부터 유틸리티 클래스로 생성하는 것이 좋습니다. 그리고 아키텍처는 컴포넌트의 구조와 동작을 시스템 전체의 기본 구조로 설계하는 것입니다. 예를 들어 데이터베이스 처리에 도메인 모델 패턴을 사용할 것인지, 트랜잭션 스크립트 패턴을 사용할 것인지는 미리 결정해야 할 문제입니다. 물론 필요 여부를 판단하기 어려운 기능에 대해서는 설계할 필요가 없겠지만 반드시 필요한 것은 아키텍처로 설계해야 합니다.

7.3.6 미래의 개발자와 설계

주니어 개발자 가운데 설계서를 작성하지 못하는 사람이 많아지고 있습니다. 이유는 여러 가지가 있겠지만 설계서를 작성할 기회가 적어졌기 때문일 것입니다. 어떤 기능을 설명하기 위한 문장을 작성하거나, 어떤 기능의 클래스 구성을 UML로 작성하는 것은 큰 의미가 있습니다. 설계서는 프로그래밍 언어에 구애받지 않고 작성할 수 있습니다. 물론 다중 상속을 이용한 클래스 다이어그램은 일부 프로그래밍 언어의 고유한 특징입니다. 하지만 자바라면 인터페이스를 사용하면 되고, 루비라면 모듈을 사용하면 됩니다.

제 경험상 설계서를 작성하지 못하는 개발자 중 우수한 프로그래머를 본 적이 거의 없습니다. 여기서 말하는 우수한 프로그래머는 클래스의 역할이 적절하고, 메서드의 상세 여부가 적절하며, 소스 코드를 깔끔하게 기술할 수 있는 사람을 말합니다. 코딩 속도가 엄청나게 빠르다거나, 일단 동작하는 것을 만들 수 있다거나, 기술 지식이 풍부해서 프레임워크의 매니악한 기능을 잘 안다거나 하는 것이 아닙니다. 설계서를 작성할 줄 안다고 반드시 우수한 설계자라고 할 수는 없지만 우수한 설계자라면 우수한 프로그래머일 가능성이 높다고 생각합니다. 또한 우수한 프로그래머의 대부분은 우수한 설계자라고 말하고 싶지만 자신이 작성한 프로그램에 대해 잘 설명하지 못하는 사람이 많습니다. 자신이 작성한 프로그램의 클래스 다이어그램 정도는 화이트보드에 쉽게 작성할 수 있기를 바랍니다. 설계 의도가 전달된다면 정확한 UML이 아니어도 괜찮습니다.

설계를 배우는 것과 무의미한 설계서를 아침부터 저녁까지 계속 작성하는 것은 다릅니다. 설계를 배운다는 것은 설계에 관한 좋은 책을 읽거나 다른 사람의 설계를 연구하는 것입니다. 설계를 연구하기에 디자인 패턴을 배우는 것은 효과적입니다. 때로는 다른 사람이 개발한 좋은 프로그램의 소스 코드를 분석하는 것도 효과적일 수 있습니다. 좋은 오픈소스의 소스 코드를 분석하는 것은 좋은 프로그래머나 좋은 설계자가 되기 위한 지름길입니다. 설계는 좋은 프로그램을 작성하기 위한 기법입니다. 좋은 소설을 쓰려면 문장의 수사를 배우는 것도 중요하지만 전체적인 구성을 생각하는 것도 필요할 것입니다.

기술의 발전은 상식을 근본적으로 뒤엎습니다. 현재의 설계 방식도 어디까지나 현재의 기술을 위한 것입니다. 웹이 언제까지나 지금과 같을 수는 없습니다. 객체 지향이나 관계형 데이터베이스가 미래에도 존재한다고 장담할 수 없습니다. 획기적인 프로그래밍 언어가 발명될 수도 있지만 기술은 쌓이고 있습니다. 표면적으로는 바뀌어도 기본 원리는 변하지 않는 법입니다. 컴퓨터와 네트워크의 원리는 IP 주소의 크기가 커져도 변하지 않을 것입니다(물론 우리는 훨씬 더 편리해지겠지만요). 개발자로서 필요한 것은 기초 기술의 원리를 알고 다양한 응용 기술을 배우는 것입니다. 튼튼한 개발자란 장시간 야근을 견딜 수 있는 것이 아니라, 이런 기초가 탄탄한 개발자를 말하는 것이라고 생각합니다.

마치며

CTO라는 직책이 주목받고 있는 것은 정말 반가운 일입니다. 이 책의 독자 중에도 장래에 CTO가 되고 싶다는 꿈을 가지고 있는 사람이 있을 것입니다. CTO가 주목받는 현상은 제가 늘 지향하는, 비즈니스×테크놀로지의 혁신 조직이 실현되는 데에 세상이 한 발짝 가까워지고 있는 것처럼 느껴집니다. CTO라는 직책의 유무와 상관없이 개발자가 비즈니스를 생각하고 비즈니스를 제안하는 세상, 생각만으로도 두근거립니다.

비즈니스×테크놀로지의 세계에서 CTO는 기술만 이야기하는 것이 아닙니다. 적어도 기술 조직의 조직 설계와 인재 채용, 육성, 평가까지 해야 합니다. 그 외에도 전사적으로 기술을 접목시키려면 기존 조직만으로는 한계가 있습니다. 따라서 전사 업무도 효율적으로 하기 위해 변화를 진행하고, 전사 조직 설계와 인재 채용, 육성, 평가 등에도 영향을 미치게 됩니다. CTO가 제대로 기능하기 시작하면 어제까지와는 다른 조직이 될 것입니다. 마치 공기가 바뀌는 것처럼요.

또한 비즈니스×테크놀로지의 세계에서는 개발자가 크게 성장할 수 있는 가능성이 있습니다. 기술자가 성장하기 위해서는 기술을 배우는 것도 중요하지만, 고객과 가까운 곳에서 기술을 사용하며 고객의 문제를 해결하는 것만큼 좋은 경험은 없습니다. B2C라면 고객은 일반 소비자가 될 것입니다. 고객을 접하면서 개발자는 기술을 사용하는 목적을 얻을 수 있습니다. 목적을 얻음으로써 기술이 수단으로 자리매김할 수 있습니다. 고객의 목소리는 부드럽고도 엄격합니다. 고객의 목소리는 개발자를 가차 없이 성장시킬 것입니다.

이처럼 비즈니스를 주도하는 CTO를 비롯한 개발자의 역할이 중요해지고 있습니다. 하지만 역할에 대한 주의도 필요합니다. 갑작스럽지만 여기서 질문을 던져보겠습니다. 다음과 같은 질문을 받는다면 어떻게 대답하시겠습니까?

"무언가를 개발한다고 가정했을 때, 자유롭게 기술을 선택할 수 있다면 어떤 기술을 사용하겠습니까?"

기술이란 와인과 같습니다. 세상에서 가장 맛있는 와인 같은 것은 존재하지 않습니다. 무엇을 축하하기 위해 마시는지, 누구와 함께 마시는지, 어떤 음식과 함께 즐기는지, 그 조건에 따라 가장 맛있는 와인은 달라집니다. 조건에 따라 만 원짜리 와인이 가장 맛있는 와인이 될 수도 있습니다. CTO라는 직업도 마찬가지입니다. 무엇을 위해, 어떤 시스템을, 어떤 팀으로, 언제까지, 예산은 얼마냐에 따라 어떤 기술을 선택해야 하는지가 달라집니다. 이러한 면이 소믈리에와 같습니다. 예를 들어 CTO가 유행 중이거나 좋아하는 기술만 고른다면 개발은 지지부진하고, 출시해도 유지보수가 힘들어지게 될 것입니다.

계속해서 기술을 와인에 비유하자면, 이 요리에 어울리는 최고의 와인을 선택해 달라는 부탁을 받을 때도 있습니다. 경영자가 신규 사업을 할 테니 CTO에게 최적의 시스템을 제안해 달라고 할 때입니다. 이때는 비즈니스 담당 부서에서 시스템이 충족시켜야 할 요구사항을 결정하고, 이를 충족시키기 위한 시스템 개발 계획을 세웁니다. 개발 계획에는 무엇을 위해, 어떤 시스템을, 어떤 팀으로, 언제까지, 예산은 얼마인지 등의 조건을 정의합니다. 그런 다음 요구사항과 계획을 실현할 수 있는 기술을 선택합니다. 비즈니스를 실현하기 위해 필요하다면 새로운 기술을 만들어낼 수도 있습니다. 예를 들어 AI를 사용하기 전에 데이터 플랫폼을 먼저 만드는 경우입니다. CTO가 사용할 기술을 마음대로 정했는데 그 기술이 뻔하다면, 그 기술로 구현할 수 있는 비즈니스에도 한계가 있을 것입니다.

마지막으로 비즈니스×테크놀로지의 세계에서 중요한 것은 자기다움입니다. 유행이라서 하는 것이 아니라 자신의 마음이 움직이는 것을 해야 합니다. 기술을 배우는 데는 시간이 걸립니다. 이 책의 내용을 실천할 수 있으려면 적지 않은 시간이 필요합니다. 더 나아가 비즈니스를 배우고 조직을 배우려면 시간이 아무리 많아도 부족합니다. 이 일을 계속하기 위해서는 누군가를 흉내 내는 것이 아니라 자신의 감정에 따라 일하는 것이 중요합니다. 자기다움을 찾는 것도 어려운 일이지만 자신에게 관심을 가지고 계속 자신을 찾아야 합니다.

참고로 저는 술을 잘 못합니다. 와인 맛의 차이도 잘 모르겠습니다.
또 어디선가 만나 뵙겠습니다.

요시하라 쇼자부로

찾아보기